金属矿产资源
高效绿色开发工程管理

陈晓红 等 著

科学出版社

北京

内 容 简 介

为了满足实现我国经济社会可持续发展、保障我国生态安全及提高我国国际"绿色竞争力"的现实需求，金属矿产资源开发利用的高效性与绿色化要求越来越高。本书汇集了多年来作者及其研究团队在金属矿产资源高效绿色开发利用工程管理领域的研究成果，详细探讨了其相关理论、评价体系、决策方法、软件工具及应用。本书率先提出了金属矿产资源高效绿色开发工程管理理论；将研究中提出的集成动态量化理论运用到金属矿产资源高效绿色开发工程管理当中；理论与实际密切结合，注重研究成果的凝练和实际应用。

本书可为金属矿产资源开发利用相关领域的学者提供参考，为工程实施者提供指导，同时还适合作为工程类、管理类的本科生、研究生相关课程的教学参考书。

图书在版编目（CIP）数据

金属矿产资源高效绿色开发工程管理/陈晓红等著 . —北京：科学出版社，2015

ISBN 978-7-03-045909-1

Ⅰ.①金… Ⅱ.①陈… Ⅲ.①金属矿-矿产资源开发-工程管理

Ⅳ.①F407.1

中国版本图书馆 CIP 数据核字（2015）第 237360 号

责任编辑：徐　倩／责任校对：李雪雪
责任印制：肖　兴／封面设计：无极书装

科 学 出 版 社 出版

北京东黄城根北街 16 号
邮政编码：100717
http://www.sciencep.com

中国科学院印刷厂 印刷

科学出版社发行　各地新华书店经销

*

2015 年 10 月第 一 版　开本：720×1000　1/16
2015 年 10 月第一次印刷　印张：14 1/4
字数：287 000

定价：82.00 元

（如有印装质量问题，我社负责调换）

序 言 一

我国是一个金属矿产资源大国，从资源条件看，我国是世界上矿产资源品种比较齐全的少数国家之一，目前全球发现的 200 余种矿产资源中，我国有 172种，其中探明储量的有 159 种，铁、钨、钼、锡、锑、稀土等重要金属矿产储量位居全球前列；从生产和消费角度看，截至 2013 年年底，我国钢产量和消费量已连续 17 年居世界首位，主要有色金属产量和消费量也连续多年位居世界第一。与此同时，我国距金属矿产资源强国的目标还有一定差距，主要表现为：资源利用的集约节约化程度不高，主要金属矿产品种消费量增速远高于经济增速；供需关系失衡，主要金属矿产品种对外依存度不断攀升；管理现代化和信息化程度总体仍然不高，行业全员劳动生产率远低于发达国家水平，矿难、环境污染等事故时有发生。为了增强我国金属矿业的可持续发展能力，提高我国金属矿产资源的战略保障水平，实施金属矿产资源高效绿色开发工程成为我国金属矿业发展的战略选择。

在这一战略背景下，许多工程科技和管理工作者投身于我国金属矿产资源高效绿色开发工程的理论研究和实践创新中，成为推动我国金属矿业发展和进步的重要力量。陈晓红教授及其科研团队就是其中的优秀代表。自改革开放以来，他们的身影活跃于我国许多大型金属矿产开发工程的现场，他们站在学科交叉的前沿，创造性地将经典理论、方法、工具与我国金属矿产资源开发工程的实际相结合，在长期的研究探索中形成了独具特色的金属矿产资源高效绿色开发工程管理理论体系。

现在，他们将这些研究成果总结提升，汇集于该书，呈现给广大金属矿业从业者和工程科技与管理工作者，这既是对他们多年研究成果的总结和推介，也是对我国金属矿产资源开发工程科技和管理界的一大贡献。

该书内容，既有对理论创新的阐释，即介绍了作者在长期研究中凝练而成的集成动态量化工程管理理论的由来、思想、特点和内容；也有对方法工具开发的展示，即介绍了金属矿产资源高效绿色开发的评价指标体系、决策模型、方法和决策支持系统；还有对实践应用的反馈，即介绍了上述理论、方法和工具在金属矿产资源开发利用科技发展战略工程、固体矿产业持续技术创新工程、大型金属矿产资源基地可持续发展系统评价分析、海外金属矿产资源开发等实践应用领域中运用的过程和取得的效果。全书叙述深入浅出，紧密联系实际，案例资料丰富。读者掩卷时不但能从一个侧面了解我国金属矿业的发展和进步，也能产生许多对该行业未来发展的思索和期待。

我谨对该书的出版面世表示诚挚的祝贺。我不仅期待作者能以此为新起点为我国金属矿产资源开发工程管理贡献出更多理论成果，也希望更多该书的读者能借此了解中国金属矿产资源开发工程管理的新面貌，投身到中国金属矿产资源开发工程管理理论研究和实践创新的事业当中。

爰为序。

中国工程院院士　中南大学教授

何继善

2015 年 5 月

序 言 二

金属矿产资源开发历史悠久，从农业经济时代发端，历经工业经济时代的蓬勃发展，是国民经济的基础。即便进入知识经济时代，金属矿业仍然是最重要的基础性产业，是全球经济可持续发展的基础。但是，工业经济时代以来，金属矿产资源规模空前的开发利用，带来了资源逐渐枯竭、生态环境破坏等严重问题，其面临的宏观环境已经发生了很大变化。为了应对上述危机和问题，新时期金属矿产资源开发已经呈现高效、绿色、智能等发展趋势；在具体实践中，高效绿色开发工程应运而生，并日益普及。由于金属矿业在工程目标、实施环境、技术手段等方面已经不同于传统金属矿业，研究其适用的工程管理理论与方法成为科学规划、组织、评价此类工程的迫切需要。

我欣喜地看到，工程学和管理学界有越来越多的专家、学者投身于矿业工程管理领域的科学研究，并取得重要成果，很受鼓舞。陈晓红教授自 20 世纪 80 年代从教之初，就深入我国主要有色金属矿产资源基地，理论联系实际、产学研紧密结合，与团队一起开展多层次、多形式的合作科研攻关，并取得重要成果，为大型金属矿产资源开发工程的规划、组织、评价提供了指导和帮助，还为中央有关部委制定相关产业政策提供了重要依据。现在呈现于读者面前的这本《金属矿产资源高效绿色开发工程管理》，就是作者在多年积累的基础上总结、凝练、提升而出的杰出之作。

该书全面阐述了金属矿产资源高效绿色开发的现实意义和工程属性，深入论述了金属矿产资源高效绿色开发工程管理的理论基础，明晰了此类工程管理活动的定义、特征和主要内容。在此基础上，该书以作者提出的集成动态量化理论为核心，系统阐述了金属矿产资源高效绿色开发工程管理的决策理论、方法与工具体系，并介绍了该体系在实践应用中的发展和典型案例。

该书在理论方面，系统总结了长期研究中形成的集成动态量化工程管理理论的由来、思想、特点和内容；在方法工具方面，介绍了金属矿产资源高效绿色开发的评价指标体系、决策模型、方法和决策支持系统，其中的许多工具是作者多年研究开发的原创性理论成果；在实践进展方面，分为金属矿产资源开发利用科技发展战略、固体矿产资源开发的技术创新工程、大型金属矿产资源基地可持续发展系统评价分析、海外金属矿产资源开发四个方面进行介绍和分析，其中许多内容反映了我国金属矿业增强可持续发展能力的实践历程。最后，该书对金属矿产资源高效绿色开发工程的未来发展趋势进行了展望。

　　该书的写作体现了历史与现实的交互、宏观与微观的衔接、理论与实践的结合，内容既有宏观政策视角的工程管理研究，也有着眼于具体工程项目实施的微观研究，不仅提出了新理念、新观点，还有具体分析工具、软件系统的研发和应用。该书的面世，对于促进、深化矿业工程管理理论与方法的研究，推动金属矿业界更加重视工程管理理论的应用和实践，具有重要意义。

　　我衷心地祝贺陈教授及其团队取得的丰硕成果，更加期待他们继续深入这一领域探索，获得更大成就，为我国金属矿业工程管理水平的提高做出新的、更大的贡献。

　　是为序。

中国工程院院士　中南大学教授

2015 年 5 月

前　言

金属资源是人类赖以生存、社会赖以发展的物质基础。一方面，作为金属生产和消费的第一大国，我国在金属矿产资源开发利用领域取得了举世瞩目的成就，为保障我国经济快速增长做出了突出贡献。但另一方面，我国金属矿产资源的开发利用仍存在冶炼与加工回收率不高、资源重复利用率低、环境污染严重等问题。虽然这些问题与我国金属资源禀赋条件较差、资源开发利用难度高有密切关系，但其在很大程度上也与我国金属矿产资源开发利用工程的宏微观管理在理论、方法和实践中存在的不足有较大关系。长期以来我国的金属资源开发利用更注重短期的经济利益，而忽视了对环境的保护以及资源的可持续利用。随着我国经济体量的不断增大，经济与社会的发展面临着越来越严重的资源保障和环境保护的双重压力，迫切需要转变我国的经济发展方式和资源利用模式，为此，我国已将建设资源节约型和环境友好型（两型）社会作为基本国策，两型社会与生态文明建设已成为保证我国经济社会可持续发展、保障我国生态安全以及提高我国国际绿色竞争力的现实需求。在这一背景下，传统的资源开发工程管理理论方法和工具已不能满足我国金属资源高效开发利用和资源产业绿色低碳增长的需要，资源的高效绿色开发工程管理急需新的理论、方法和工具的支撑。

针对上述问题，本书依托国家科技计划和国家自然科学基金等项目，汇集了多年来笔者及笔者的研究团队在金属矿产资源开发利用工程管理领域的研究成果，围绕资源高效绿色开发利用，详细探讨了金属资源高效绿色开发工程管理的内涵、相关理论、评价体系、决策方法、平台工具及其应用，为以工程决策为核心的金属资源高效绿色工程管理提供了一个可供参考的理论方法体系。全书分为十章。

第1章作为导论阐述本书研究内容的背景、意义，介绍金属矿产资源高效绿色开发的内涵及现实意义，分析工程管理在金属矿产资源高效绿色开发中的作用。

第2章详细总结金属矿产资源高效绿色开发工程管理相关理论，阐明金属矿产资源高效绿色开发工程管理的内涵，在此基础上以工程管理决策为核心，阐述金属矿产资源高效绿色开发工程管理的集成动态量化理论。

第3章从金属资源高效绿色开发影响因素入手，结合评价基本原则，构建详细的含有二级指标和基层具体指标的金属矿产资源评价指标体系，具有很强的适用性。

第 4 章分析已有的金属矿产资源开发工程决策理论，重点阐述应用于金属资源高效绿色开发的风险评价方法和不确定性决策方法。

第 5 章对现有的金属矿产资源开发工程管理与决策软件进行介绍，分析现有软件工具的问题，在此基础上提出金属矿产资源高效绿色开发决策支持系统（decision support system，DSS），并对其进行详细的介绍。

第 6 章、第 7 章介绍金属矿产资源高效绿色开发案例，包括金属矿产资源科技发展战略工程和固体矿产业持续技术创新工程。从工程背景、工程实施过程、工程决策方法和工程实施结果几个方面进行详细叙述。

第 8 章针对大型金属矿产资源基地建设，运用基于综合集成的复杂系统评价模型提出基地可持续发展系统评价方法，构建相应的评价决策支持系统，并以具体的大型金属矿产资源基地为实例说明该方法和系统的应用。

第 9 章是海外金属矿产资源开发实例，通过实际案例详细、生动地展示海外金属资源开发投资决策过程。

第 10 章对金属矿产资源高效绿色开发发展趋势进行总结和展望。

本书具有以下特点：①绿色开发思想与工程管理方法相结合，将一个抽象的概念通过具体的工程管理方法阐述出来，便于理解，具有操作性和实用性。②理论与实践相结合，通过大量典型实际研究案例来验证本书提出的理论方法，并给读者的实际应用提供一个清晰的视角。

本书的研究工作得到了多方面的研究基金、计划和机构的帮助，包括国家杰出青年科学基金项目（70125002）、国家创新群体科学基金（70921001、71221061）、国家"十五"科技攻关计划重大项目课题（2001BA609A-01、2004BA615A-01）、国家"十一五"科技支撑计划重大与重点项目课题（2006BAB02A16、2006BAB02B05、2006BAB08B03）、国家自然科学基金重点项目（71431006），以及"两型社会与生态文明"协同创新中心等，在此，笔者对上述资助计划和相关机构表示衷心的感谢！

本书由陈晓红及其研究团队的胡东滨、胡军华、杨怀东、姚海琳等撰写，其中第 1、2 章由陈晓红、胡东滨、杨怀东撰写，第 3、4、5 章由陈晓红、胡东滨、胡军华、杨怀东撰写，第 6、7、8 章由陈晓红、胡东滨、杨怀东、姚海琳撰写，第 9、10 章由陈晓红、胡军华、姚海琳撰写。同时，在写书过程中，笔者在自己已有的成果上参考了诸多同行的研究工作和成果，得到了科学出版社的支持、课题组老师与研究生的帮助，在此表示诚挚的感谢！

由于笔者水平所限，书中难免存在不足之处，恳请广大读者批评指正。

2015 年 4 月

目　录

理　论　篇

第1章　金属矿产资源高效绿色开发概论 ················· 3
1.1　金属矿产资源高效绿色开发的内涵 ··············· 3
1.2　金属矿产资源高效绿色开发的现实意义 ············· 5
1.3　工程管理在金属矿产资源高效绿色开发中的作用 ········ 14

第2章　金属矿产资源高效绿色开发工程管理理论基础 ········ 18
2.1　金属矿产资源高效绿色开发工程管理的定义 ·········· 18
2.2　金属矿产资源高效绿色开发工程管理的特征 ·········· 22
2.3　金属矿产资源高效绿色开发工程管理的内容 ·········· 24
2.4　金属矿产资源高效绿色开发工程管理的相关理论 ······· 26
2.5　金属矿产资源高效绿色开发工程管理的集成动态量化理论 ··· 44

方法工具篇

第3章　金属矿产资源高效绿色开发评价指标体系 ········· 51
3.1　金属矿产资源高效绿色开发的动力系统分析 ·········· 51
3.2　评价指标体系的指导思想 ·················· 53
3.3　评价指标体系的基本原则 ·················· 54
3.4　评价指标体系建立与指标体系选择的方法 ·········· 56
3.5　金属矿产资源高效绿色开发评价指标体系的设置框架 ····· 58
3.6　金属矿产资源高效绿色开发指标体系 ············· 60

第4章　金属矿产资源高效绿色开发决策模型和方法 ········ 62
4.1　金属矿产资源开发选区风险评价方法 ············· 63
4.2　金属矿产品市场风险评价方法 ················ 67
4.3　金属矿产资源开发项目评价和方法 ·············· 71
4.4　金属矿产资源开发不确定性决策方法 ············· 74

第5章　金属矿产资源高效绿色开发决策支持系统 ········· 94
5.1　工程管理与决策软件简介 ·················· 94
5.2　金属矿产资源高效绿色开发决策支持需求 ·········· 99

5.3 现有金属矿产资源高效绿色开发决策支持工具及其问题 ············ 102

5.4 金属矿产资源高效绿色开发利用决策支持平台 ············ 106

实 践 篇

第6章 金属矿产资源开发利用科技发展战略工程 ············ 137

6.1 工程背景 ············ 137

6.2 工程实施过程 ············ 137

6.3 工程决策方法与工具 ············ 139

6.4 工程实施结果 ············ 148

第7章 固体矿产业持续技术创新工程 ············ 154

7.1 工程背景 ············ 154

7.2 工程实施过程 ············ 155

7.3 工程决策方法 ············ 156

7.4 工程实施结果 ············ 165

第8章 大型金属矿产资源基地可持续发展系统评价分析 ············ 169

8.1 大型金属资源基地可持续发展系统评价问题的提出 ············ 170

8.2 大型金属资源基地 RESE 系统的"持续-协调"测度模型 ············ 171

8.3 系统结构与功能设计 ············ 175

8.4 系统运用与结果分析 ············ 177

第9章 海外金属矿产资源开发 ············ 191

9.1 湖南有色金属控股集团有限公司投资决策实例 ············ 191

9.2 金川国际投资决策实例 ············ 195

9.3 俄罗斯有色金属资源投资决策实例 ············ 199

展 望 篇

第10章 金属矿产资源高效绿色开发发展趋势 ············ 205

10.1 对城市矿产的开发利用成为重点领域 ············ 205

10.2 金属矿产资源开发利用的数字化、智能化与无人化 ············ 208

10.3 金属矿产资源高效绿色开发工程管理的集成化与模块化 ············ 210

参考文献 ············ 212

理论篇

第1章 金属矿产资源高效绿色开发概论

1.1 金属矿产资源高效绿色开发的内涵

金属矿产资源是生态系统中物质和能量的主要来源之一，是对国家安全和社会经济发展起着至关重要作用的战略物资。根据性质和用途，金属矿产资源可以分为黑色金属矿产和有色金属矿产。

金属矿产资源属于不可再生资源，数量有限。而且我国金属矿产资源也存在诸如"资源的品质较差，贫矿多富矿少，小型矿多大型矿少，共伴生矿多单一矿种少"等特点[1]，这使得我国在矿产资源综合利用方面效率低下。而且在有色金属矿产资源的开发利用中，矿产资源开发方式的不恰当也带来了日益恶化的环境问题。基于此，金属矿产资源的高效绿色开发显得尤为必要，其一方面可以解决目前金属矿产资源需求增长与可持续利用的矛盾，另一方面也有利于帮助企业理顺价值创造、经济效益和环境保护的关系。

在资源的开发利用中，有许多与高效绿色开发概念类似的观点，如绿色开采、清洁开发、循环利用、集约生产、无废开采等，这些观点的表述或许不同，但表达的意思或多或少地涵盖了高效绿色开发的思想。

20 世纪 60 年代，循环经济（cyclic economy）的概念在美国经济学家波尔丁（Kenneth E. Boulding）的专著《宇宙飞船经济观》中被提出。循环经济是指基于自然生态系统的物质循环和能量流动规律，高效有序地将经济活动构成一个封闭型物质能量循环的流程。区别于传统经济的"高开采、低利用、高排放"目标，循环经济的目标是"低开采、高利用、低排放"[2]。

至于绿色开采，则是倾向循环经济中绿色工业的概念，遵循绿色工业原则，努力达成一种与环境协调一致的开采技术，从而实现"低开采、高利用、低排放"。

无废开采于 1984 年在联合国欧洲经济委员会会议上被提出。无废开采是一种生产产品的方法，通过这种方法的使用，在原料—资源—生产—消费—二次原料资源的循环中，原料和能源都可以得到最合理的综合利用，同时循环中的各个环节对环境的作用都不会破坏环境的正常功能[3]。

作为世界各国长期工业污染防治经验的结晶，清洁生产则是在较长的工业污染防治过程中逐步形成的。而清洁生产的实施与推广，大致可以划分为三个阶段：第一阶段是在 20 世纪 70 年代，美国 3M 公司开展了"3P" （pollution prevention pays）计划。"3P" 计划使人们在增强企业竞争力的同时也开始关注自身行为对环境的影响。后来 "3P" 计划逐渐向不同行业、不同地区拓展；在 20 世纪 80 年代末期，企业和政府开始认可和接受清洁生产，清洁生产从此进入快速发展时期。1989 年，清洁生产概念被联合国环境规划署（United Nations Environment Programme，UNEP）正式提出。同时 UNEP 也积极推动清洁生产的实施，世界范围内兴起了清洁生产浪潮，并获得了很大的成功，清洁生产成为全球关注的热点[4]。

集约概念与粗放概念相对，是指通过借助先进技术和科学规划，从而实现高效产出及环境损害减少等目标的经营方式。李裕伟从强度和深度两个角度解释了矿产集约开发的概念。金属矿产集约开发具体可以理解为降低矿床工业指标，提高资源回收率，提升综合利用率及矿产品加工深度，延伸矿山产业链等的一种开发方式[5]。

何谓金属矿产资源高效绿色开发？开发主体把金属矿产资源与环境作为一个整体，在充分回收、有效利用金属矿产资源的同时，协调地开发、利用和保护金属资源开发利用地区的土地、水体等各类资源，在满足当前需求和金属资源的可持续发展目标的基础上，实现资源-经济-环境三者统一协调的开发过程，同时也使环境保护不再成为制约企业创造经济效益的瓶颈，甚至可以让绿色高效生产成为企业的竞争优势。

从内涵看，高效绿色开发兼顾了各方主体的利益，遵循在生态环境容量和资源承载力等约束条件下，将环境保护和资源高效利用作为开发的核心内容。

从宏观层面来说，金属矿产资源的高效绿色开发，主要是切实关注社会层面金属资源的后续消费和可持续利用，以实现资源-经济-环境的协调发展。

从中观层面来说，金属矿产资源的高效绿色开发是指发挥科技创新对金属矿产资源开发的支撑作用，通过技术创新、管理创新和劳动者素质的提高，减轻资源开发对生态环境的压力，同时建设一批资源综合利用、再生资源回收体系、城市矿产基地等循环经济示范工程，从而树立标杆，增强推广力度，促进金属矿产行业的产业技术、要素禀赋，最终乃至整个产业链的升级，为在微观层面的企业进行金属资源绿色高效开发提供一个良好的外部环境。

从微观层面来说，金属矿产资源的高效绿色开发主要是指在平时的运营过程中，企业要把资源消耗、环境损害、生态效益指标全面纳入经营目标，通过对矿区资源进行绿色开发设计、采用环境友好的高效新技术和工艺、优化业务流程等方式，实现固体废料产出最小化和资源化、矿产资源有价元素的综合利用，实现矿产资源的充分开发和回收以及对矿区及矿区周边环境的保护。其在实现经济效率的同时实现了对环境的保护。或者企业甚至能够将绿色环保作为企业的价值来源，创造相较于其他同类型企业的核心竞争优势。

1.2　金属矿产资源高效绿色开发的现实意义

1.2.1　金属矿产资源高效绿色开发是缓解我国金属矿产资源结构性失衡矛盾的重要途径

目前，我国正大快步地走在工业化、信息化、城镇化和农业现代化的"四化"建设道路上。从自然资源的消耗角度来看，工业化阶段伴随着各种自然资源的大量消耗[6]。就工业化过程中经济发展与金属矿产资源消费规律这一议题，国内外学者根据发达国家一百多年来的相关数据进行了研究。研究得到的结论是：一国的基本金属消费量与其经济发展阶段密切相关，在工业化阶段，伴随着工业化进程的推进，一国或地区金属矿产资源消费量也持续迅速增长[7]。这种关系具体表现为：工业化进程中，金属消费总量与国内生产总值（GDP）的增长呈 S 形曲线关系——农业社会中，金属资源消耗与经济增长之间未呈现明确的关系；前工业化阶段，金属资源的人均消费开始增长；工业化经济快速发展阶段，GDP 呈现显著增长，与此同时，金属资源消费总量也同步显著增长；进入工业化阶段的成熟期，尽管 GDP 仍在持续增长，但金属资源消费总量的增长速度趋缓，并在某一 GDP 值（工业化基本完成）时达到最大值；而进入到后工业化阶段，金属资源消费总量不再增长或缓慢下降（详见图 1-1）。国内外学者根据发达国家的经验发现的第二个规律是：人均金属消费量与工业化进程间存在密切联系，在前工业化阶段，粗钢等金属的人均金属消费量达到顶峰；工业化阶段则对应着铜铝等基本金属的人均金属消费量顶峰；而稀有金属等金属资源的人均消费总量峰值则会在后工业化阶段出现（详见图 1-2）[8,9]。

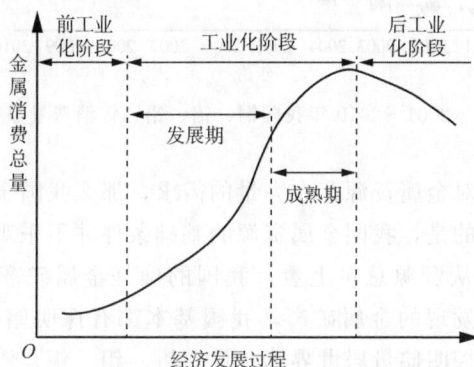

图 1-1　发达国家金属消费总量与经济发展阶段关系图

20 世纪 90 年代初，我国开始进入经济快速发展阶段，在经济总量不断扩张的同时，金属资源消费量随之显著增加。大量的数据显示，处于工业化进程中的中国金属

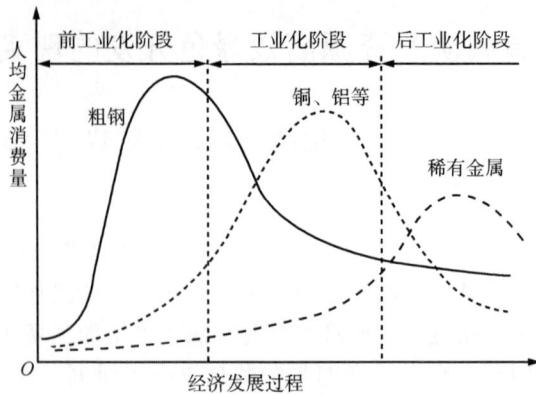

图 1-2　发达国家人均金属消费量与工业化发展阶段的关系

资源消费与经济增长之间也存在与发达国家类似的长期互动关系（详见图 1-3）。

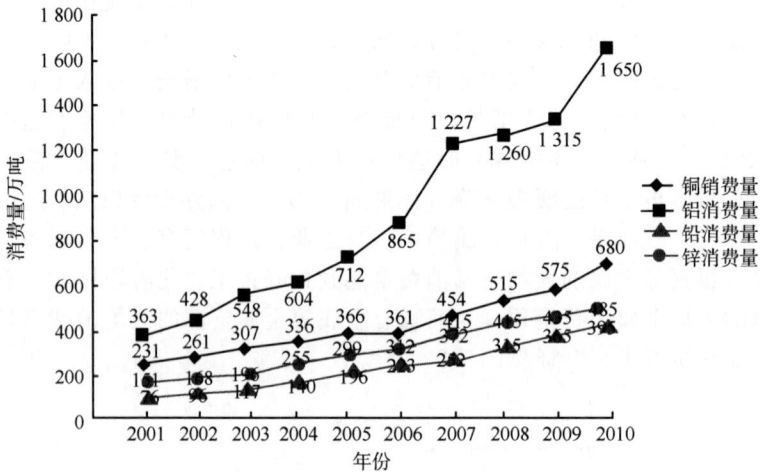

图 1-3　2001～2010 年我国铜、铝、铅、锌消费量数据图

　　既然我国现阶段对金属资源存在大量的需求，那么我国金属资源的供给情况又如何呢？令人忧虑的是，我国金属资源的基础条件并不乐观，金属矿产资源结构性失衡矛盾突出。从资源总量上看，我国的确是金属矿产资源较为丰富的大国——对于世界上已发现的金属矿产，我国基本都有探明储量。其中，钨、锡、锑、稀土、钽、钛的探明储量居世界第一位；钒、钼、铌、铍、锂的探明储量居世界第二位；锌的探明储量居世界第四位；铁、铅、金、银等的探明储量居世界第五位[10]。表1-1[①]列举了 2005 年世界主要国家固体矿产资源的情况。从表 1-1

––––––––––––––––––

　　①　2005 世界矿产资源储量表 . http://wenku. baidu. com/view/ef60b6313968011ca3009150. html。

中的数据可见，我国铁、锌、铅、镁储量占世界铁、锌、铅、镁储量的比例分别达到 9%、15%、16%、17%，其中锡、稀土、钛、钼、锑、钨的储量占比更是高达 28%、31%、33%、38%、44%、62%，是世界优势矿种[11]。

尽管我国金属矿产资源总量丰富，但从人均水平来看，形势不容乐观。我国人均矿产资源拥有量仅为世界人均量的 1/3，位居世界第 58 位[12]（表 1-2）。金属矿产资源不足的矛盾尤为突出。尽管我国钨、锡、钼、锑和稀土等"小金属"矿产储量占世界储量的 1/5～1/3，但缺乏在国际市场的控制力和定价权；而目前需求量较大的多数矿种，如铁、铜、铝土矿、锰矿石等大宗矿产品储量分别仅占世界储量的 9%、6%、3%、9%，储量严重不足。需求量同样较大的铅、锌、镍、金、银等矿产资源的人均拥有量也明显低于世界人均水平[13]。

首先，从空间分布情况来看，我国矿产资源分布极不均衡，新探明的资源大都在开发条件差或边远地区。例如，铁矿主要分布在东北和西南地区；铜矿以长江中下游和江西东北为主，约为全国储量的 31.90%，其次为西北和西南地区；铅锌矿在华南和西部居多；钨锡矿大都分布在江西、湖南、广西、云南和广东等省（自治区）；铝土矿多分布在山东、陕西、河南、山西、贵州和广西，这种分布态势极不利于我国工业布局[13]。

其次，从矿产资源品位来看，我国富矿少、贫矿多。以铁矿为例，中国的铁矿资源尽管从总量上看储量较为丰富，但平均含铁品位仅有 33%，而世界铁矿出口大国的品位高达 55%～65%。我国富铁矿储量不到 5%，95% 以上的贫铁矿需经选富集。以铜矿为例，我国铜矿物以黄铜矿为主，含铜量低。我国铜矿石的平均品位仅有 0.87%，含铜 1% 以上的矿石储量仅有 35.90%。江西德兴铜矿从规模储量上看尽管位居亚洲前列，但其原矿含铜量仅为 0.41%，为全国最低，而我国铜矿中可采总量的 1/5 都分布在德兴铜矿。再以铝土矿为例，我国一水硬铝石——高岭石型铝土矿占到总储量的 99%，而三水铝石型铝土矿仅占总储量的 1%。与三水铝石相比，一水硬铝石铝硅比（A/S）偏低，其中铝硅比大于 7 的矿石仅占 33.05%。这种铝硅比偏低的资源特性导致在冶炼过程中，我国氧化铝厂能耗、碱耗均高于国外以三水铝石为原料的同类企业[13]。

最后，我国矿产资源还呈现出单一矿种少，矿物共、伴生关系复杂，有用矿物嵌布粒度细的特点，这导致矿产资源的采、选、冶困难。在我国已得到开发利用的 139 个矿种中，其中 87 种来源于共生和伴生矿床。以铜矿为例，我国单一型铜矿仅占 27%，剩余高达 73% 的铜矿中共生或伴生有黄铁矿、铅、锌、金、银及其他稀散元素或稀贵金属。湖南省柿竹园多金属矿是一个非常典型的例子，该金属矿中黑钨矿与白钨矿共生，钼、铋、黄铁矿等硫化物共生，白钨矿与萤石、方解石、石榴石等含钙矿物共生，导致矿物分离极为困难[11]。

表 1-1　2005 年世界主要国家矿产资源的储量（A）和储量基础（B）

序号	国家	铁(Fe)/亿吨		锰矿石(Mn)/亿吨		镍(Ni)/万吨		钨(W)/万吨		钼(Mo)/万吨		铜(Cu)/万吨		铅(Pb)/万吨		锌(Zn)/万吨		铝土矿/亿吨		镁(菱镁矿)石/亿吨	
		A	B	A	B	A	B	A	B	A	B	A	B	A	B	A	B	A	B	A	B
1	中国	70	150	0.4	1	110	760	180	420	330	830	2 600	6 300	1 100	3 600	3 300	9 200	7	23	3.8	8.6
2	美国	21	46	0.68	1.3			14	20	270	540	3 500	7 000	810	2 000	3 000	9 000	0.2	0.4	1	1.2
3	澳大利亚	89	250	0.23	0.5	2 200	2 700					2 400	4 300	1 500	2 800	3 300	8 000	57	86	0.45	0.65
4	巴西	160	410			450	830											19	25		
5	加拿大	11	25			490	1 500	26	49	45	91	700	2 000	200	900	1 100	3 100				
6	印度	42	62	0.93	1.6													7.7	14		
7	伊朗	10	15						5	14											
8	哈萨克斯坦	33	74							13	20										
9	毛里塔尼亚	4	10															3 500			
10	墨西哥	4	9	0.04	0.1				9	23	36		1 400			2 500					
11	俄罗斯	140	310			660	920	25	42	24	2 700	4 000	150	2 000	500	700	3 000	2	2.5	6.5	7.3
12	南非	6.5	15	0.32	40	370	1 200					2 000	3 000	200	800						
13	瑞典	22	50											40	70						
14	乌克兰	90	200	1.4	5.2									50	130						
15	委内瑞拉	24	36			56	63											3.2	3.5		
16	智利											14 000	36 000								
17	古巴					560	2 300			110	250										
18	新卡里多尼亚					440	1 200														
19	印度尼西亚					320	1 300					3 500	3 800								
20	哥伦比亚					83	110														

续表

序号	国家	钛(TiO2)/万吨 A	钛(TiO2)/万吨 B	锡(Sn)/万吨 A	锡(Sn)/万吨 B	锑(Sb)/万吨 A	锑(Sb)/万吨 B	金(Au)/吨 A	金(Au)/吨 B	银(Ag)/吨 A	银(Ag)/吨 B	稀土(REO)/万吨 A	稀土(REO)/万吨 B	锂(Li)/万吨 A	锂(Li)/万吨 B
1	中国	20 000	35 000	170	350	79	240	12 00	41 00	26 000	120 000	2 700	8 900	54	110
2	美国	600	5 900	2	4	8	9	2 700	3 700	25 000	80 000	1 300	1 400	3.8	41
3	澳大利亚	13 000	16 000	11	30			5 000	6 000	31 000	37 000	520	580	16	26
4	巴西	1 200	1 200	54	250									19	91
5	加拿大	3 100	3 600					1 300	3 500	16 000	35 000			18	36
6	印度	8 500	21 000									110	130		
7	伊朗														
8	哈萨克斯坦														
9	毛里塔尼亚														
10	墨西哥														
11	俄罗斯			30	35	35	37	3 000	3 500	37 000	40 000	19 000	21 000		
12	南非	6 300	22 000			4.4	20	6 000	36 000			独联体			
13	瑞典														
14	乌克兰	590	1 300												
15	委内瑞拉														
16	智利													300	300
17	古巴														
18	新卡里多尼亚														
19	印度尼西亚			80	90			1 800	2 800						
20	哥伦比亚														

表 1-2　中国几种重要矿产资源的人均储量、产销量

矿产	人均储量/千克	占世界人均/%	人均产量/千克	占世界人均/%	人均消费量/千克	占世界人均/%
铁矿石	9 880	42	187	113	230	129
锰矿石	99	36	2	166	2.8	233
铬矿石	2.92	0.5	0.16	6.7	0.7	31
铜矿石	13.20	18	0.41	20	1.06	46
铝土矿	283	7.3	6.9（金属）	33	2.3（金属）	60
锌矿石	16.50	55	1.2	90	0.86	62
镍矿石	2.20	33	0.04	22	0.03	17.6
钨矿石	0.95	159	0.018	300	0.006	83
稀土	18	138	0.06	419	0.018	119
钾盐	56	3.6	0.27	6	2.8	68

资料来源：孙传尧 . 重视矿石物性研究，开发与矿物资源可选性相和谐的精细工艺技术［R］，2009

　　以上种种特征都加剧了我国金属资源自有供给能力不足的问题。从近十年的统计来看，中国主要金属矿产品对外依存度居高不下。中南大学金属资源战略研究院发布的《中国金属资源安全报告》指出，铁、铜、铝等重要矿产品的对外依存度都超过了 50％ 的安全警戒线。对海外资源的高度依赖，导致我国金属矿产品国际贸易长期面临"一买就涨，一卖就跌"的窘境。

　　但我国金属资源的基本条件决定国内资源的自我保障能力较差，加之未来10～15 年将是我国矿产资源消费的快速增长阶段，这使得我国重要矿产的总量保障明显不足，资源结构性矛盾突出，大宗矿产资源的对外依存度将进一步上升，同时资源分布与工业布局不匹配问题将变得更加突出[14]。研究表明，到2020 年，我国已探明储量的 24 种重要金属矿产资源中，仅有 3 种可保证需求，3种基本可以满足需求，13 种矿产难以满足需求，5 种矿产将必然出现短缺。金属资源短缺将对国民经济的进一步发展造成极大的影响。

　　一方面，我国工业化发展仍处于中后期，这决定了在相当长一段时间内，我国金属矿产资源的需求量还将不断增加；未来 10～15 年将是我国金属矿产资源消费的快速增长阶段。另一方面，我国金属矿产资源的自然特性决定其总量保障供给能力明显不足，资源结构性矛盾突出。在供需结构性矛盾严峻的现实情况下，除了加强资源勘查和利用海外资源外，还必须针对我国金属矿产资源的特点，立足国内现状，跟踪国际前沿，优化科技资源配置，研发更适合中国国情的采、选、冶技术工艺及设备，提高国内金属采、选、冶的技术水平和资源综合利用能力，通过科技进步达到高效绿色开发、利用资源和节省资源消耗的目的。高效绿色开发金属矿产资源将成为缓解我国金属资源结构性失衡矛盾的重要途径。

1.2.2 金属矿产资源高效绿色开发是推动我国生态文明建设的重要举措

很长一段时间以来，我国采取的是一种高资源、高能耗、不考虑环境成本的粗放式增长方式，在实现经济发展的同时却也付出了沉重的资源环境代价。党的十七大报告首次提出了"建设生态文明，基本形成节约能源资源和保护生态环境的产业结构、增长方式、消费模式"。在党的十八大上，提出了要"大力推进生态文明建设"，"面对资源约束趋紧、环境污染严重、生态系统退化的严峻形势，必须树立尊重自然、顺应自然、保护自然的生态文明理念，把生态文明建设放在突出地位，融入经济建设、政治建设、文化建设、社会建设各方面和全过程，努力建设美丽中国，实现中华民族永续发展"。2015 年 5 月，中共中央、国务院印发《关于加快推进生态文明建设的意见》，这是继党和国家对生态文明建设做出顶层设计后，中央对生态文明建设的一次全面部署。这充分说明，我国已认识到以牺牲资源环境为代价的传统增长方式的不可持续性，决心花大力气解决资源环境的约束问题。在金属矿产资源开发利用中，也必须围绕"生态文明"及"绿色化"的主旨，突破发展瓶颈，走生态开发、绿色开发、高效开发的可持续发展道路。

新中国成立六十多年来，我国金属矿产资源的开发利用取得长足进步，金属资源开采利用总量位居世界前列，金属资源产业的发展、金属制品的提供都为我国的经济发展及社会进步做出巨大贡献。但与此同时，传统的开发利用模式也在很大程度上改变了金属资源所在地原有的青山绿水，对当地生态环境造成了巨大的破坏，这具体表现在对土地资源、森林资源、草地资源、水资源、空气资源、地表景观和地质遗迹等造成的破坏和潜在威胁。

（1）对土地资源造成的破坏和潜在威胁。矿山开采会占用到大量的土地资源并造成极大的破坏。在金属的开采中，由于露天开采比重较大，其占用的土地更为可观。据学者推算，我国每年由于露天开采所破坏的土地有 0.7 万～1 万公顷，露天采矿场占地面积约占矿山破坏土地面积的 27%[15]。金属矿产资源的露天开采一方面侵占了大面积的良田，另一方面也对开采区生态环境造成了相当大的改变，破坏了原来稳定的土壤和植被，导致严重的水土流失。金属矿产资源开采过程中导致的矿区塌陷也是破坏土地资源的一个重要因素。据测算，我国塌陷占地面积占矿山开发占地面积的比例达 39 %左右[15]。此外，金属矿山开发中的环境污染还会造成土地质量下降，可用耕地减少。在传统的开采手段下，金属矿产资源在开采过程中会直接产生大量的尾渣、堆渣，它们被直接搁置在土地上；尾渣和堆渣中的大量粉尘、有毒物沉积于地表，或通过各种途径进入土壤中，破坏土壤的结构和性质，对土地产生严重的危害。同时，在传统的开采手段下，金属矿产资源开采过程中还会排放有害气体和粉尘，它们遇大雨后随雨水一起降落到土地上，对土地及植被的污染也相当严重。学者们的相关模型推算表明，一些矿物矿石堆的重金属及酸性排水污染有可能持续五百年之久，其尾矿的污染也会持续百年以上[16]。

（2）对森林资源造成的破坏和潜在威胁。根据我国第七次全国森林资源清查结果，全国森林面积 29.25 亿亩（1 亩 ≈ 666.7 平方米），森林覆盖率 20.36%[17]，但我国人均森林面积较低，在全世界 200 多个国家中位居 100 名之后。而金属矿山的开发对森林资源的占用、破坏极为严重。据统计，我国森林面积中由于采矿而遭到破坏的达到 1 590 万亩。据相关调查，黑、蜀、晋、赣分别是我国矿山开发占用林地面积最多的四个省[15]。

（3）对草地资源造成的破坏和潜在威胁。根据 1980 年的全国草地资源调查，我国草地面积约有 60 亿亩，约占国土面积的 40% 以上，位居世界第三[18]。但我国草地退化现象日趋严重，60 亿亩草原资源中的 90% 以上处于不同程度退化之中，退化率由 20 世纪 70 年代的 16% 上升到 21 世纪的 37%，平均每年以 1 005 万亩的速度递增，而且仍处于不断加剧之势[19]。金属矿产资源的开采也对草地资源造成了严重破坏，据统计，全国矿山开发占用草地面积达到 394.5 万亩[20]。

（4）对水资源造成的破坏和潜在威胁。金属矿产资源的开发利用对水资源的污染主要体现在矿山生产中，如有色金属矿山的选矿、废水地下水的渗透等，都会带来水资源的破坏。金属矿产资源开采过程中所排出的废水中含有大量多种金属离子，它们经过相关的化学反应产生相关物质并且沉淀，也有可能再经氧化作用产生另一种新的物质，它们在水体中移动时，都可能对水体和水中的生物产生严重的危害；更为严重的是，由于饮用水得不到有效的处理，人类可能通过饮水等方式将这些重金属吸收到体内，给生命健康带来致命危害[21]。以我国的有色金属之乡湖南省为例，20 世纪 70 年代以来，有色金属冶炼企业不断增加，但由于矿业采冶技术较为落后，长期进行粗放式、掠夺式开采，伴生矿被当做废矿渣遗弃、工业废水随意排放，致使湘江成为中国重金属污染最为严重的河流。在湘江流域一些靠近有色企业厂矿的区域，如株洲渌口河段、株洲霞湾段、长沙暮云镇河段等，出现严重的重金属超标现象[22]。仅以 2007 年为例，湘江流域汞、镉、铅、砷的排放量，就分别占到全国排放量的 54.5%、37%、6.0% 和 14.1%[23]。

（5）对空气资源造成的破坏和潜在威胁。在开发金属矿产资源的过程中，在采冶技术比较落后的情况下，将会产生很多浮游于空气中的粉尘，造成严重的空气污染。冶金生产中排出的烟气，如果未得到有效处置，也包含大量有害气体和粉尘，在污染空气的同时也造成严重的金属流失。

（6）对地表景观和地质遗迹造成破坏和潜在威胁。金属矿产资源的粗放式、掠夺式开发极有可能对自然景观、地貌、地形、地质遗迹、土地及地表植被造成破坏，废弃物、粉尘等也会对地表景观、地质遗迹带来污染和侵蚀。而我国的有些名胜古迹坐落在某些矿区之上，地下的开采塌陷直接或间接威胁着名胜古迹[16]。

以上分析表明，在我国金属矿产资源开发利用中生态环境保护形势非常严峻、生态恢复和治理任务十分繁重的背景下，只有遵循"资源-环境"的双向约束关系，依靠技术改进和提升，对金属资源进行高效绿色开发，才能从源头上减少污染物的产生，降低污染物排放强度，最大程度降低金属矿产资源开发利用对生态环境造成的负面影响，将我国金属矿产资源产业发展建设在环境可承受、可持续的基础之上，实现经济、资源与环境的协调永续发展。

1.2.3　金属矿产资源高效绿色开发是促进我国金属矿产资源产业转型升级的重要手段

经过多年的积累，我国金属矿产资源相关产业获得了长足的发展，具体表现为：产业规模快速扩张，工艺技术及装备水平不断提高，产品结构有所改善，品种质量逐步提升，产业集中度明显提高，节能减排初见成效。但在成绩的背后，我们也应该清楚地看到，我国金属矿产资源产业在发展中也存在种种亟待解决的问题。

（1）产业结构不尽合理。长期以来，我国金属矿产资源产业主要依靠高资本投入、高资源消耗和低廉劳动力资源进行规模扩张，技术含量较低。在世界金属资源产业链中，我国企业长期处于产业价值链低端，普遍缺少核心技术、产品与自主品牌，以初级产品为主，精深加工的高附加值产品少，产品附加值低。随着世界经济结构深度调整和我国发展阶段转换，2012 年后，钢铁、铜、铝、铅锌冶炼等产业链低端行业产能过剩的情况日益严重；但在低端产品产能过剩的同时，我国高端产品的生产能力却严重不足，产品主要依靠国外进口。以钢铁行业为例，我国钢铁产品中附加值低的粗钢、铸铁管、不锈型材、螺纹钢、普特钢等产能过剩，附加值较高的镀层板、冷轧薄板带、中厚特带钢、合金板和电工钢板等则需从日本和德国进口。2014 年，我国进口钢材 1 443.21 万吨[24]。

（2）企业自主创新能力不强。我国大部分金属资源矿产开发利用企业以发展速度为导向，采用低成本竞争的竞争战略，选择平铺式发展路径，将企业主要资源用于规模扩大，而忽视了技术创新和改进，企业研发投入水平低，缺乏关键技术及核心技术，主要技术需要从国外引进，企业对外技术依存度达 60% 以上；具备一定技术含量的核心零部件及关键设备基本上依靠进口。以有色行业为例，从研发强度这一指标来看，我国有色金属企业的研发强度平均水平仅为 0.65%，低于全国大中型工业企业的 0.93% 的水平，与全国创新型企业 1.76% 的水平更是有显著差距[25]。

（3）节能减排任务繁重。随着我国经济的快速发展，对资源的消耗和环境的破坏也不断增加。但从目前的情况来看，金属矿山企业的节能减排工作较为滞后，形势严峻。以有色金属业为例，作为我国高能耗和高污染的重点行业，2011年行业能源消耗为 15 138 万吨标准煤（简称标煤），约占全国能源消耗总量的4.39%[26]。从部分产品的单耗来看，我国与世界先进水平差距巨大，以铅冶炼综合能耗指标为例，2011年我国这一指标为 433.8 千克标煤/吨，而国外先进水平为 300 千克标煤/吨。从企业间的能耗水平对比来看，企业发展水平不一，如电解铝综合交流电耗这一指标，最好与最差的企业差距可达到 2 000 千瓦时/吨[27]。我国金属矿产开发利用过程中的固体废物综合利用水平也较低。以赤泥为例，2010 我国年产赤泥量已达 3 000 万吨，但综合利用量仅为 120 万吨，综合利用率仅为 4%[27]。

即将到来的"十三五"，是我国金属矿产行业加快转型升级，实现创新发展的攻坚期，国内外政治经济科技环境为产业提升提供了难得的发展机遇，但也充满重重挑战。在此背景下，只有通过技术进步和创新引领，开发金属矿产资源绿色高效利用的相关装备和技术，由平铺式发展转变为依靠技术提升实现的立体式增长，才能从根本上改变我国金属工业主要依靠冶炼扩张寻求发展的不可持续模式，才能引导产业走内生增长、创新驱动的发展道路，实现产业的可持续成长。

1.3　工程管理在金属矿产资源高效绿色开发中的作用

从工程管理的哲学内涵的视角来看，工程管理是一门反映工程活动中人的地位与作用，人与人之间、人与社会之间、人与自然之间的协同关系和行为互动的科学；从工程管理的功能内涵的视角来看，工程管理是针对工程项目的有效实施而采取的决策、计划、组织、指挥、协调与控制等；从工程管理的过程视角来看，工程管理是为保证工程项目目标的实现而进行的前期论证与决策、设计、实施、运行的管理及后期评估等；从工程管理的内容要素视角来看，工程管理是为实现工程项目在质量、费用、工期、职业健康安全、环境保护等方面的目标，而对资源、合同、风险、技术、信息、文化等进行的综合集成管理[28]。将工程管理的上述思想理念与金属矿产资源高效绿色开发的经济活动有机结合，可以将工程管理对实现金属矿产资源开发的作用归结为以下几个方面[28]。

（1）工程经济分析建立了金属矿产资源开发技术与经济目标的协调统一。工程经济的主旨是实现有限资源最优化的配置，从而获取最大化的工程收益，因此，任何金属矿产资源开发项目的实施都必须首先满足在经济收益目标上能为社会各个相关利益主体所接受。人们需要首先对工程技术的经济实践效果与成本及损失进行核算分析，即对取得的有用成果和所支付的资源代价及损失的对比分析，这就是工程管理中对工程项目的经济效果评价。在对金属矿产资源进行开发利用的过程中，工程技术与经济目标之间存在着对立统一的辩证关系。金属矿产资源的高效绿色开发是推动相关工程技术进步的主要目的，而这些相关的工程技术是实现高效绿色开发这一经济目标的途径和手段，是推动金属矿产资源产业经济发展的动力源；但与此同时，与矿产资源开发相关的各类工程技术与矿产资源开发行为的经济目标，又存在着相互制约和相互矛盾的方面。在对金属矿产资源进行开发的过程中，工程技术的使用是为了更大程度地提升工程利益，而有时技术的先进性并不一定对工程的经济目标的实现具有绝对的合理性，因此，必须要对具体的工程技术选择以及以工程技术的组合方式的经济适用性进行分析评判。工程经济分析的重点是对矿产资源开发工程的预见，是对矿产资源开发这一经济活动所进行的系统性的评价，满足可比条件是技术方案比较和选择的前提，在进行技术选择比较时，必须要充分考虑相关的使用价值、投入的相关成本、时间、评价参数等多种因素的可比性。对工程技术与经济辩证统一的判定，必须处理好技术、经济、环境、社会等多方面的关系，应用相关学科的知识解决技术实践中遇到的经济问题，并通过大量的数据进行科学的分析计算，特别是事前的估计和判断，而且要特别注重系统的总体平衡。

（2）工程质量管理提升了金属矿产资源开发活动的基本道德。工程质量的好坏，关联到社会各个方面、各个阶层、各个阶段，深入每个家庭、每个社会团体，直接影响到人们生活中的各个环节。因此，工程质量是对任何工程活动的最为基本的要求。就更加广泛的意义而言，工程质量不仅要对工程的最终质量进行考核，还应当对包括工程活动全过程中的组织、经济、安全、社会、环境等各个环节进行整体效益评估。在对金属矿产资源进行高效绿色开发的过程中，工程质量的水平不仅能够反映资源开发的生产力发展水平，同时也是评价金属矿产资源产业发展过程中的工业化、现代化水平及社会和谐程度的重要方面。工程质量蕴含着金属矿产资源开发企业的综合素质，包含了相关领导者的思想境界、队伍的道德素质、技术水平的高低、企业文化的优劣等；从更为深刻的层面上来看，工程质量还进一步映射了国家及各级政府对企业的金属矿产资源开发行为进行有效监管和总体调控的水平。

此外，对于金属矿产资源开发活动而言，工程质量与社会和谐密不可分。工程质量的优劣，直接影响到经济发展的效益和质量、公共安全、社会运转效率、人民生活幸福指数、百姓对政府的信任程度等一系列问题。对矿产资源开发的各项工程项目的质量实施有效监管，是国家和各级政府义不容辞的责任与义务，既是对人民负责，也是对社会公共安全负责的表现。针对工程质量的监督，必须努力健全工程质量管理法律法规体系，建立更加完善和统一协调的工程质量管理体制，履行强化和落实工程质量的责任，切实保障工程建设整个建设周期的质量水平，并显著提升社会对工程建设的满意度。

（3）工程环境分析促进了矿产资源开发活动与社会、自然的和谐。工程环境包括社会环境与自然环境两个层面的内容，是工程活动中天人合一的综合体现。工程环境的核心是工程与社会的和谐、工程与自然的和谐。由此可见，矿产资源开发企业在实现自身发展的战略目标的同时，还必须要认识到企业个体的利益获取和发展，必须要以保护自然与社会和谐为基础，与矿产资源的永续利用和生态环境承载能力相协调。在进行资源开发时，既要满足所有当代人的需要，又不能以对后代人满足需要的能力构成危害为代价。因此，实现矿产资源开发天人合一的关键就在于处理好资源开发、企业发展与环境保护的相互协调问题。

当工程环境的和谐发展达到一定高度，便会孕育出工程艺术。对金属矿产资源进行开发，其本质就是为满足人的生活需要而服务的，金属矿产资源高效绿色开发，正是在实现矿产资源开发、满足人们物质生活需要的同时，进一步与社会人文需要、生态环境需要高度结合，因而是对工程开发艺术地体现。由此可见，工程艺术也可以被看做矿产资源高效绿色开发工程环境的一部分，工程艺术表现的最高要求就是工程与社会、工程与自然的和谐统一。

绿色开发将极大带动矿业上游、下游关联行业的发展，增加直接就业和间接就业的人数，促进地区经济发展。在矿山企业为地区支柱产业的地区，绿色开发将实现矿产企业可持续发展，有效地延长矿山开采年限，增加矿山使用寿命，成为地区重要的经济增长点，对邻近地区产生强大的辐射作用，通过"增长极"[29]地区的优先增长，带动邻近地区的共同发展。绿色矿山较多的地区呈现出的特点是，通过各个矿山的极化效应和扩散效应，带动相关产业经济发展，在空间上形成产业聚集，并形成区域特有的增长极网络。

绿色开发不是简单的矿山绿化和复垦工程，而是通过矿产资源的节能、降耗、循环利用，将"绿化"贯穿于设计、开采、运输等过程，实现经济效益、社会效益、环境效益、资源效益的协调统一，达到"矿业发展有秩序、矿城发展有保障、矿企发展有依托、矿工生活有品质"的"四有"状态，最终呈现矿业繁荣发展、矿城稳健进步、矿企持续发展、矿工安居乐业的四方共赢局面。绿色开发将可持续发展的理念贯穿于矿山建设之中，目标是实现人、自然、社会的全面协调可持续发展，因而可持续发展理论（sustainable development theory）对于绿色矿山的建设具有重要的理论指导作用。

（4）工程创新体现了金属矿产资源开发活动中主观能动性的发挥。企业是创新的主体，工程创新也是企业实现技术创新和建设国家创新系统最为重要的领域。在对金属矿产资源的高效绿色开发过程中实现工程创新的过程，实际上也就是矿产资源企业在资源开发利用中，不断突破来自于资源禀赋和生态环境的壁垒和应对各种不确定性和风险的行为过程，体现了人的主观能动性在矿产资源开发工程活动中的充分发挥。在对金属矿产资源的高效绿色开发过程中，工程创新的原动力更加体现在以人为本和天人合一的价值理念。以人为本要求对资源的开发更加人性化，以便更好地为人类服务，天人合一则进一步要求又好又快又经济的高效资源开发。这些要求都促使矿产资源开发工程不断地进行创新。而更为深刻的是，技术创新与管理创新的结合，即二元创新的成功与否决定了矿产资源开发过程中工程创新的成败。其中，管理创新强调的是企业组织能够形成更具创造性思想和符合社会发展的价值理念，并能够将这些思想和价值理念充分地体现在其产品生产、客户服务或作业方法的过程中。

总而言之，技术创新与管理创新是实现矿产资源开发工程进步的助力引擎，技术提升了生产力，管理改善了生产关系，两者相辅相成，辩证统一地存在于实际的工程发展中。因此，必须在以人为本的前提下，兼顾技术创新与管理创新，将二者有机结合。

（5）工程安全是金属矿产资源高效绿色开发的原则底线。工程安全是金属矿产资源绿色高效活动的基本道德所在，也是以人为本的价值理念在工程活动中最为原则性的体现。工程安全包括"人"和"物"两个方面的内容，其中人的安全是最为重要的，是首位的。在对金属矿产资源的开发过程中，确保工程安全必须是一种积极主动的行为，而不是简单被动的行为。不但要确保工程人员在工程建设过程中不受到伤害的威胁，还要注重对工程人员的身心健康的保障。此外，对于企业而言，在工程安全方面进行人性化的安全宣传教育和张贴警示内容，不仅可以积极打造文明生产作业、职业安全健康的环境，而且还有利于塑造更为清晰瞩目的视觉形象。此外，对于工程来说，安全管理的内容和范围绝不仅仅局限于工程施工区域，对非工程区域的安全管理也需要加以重视和强化。

（6）工程科学决策是金属矿产资源高效绿色开发思想的综合体现。所谓工程决策，是指决策者针对各类拟建工程项目，通过确立总体部署，并在对各个建设备选方案进行比较、分析、评估和判断的基础上，对实施方案做出选择的行为，这是贯穿整个工程计划阶段的主线。在对金属矿产资源高效绿色开发工程进行决策，特别是对一些投资巨大、涉及地域范围广阔，甚至涉及国家战略意义的重大工程进行决策时，决策过程甚至还要取决于政治家。重大工程决策是一个复杂的过程，因此需要政治家权衡利弊，趋利避害，应对各种可能的挑战和问题，坚决摒弃好高骛远和急功近利的思想。在这个过程中，需要注意研究工程的必要性和可行性，充分体现工程的以人为本与天人合一，在此前提下进行科学决策，建立一个包容多重意见的论证机制，通过民主的方式防止决策脱离理性轨道，真正做到兼听则明。

第 2 章　金属矿产资源高效绿色开发工程管理理论基础

2.1　金属矿产资源高效绿色开发工程管理的定义

顾名思义，金属矿产资源高效绿色开发工程管理包含高效绿色开发和工程管理两方面。

2.1.1　工程和工程管理简介

1. 工程的概念

在《大不列颠百科全书》(*Encyclopedia Britannica*) 中，工程被定义为"是为最有效地把自然资源转化为人类用途的科学应用"。

美国工程师职业发展理事会 (Engineering Council for Professional Development) 认为工程是"为设计或开发结构、机器、仪器装置、制造工艺，单独或组合地使用它们的工厂，或者为了在充分了解上述要素的设计后，建造或运行它们，或者为了预测它们在特定条件下的行为，以及所有为了确保实现预定的功能、经济地运行以及确保生命和财产安全的科学原理的创造性应用"。

美国国家工程院 (The National Academy of Engineering，NAE) 认为："工程一直以很多方式被定义。它常常被视为科学应用，因为工程师在这种应用中运用抽象思想和建造实体产品。工程的另一种定义是在限制下设计，因为对工程师来说，产品意味着以某种方式的建造，而通过这种方式将确实能使人们在没有任何未预期后果的情况下实现其对于产品的预期。"

此外，各种权威性的现代英语词典，如《牛津高阶学者当代英语词典》(*Oxford Advanced Learner's Dictionary of Current English*)、《美国遗产词典》(*American Heritage Dictionary*) 等，也对工程概念做出了相似的定义。

从工程科学的角度来讲，工程可以定义为：工程是人类为了生存和发展，实现特定的目的，运用科学和技术，有组织地利用资源所进行的"造物"或改变事物性状的集成性活动。一般来说，工程具有技术集成性和产业相关性。

具体说来，可以引申如下。

第一，工程是人类为了达到特定目标而进行的一种活动。其核心是通过"造物"或改变事物性状的活动来达到特定的目的。

第二，工程的开展需要掌握和集成科学和技术的智慧，以及有组织地利用各种资源，不仅要利用各种自然资源，也要利用人类创造的各种资源。

第三，工程是指特定过程产物或其实施后果。例如，工程的产物（如三峡水利枢纽）与工程本身（如建设三峡水利枢纽的过程）是不同的。

第四，工程学术意义上的工程概念的两个关键点是技术集成性和产业相关性。技术集成性是指工程表现为相关或系列技术的集成与整合，形成特定形式的技术集成体；工程不是各种技术的简单相加，而是一种基于特定规律或规则的、面向特定目标的、各种相关技术的有序集成[30]。

2. 工程管理的定义

工程管理与多种因素密切相关，对工程管理目前也没有一个统一的定义。前人通过长期的研究和探索，根据不同的要素对工程管理做出了多层次、多角度的定义。

美国工程管理协会（American Society for Engineering Management，ASEM）对工程管理的解释为：工程管理是对具有技术成分的活动进行计划、组织、资源分配以及指导和控制的科学和艺术。

美国电气电子工程师协会（Institute of Electrical and Electronics Engineers，IEEE）工程管理学会将工程管理定义为关于各种技术及其相互关系的战略和战术决策的制定及实施的学科。

美国项目管理学会在《项目管理知识指南 PMBOK》中把工程管理概括为："指把各种系统、方法和人员结合在一起，在规定的时间、预算和质量目标范围内完成工程项目的各项工作，有效的工程项目管理是指在规定用来实现具体目标和指标的时间内，对组织机构资源进行计划、引导和控制工作。"

中国工程院（Chinese Academy of Engineering，CAE）在咨询报告中也对工程管理进行了界定：工程管理是指为实现预期目标，有效地利用资源，对工程所进行的决策、计划、组织、指挥、协调与控制。广义的工程管理既包括对工程建设（含规划、论证、勘设、施工、运行）的管理，也包括对重要、复杂的新产品、设备、装备在开发、制造、生产过程中的管理，还包括技术创新、技术改造、转型、转轨、与国际接轨的管理，以及产业、工程和科技的发展布局与战略发展研究、管理等。狭义的工程管理是我们常说的建筑工程管理[28]。

Mavor 从活动的角度解释工程管理，将其定义为一项进行资源合理调度以满足运营要求的活动[31]。

Lannes 从过程的角度界定工程管理，认为工程管理是具有管理者水平的工程师成功运用知识技能的过程，突出了工程师的地位与作用[32]。

何继善从哲学、工程管理职能、工程过程及要素等角度分别给出了工程管理的定义。从哲学的层面来看，工程管理的定义为：工程管理是关于工程活动中人的地位与作用，人与人、人与社会、人与自然的关系和互动的科学。就工程管理职能而言，工程管理是指对工程的决策、计划、组织、指挥、协调与控制。就工程过程而言，工程管理是指对工程的前期论证与决策、设计、实施、运行的管理。就工程管理要素而言，工程管理是为实现质量、费用、工期、职业健康安全、环境保护目标而对资源、合同、风险、技术、信息、文化等进行的综合集成管理[28]。

郑俊巍等认为工程管理是有价值、目标取向的主体（组织和个人）为了满足人类特定需要，以一定经验知识或科学理论为基础，以一定技术或方法为手段，以一定程序或规则为运作机制，将意识中的目标、思想等形而上的东西具象为形而下的实体的活动、过程[33]。

根据上述各种定义，结合我们自己的研究与认识，本书将工程管理的定义总结为：工程管理是指为实现预期目标，有效地利用资源，对工程所进行的决策、计划、组织、指挥、协调与控制。

与一般的管理工作不同，工程管理是对于具有技术集成性和产业相关性特征的各种工程所进行的相应的管理工作。一般来说，工程管理具有系统性、综合性和复杂性的基本特征。

（1）系统性。工程管理的系统性不仅表现为工程管理是一种实现特定目标的各种技术的有序集成，也表现在工程管理是工程的各个组成部分有机整合、各个工程子系统相互协调，以实现工程整体目标的过程。系统理论和系统思想在现代的工程管理实践中是不可或缺的，是工程管理思想的精髓所在。

（2）综合性。由于工程有机集成了多种技术，其常常与多种产品、多个企业相互联系，所以任何形式的工程管理必然是一种考虑不同技术协调性和不同产业特性的综合性管理。此外，工程管理的综合性也表现为工程目标实现所要求的多种资源利用的有效性和工程管理主体与工程管理环境的协调性。

（3）复杂性。工程是由多个部分构成、多个组织参与的，因此工程管理工作极为复杂，需要运用多学科的知识才能解决问题。又因为工程本身具有很多未知的因素，而每一个因素常常带有不确定性，为了在多种约束条件下实现预期目标，就需要具有不同经历、来自不同组织的人有机地组织在一个特定的组织内，这决定了工程管理工作的复杂性远远高于一般的生产管理。

由于工程概念与技术概念和产业概念紧密联系，工程含义的具体表现必须联系特定形式的技术开发和产业活动，所以工程管理也就必然具有与技术和产业相联系的特殊含义。工程管理不同于一般形式的管理，它是工程管理人员在特定产业环境中对于特定形式的技术集成体的管理，是面向特定目标的和特定形式的决策、计划、组织、指挥、协调与控制的工作。因此，在金属矿产资源高效绿色开发工程管理中，工程管理的内涵也会随之有其相应的特点。

2.1.2　金属矿产资源高效绿色开发工程管理概念

将工程视为改造自然、征服自然的工具，向自然无限索取，是传统的工程理念。在该理念的指导下，工程活动对自然资源和环境的破坏十分严重。例如，在金属矿产资源开发中，人们往往只考虑生产规模扩大和短期经济利益，而很少顾及环境和金属矿产资源高效综合利用等问题。然而，当前可持续发展已经成为世界性的主题，为了实现金属资源的可持续利用，对工程和工程管理提出了相应的要求，这些要求体现了金属资源高效绿色开发工程管理的相应特点。

具体说来，金属资源高效绿色工程管理的概念包括以下几个方面的含义。

（1）以可持续发展为指导。和传统工程管理相区别，绿色工程管理的核心内容体现在以可持续发展观为指导，在经济效益的基础上积极实现工程的生态目标。金属矿产资源高效绿色工程管理应该是在认识生态运动规律的基础上，最大限度地减少对金属矿区生态环境的不良影响，并使生态环境不断得到改善和优化，从而实现可持续发展。

（2）经济效益、社会发展、环境保护等多目标并重。金属矿产资源工程活动同时与社会和自然相关联，具有自然性和社会性。追求经济、社会、环境等多个目标，决定了工程管理绿色高效开发目标的复杂性。不能再片面地追求工程的短期经济价值，要立足于长远，同时考虑到经济、社会、环境目标，使金属矿产资源开发工程活动在追求经济社会利益的同时，能和自然生态系统良好循环之间保持恰当的协调，满足可持续发展的需要。

（3）全过程管理。我们知道工程管理是一种复杂性管理，由多个部分、多个参与组织构成。金属矿产资源绿色高效开发也同样涉及项目立项、批准立项、施工、运营开发和拆除（结束）等多个环节，包括目标设计、规划与施工设计、工程实施和开发运营等数个阶段，在工程所有环节中都应该考虑工程对资源的利用和环境的影响，使高效绿色思想贯穿工程始终，确保金属矿产资源的高效绿色开发。

金属资源高效绿色工程管理遵循资源节约、环境友好及社会和谐的准则，符合社会客观发展规律，有利于促进人与自然、人与社会的协调发展。

综合以上分析，我们认为金属矿产资源高效绿色开发工程管理是指在金属矿产资源开发中，以可持续发展为导向，为实现经济、社会、环境多重目标，而有效利用各种方法和技术，对工程的全环节所进行的决策、计划、组织、指挥、协调与控制。

2.2　金属矿产资源高效绿色开发工程管理的特征

2.2.1　"以人为市"的工程管理伦理理念

关于工程管理伦理的理念，是工程管理思想的重要组成部分，是工程管理思想的哲学内涵，但是目前关于工程管理伦理的理论内涵并没有统一的界定，不过，从近些年关于工程管理伦理的相关研究内容来看，可以笼统地将工程管理伦理的内涵归结为两个方面。一方面，将工程活动视为一种社会实践活动范畴，工程管理伦理是对工程实践中所涉及的关于道德价值的研究；另一方面，将工程视为一种职业范畴，即作为职业的主体，工程师自身所应当具有的独特职业伦理。无论是作为实践伦理，还是作为职业伦理，工程管理伦理均有其规范性的维度和描述性的维度。工程管理伦理的第一要义就是"工程造福人类"，即"以人为本"的工程价值理念。同时，工程管理伦理还非常强调职业的忠诚、诚实、责任及工程师的团队精神，而这种责任更加广泛的含义还应当包括工程对社会、工程对自然的责任，即环境保护与绿色工程。对金属矿产资源的高效绿色开发，正是秉承了这样一种价值理念，从而丰富了矿产资源开发领域工程管理的伦理理念。

2.2.2　"以环境为逻辑起点"的工程管理理论体系

工程管理科学从起步发展到现在，逐步形成了一个较为完善的理论体系。环境起点论认为，工程环境是建立工程管理理论体系的逻辑起点。工程管理理论体系具有高度的学科综合性特征，不仅包含了工程管理实践的全部范畴，并且孕育着工程管理理论要素的全部"胚胎"。只有从对工程环境的分析入手，对其建立更为广泛的认知，才能揭示工程管理发展过程的全部要素和客观规律，并在此基础上，构建一套内容完整、结构科学、概念统一、逻辑严密的工程管理理论体系。而对金属矿产资源进行高效绿色开发的经济活动，更加强调微观企业层面的价值创造与产业发展，乃至全社会的资源优化配置统一协调，特别是强调资源开发行为与人的自然生存环境统一协调，因此在对其工程环境有了充分的认识之后，才能在现代工程管理理论研究中发现其实质及精华所在。

2.2.3　更加具有"协同性"的工程管理文化

工程文化是工程活动的人性化，非常充分地体现了工程实践中"以人为本"的工程价值理念。实际上，每一项工程的建设与实施，都蕴含了与该项工程项目相适应的特定的自然环境条件和人文历史传统，从而也就自然而然地包含了某种独特的哲学信仰、意识形态、价值取向和行为方式，并由此形成了每个工程特有的工程文化。工程文化是在特定的文化背景下，在工程管理实践中形成的一种分支文化，是一种与工程管理实践紧密结合的应用型文化。文化是价值基础，工程是载体平台。

在金属矿产资源高效绿色开发工程建设中，蕴含于工程之中的文化内涵对工程建设的作用是巨大而显著的，它可以渗透到矿产资源高效绿色开发中的各个方面。例如，实现金属矿产资源高效绿色开发的基础是不断深化的工程创新，而在工程中大力倡导创新文化，就可以增强企业员工的创新意识和价值观念，从而使矿产资源开发工程中的创新活动不断深入；倡导安全文化，可以使矿产资源开发过程中的各个空间与时间都更加能动地加强安全措施；等等。可见，在对矿产资源开发的工程管理中，加强工程文化建设是凝聚工程团队，提高工程管理水平，促进工程成功完成的重要保证。加强工程文化建设，发挥文化导向作用，不仅有助于降低事故发生率，更有助于提高工程人员的工作热情与工作质量，从而提升工程的综合效益。通常认为，工程文化是工程主体为达到工程目标而形成的行为取向，这种行为取向如果背离了工程活动的内在规律的要求，就会形成一种不利于工程顺利开展的工程文化。

2.2.4　更为广泛的工程管理技术的开发与应用

金属矿产资源高效绿色开发提出了新的经济发展目标，同时也对这种经济行为的价值创造过程提出了新的约束条件，这就需要不断地利用更多的工程管理技术来保证这种新的经济目标的实现。这些工程管理技术更广泛地体现在以下方面[34]。

(1) 工程规划技术，即用于工程相关产业规划、战略规划、科技规划等的调查法、评价法、预测法、平衡协调法、优化决策法、遥感技术、仿真技术。

(2) 工程决策技术，即用于工程决策的定性方法、定量方法、决策支持系统、群决策技术、情景分析法、决策树法、头脑风暴法、德尔菲法等。

(3) 设计、研发管理技术，即设计研发管理采用的价值工程技术、虚拟技术、限额设计方法、方案优化等。

(4) 目标控制技术，即对工程质量、投资、进度、职业健康安全、环境保护五大目标进行控制的手段和平台，如计划评审技术（program/project evaluation and review technique，PERT）、工作分解结构（work breakdown structure，WBS）技术、全面质量管理（total quality management，TQM）挣值法、帕累托分析、零缺陷管理技术、PDCA［计划（plan）、执行（do）、检查（check）、修正（adjust）］循环、因果分析法、事故树法、合同管理技术、HSE［健康（health）、安全（safety）和环境（environment）］管理等。

（5）规范化管理技术，即在工程管理实践中发展起来的一整套科学的、可操作的工程管理技术。其核心思想是：通过管理目标合同化、管理内容格式化、内容执行程序化、执行手段信息化，实现管理水平和效率的提升，确保目标的实现，包括合同化管理、程序化管理、格式化管理和信息化管理技术。

（6）协调沟通技术。为保证工程实施过程中工作流、物流、资金流、信息流的通畅，必须进行有效的沟通协调。常用的方法有目标协调法、权责分配协调法、平衡协调法、角色差异淡化法、权威强化法等。

（7）风险管理（risk management）技术，即从工程风险识别、分析到采取措施所采用的一系列方法和技术，包括检查表分析法、专家调查法、事件树法、风险保留技术、风险转移技术、保险技术、风险利用技术等。

（8）信息化技术，包括信息门户技术、管理信息系统（management information system，MIS）技术、数据库技术、模拟仿真技术、远程监控技术、全球定位系统（global positioning system，GPS）技术、遥感技术、电子商务技术等。

（9）评价技术，包括用于工程前期实施和后期评价的指数法、系数法、聚类分析法、逻辑框架法、综合评价法、层次分析法（analytic hierarchy process，AHP）、神经网络法、成功度评价法、灰色关联法等。

2.3 金属矿产资源高效绿色开发工程管理的内容

根据金属矿产资源高效绿色开发工程管理的功能要求，其主要由过程管理、融资管理、风险管理等几个部分组成，在资源及环境约束日益严峻、快速变化的外部环境下，各个部分贯穿于金属矿产资源高效绿色开发工程规划、实施的全过程，以实现工程活动高效绿色开发目标为统领，形成功能互补、机制联通的有机整体。

2.3.1 金属矿产资源高效绿色开发工程过程管理

从工程管理的视角出发，金属矿产资源高效绿色开发工程过程贯穿金属矿产资源高效绿色开发工程决策、设计、实施控制、评价四大领域，内容包括在正确的工程理念指导下，对具体的工程进行决策、指挥、协调与控制，以实现资源的高效绿色开发利用。金属矿产资源高效绿色开发工程决策是该工程过程管理的首要步骤，是一种非线性的社会系统决策。它的决策主体一般以国家的政府机构为代表，还包括在决策过程中作为工程实施者的各类投资公司、作为智囊的咨询者和公众。对金属矿产资源高效绿色开发工程建设而言，其决策程序可包括五个步骤，即发现问题、确定目标、处理信息、拟订多种备选方案和选择最佳方案。金属矿产资源高效绿色开发工程设计是对建设项目质量、成本和项目目标及生态环境具有重要影响的一个管理步骤。它根据批准的设计任务书，按照国家的有关政策、法规、技术规范，在规定的场地范围内对拟建金属矿产资源高效绿色开发工程进行详细规划、布局，把可行性研究中推荐的最佳方案具体化并形成图纸、文字，为工程建设提供依据。金属矿产资源高效绿色开发工程实施控制是科学运用工程管理方法和手段，严格按计划实施、及时进行反馈更新、严密跟踪对比，全面做好协调控制的阶段。它要求对自然资源的节约使用和优化配置，在工程的周期内进行工程的进度管理和变更管理，通过规范工程实施、提升工程质量、合理使用资金来达到环保效果，从而科学有效地建立和运行金属矿产资源高效绿色开发工程的实施控制体系。金属矿产资源高效绿色开发工程评价是在工程竣工验收后，对各项目安全、质量、投资等逐项检查，以及全面考察工程的综合能耗、节能环保措施的落实及绿色建筑技术的应用情况等的一个评价阶段。金属矿产资源高效绿色开发工程评价体系主要包括金属矿产资源高效绿色开发工程项目评价、金属矿产资源高效绿色开发工程实施过程评价、金属矿产资源高效绿色开发工程效益评价、金属矿产资源高效绿色开发工程影响评价、金属矿产资源高效绿色开发工程持续性评价等单项评价及综合评价。评价的程序一般包括选择评价工程、制订评价计划、确定评价范围和选择执行工程评价的咨询单位和专家等。

2.3.2　金属矿产资源高效绿色开发工程融资管理

金属矿产资源高效绿色开发工程融资是为了实现资源集约高效、生态绿色开发的目标，采用直接或间接融资方式，支持工程建设的一种资金活动。科学评价金属矿产资源高效绿色开发工程，正确地分析金属矿产资源高效绿色开发工程风险是融资成功的基本条件之一。金属矿产资源高效绿色开发工程不同于一般现代工程项目，它具有规模大、建设周期长、对资金需求量和筹资渠道有着更高的要求等特点，因此其融资模式应多样化，包括投资者直接融资、绿色信贷融资、工程项目融资、国际融资等。每一种融资模式的特点不同，应用范围也不同，应该合理使用。由于金属矿产资源高效绿色开发工程融资的结构复杂，其融资的程序比传统的程序也复杂得多。就金属矿产资源高效绿色开发工程的融资参与者而言，涉及的利益主体概括起来主要包括项目发起方、项目公司、项目投资者、金融机构、项目产品购买者、项目承包工程公司、材料供应商、融资顾问、项目管理公司等。一般来说，工程资金结构的选择由两大部分组成，即股本资金和债务资金，因此筹集渠道相对较多，筹集资金的手段也相对灵活。

2.3.3　金属矿产资源高效绿色开发工程风险管理

金属矿产资源高效绿色开发工程风险管理，简言之是对于相关工程建设中存在的风险进行管理。与一般现代工程的风险管理相比，金属矿产资源高效绿色开发工程的风险管理的特殊难点在于，一般现代工程项目风险管理以同类已建项目的经验性资料为参考，金属矿产资源高效绿色开发工程的同类项目经验资料较少，科学准确预判风险并设计应急预案较为困难。金属矿产资源高效绿色开发工程的风险管理要求依据金属矿产资源高效绿色开发工程所处的风险环境和预先设定的目标，由金属矿产资源高效绿色开发工程管理人员对导致未来损失的不确定性因素进行识别、评估、决策、应对与监控，以最小代价，在最大程度上保障工程总目标的实现。金属矿产资源高效绿色开发风险管理是一个确定和度量工程建设风险以及制订、选择和管理风险处理方案的过程。概括来说，金属矿产资源高效绿色开发工程风险管理包括风险分析和风险处置两大部分的内容。风险分析包括风险的识别、评估等内容，其主要采用实证分析的思路，对金属矿产资源高效绿色开发工程风险性质进行准确的描述，从定性和定量两个角度认识项目所面临的风险。风险处置包括工程风险的决策、应对和监控等内容，依据工程风险分析的结果并结合工程项目的人员、资金和物资等条件，制订和实施风险处置方案。金属矿产资源高效绿色开发工程风险识别是两型工程风险管理的开端，在风险识别的过程中，要全面有效地识别出可能对金属矿产资源高效绿色开发工程目标产生影响的风险因素、风险性质及风险产生的条件；记录具体风险各方面特征，并初步识别出风险发生可能引起的后果；编制风险识别清单，为风险管理后续工作的展开提供依据。金属矿产资源高效绿色开发工程风险评估建立在有效识别金属矿产资源高效绿色开发工程风险的基础上，根据工程风险的特点，对已确认的风险，通过定性和定量分析方法估计其发生的可能性和破坏程度的大小。金属矿产资源高效绿色开发工程决策是管理人员为实现金属矿产资源高效绿色开发工程管理的目标，根据工程建设的环境和条件，采取合理的科学理论和方法，对所有可能的各个方案进行系统分析、评价和判断，从中选出最优方案的过程。金属矿产资源高效绿色开发工程风险应对计划是继风险识别、风险评估、风险决策之后，为降低风险的负面效应而制定风险应对策略和技术手段的过程。一般而言，针对某一风险通常先制定几个备选的应对策略，然后从中选择一个最优的方案，或者进行组合使用。可以依据风险管理计划、工程的特性、风险的识别清单、风险的评估清单、主体的抗风险能力及可供选择的风险应对措施等制订应对计划。

2.4　金属矿产资源高效绿色开发工程管理的相关理论

在金属矿产资源高效绿色开发工程管理中，为了符合资源节约、环境友好的要求，更加高效绿色地开发，需要使用的理论包括绿色发展理论、资源环境经济学理论、群决策理论、评价理论和风险管理理论等。

2.4.1 绿色发展理论

1. 绿色发展理论的概念

从绿色发展理论的本质出发，绿色发展理论是在传统发展基础上的一种模式创新，生态环境容量是一种新型发展模式，它建立在生态环境容量和资源承载力的约束条件下，并将环境保护作为实现可持续发展的重要支柱。具体来说包括以下几个要点：一是要将环境资源作为社会经济发展的内在要素；二是要把实现经济、社会和环境的可持续发展作为绿色发展的目标；三是要把经济活动过程和结果的绿色化、生态化作为绿色发展的主要内容和途径。

2. 绿色发展理论的演变

绿色发展理论来源于三个方面：一是中国古代天人合一的智慧，其成为现代的天人合一观，即源于自然，顺其自然，益于自然，反哺自然，人类与自然共生、共处、共存、共荣，呵护人类共有的绿色家园；二是马克思主义自然辩证法，其成为现代的唯物辩证法；三是可持续发展，其成为现代工业文明的发展观。三者交融、贯通，最终集古代、现代的人类智慧之大成，融东西方文明精华于一炉，形成绿色哲学观、自然观、历史观和发展观。绿色发展观的本质就是科学发展观，充分体现了"坚持以人为本，树立全面、协调、可持续的发展观，促进经济社会和人的全面发展"的思想。

3. 绿色发展理论的内容

绿色发展理论内容分为多种，下面我们将分别从内容、演进、意义等方面来介绍循环经济发展、可持续发展和其他内涵。

1) 循环经济发展

(1) 循环经济理论的内容。循环经济概念指出，把生态系统看成经济系统的基础，经济系统要从生态系统中获取自然资源来支持经济、社会、环境三个子系统的发展[35]。各子系统之间相互作用和影响，取得动态平衡，以实现经济、社会与环境的和谐、持续发展的目标。所以根据循环经济的基本理论，可以看出循环经济中最根本的是系统论、生态系经济学和工业生态学。经济系统在循环经济理念的基石上，按照自然生态系统物质循环和能力流动规律进行重建，使经济系统能够和谐地纳入自然生态系统的物质循环过程中，并建立起一种新的经济形态。根据可持续发展的思想，遵循清洁生产方式，循环经济理念支持对能源及其废弃物实行废弃物综合利用的生产方式，这些要求经济活动能够组成一个"资源—产品—再生资源"的反馈式流程。

（2）循环经济理论的演变。早在 20 世纪 60 年代，美国经济学家波尔丁就最先提出循环经济的概念，当时环境保护才兴起，同时他还提出了生态经济的概念[36]。到了 70 年代，人们开始对废弃物中污染物的无害化处理进行研究。80 年代，在原有无害化处理的基础上，人们采用资源化的方式对废弃物及污染物进行处理。90 年代，可持续发展的概念引起世界的关注，也逐渐成为社会潮流，有关环境保护、清洁生产、绿色消费和废弃物的再生利用等，正式整合成为一套系统性的以资源循环利用、避免产生废弃物为主要特征的循环经济战略。可以得知，循环经济与线性经济相对，是以物质资源的循环使用为主要特征的。

近现代对循环经济理论进行了如下拓展：1998 年，引入德国循环经济概念，提出了 "3R" 原则，即减量化（reduce）、再利用（reuse）和再循环（recycle）；1999 年，从可持续生产的理论角度，对循环经济发展模式进行整合；2002 年，在新兴工业化基础上，认识循环经济的发展意义；2003 年，科学发展观作为国家重要发展战略，学者们将循环经济也纳入科学发展观，确立物质减量化的发展战略；2004 年，提出从不同的空间规模——城市、区域、国家层面大力发展循环经济。

（3）循环经济理论的意义。工业化时代，传统经济开始向可持续发展的经济模式转变，循环经济为工业化提供了战略性的理论范式支持，并且可以在优化人类经济系统各个组成部分之间的关系中提供系统性、整合的思路支持，从而缓解长期以来人类发展与环境保护之间日益尖锐的冲突，并实现社会、经济和环境的统一，从而使人与自然和谐发展[37]。我们应根据中国国情和各地实际形成中国特色的循环经济发展模式。

当今世界的潮流之一是发展循环经济，这是全面协调可持续发展观、以人为本理念的本质要求，世界各国政府及学术界对循环经济也是非常关注。总而言之，循环经济是指在物质的循环、再生、利用的基础上，实现经济可持续发展，形成物质闭环流动的经济发展模式，在人、自然资源和科学技术的大系统内，在资源投入、企业生产、产品消费及其废弃的全过程中，将传统的依赖资源消耗的线性增长的经济向依靠生态型资源循环来发展的经济转变；在经济发展中，以资源的高效利用和循环利用为核心，以 "3R" 为原则，使经济系统和自然生态系统的物质和谐循环，符合可持续发展理念的经济增长模式。

循环经济为工业化以来传统经济向可持续发展经济的转向提供了战略性的理论范式，它可以为优化人类经济系统各个组成部分之间的关系提供整体性的思路，从而从根本上消解长期以来环境与发展之间的尖锐冲突，实现社会、经济和环境的统一，促进人与自然的和谐发展。

（4）循环经济理论的应用与发展途径。对于循环经济理论经的应用与发展途径，从资源流动的组织层面来看，可以主要从企业、生产基地等经济实体内部的小循环、区域中循环和社会大循环三个层面来展开；从资源利用的技术层面来考量，可以主要从资源的高效利用、循环利用和废弃物的无害化处理三条技术、路径去实现。

辽宁省是我国有关循环经济建设的第一个试点省，其在国家环保总局的指导下，编制了《辽宁省发展循环经济试点方案》，制定了辽宁省发展循环经济的总体目标和近期具体目标。早在 2000 年上海市发展计划委员会就组织开展了"上海发展循环经济研究"课题，围绕上海发展循环经济的方向和重点领域开展专题研究，提出了上海发展循环经济的目标、原则和对策思路。目前我国处于发展循环经济的初始阶段，发展过程中存在着很多需要解决的问题。

（5）循环经济理论遵循原则及特征。循环经济遵循"3R"原则，即减量化、再利用和再循环原则。减量化原则要求用尽可能少的原料和能源来完成既定的生产目标和消费。例如，我们在生产中使产品趋向于小型化和轻型化，或者使包装简单实用而不是奢华浪费等。再利用原则要求生产的产品和包装物能够被反复使用。生产者在产品设计和生产中，应摒弃一次性使用而追求利润的思维，尽可能使产品经久耐用和反复使用。再循环原则要求产品在完成使用功能后能重新变成可以利用的资源，同时也要求生产过程中产生的边角料、中间物料和其他一些物料也能返回到生产过程中或是得到其他利用。

"大量生产、大量消费、大量废弃"的传统经济模式经过循环经济理论的补充，得到了根本变革。其基本特征体现在资源利用的不同环节：在资源开采环节，大力提高资源综合开发和回收利用率；在资源消耗环节，主要关注提高资源利用效率；在废弃物产生环节，重点是开展资源综合利用；在再生资源产生环节，大力回收和循环利用各种废旧资源；在社会消费环节，大力提倡绿色消费。

2）可持续发展

（1）可持续发展理论的内容。可持续发展是关于自然资源后续利用的一个热点，具体是指既满足当代人的需要，又不对后代人满足其需要的能力构成危害的发展。其基础理论包括经济学理论、可持续发展的生态学理论、人口承载力理论、人地系统理论，但是可持续发展的核心理论，尚处于探索和形成之中。

根据可持续发展的定义，可持续发展是由两个基本要素或两个关键组成部分构成，即需要和对需要的限制[38-40]。满足需要，首先是要满足贫困人民的基本需要。对需要的限制主要是指对未来环境需要的能力构成危害的限制，这种能力一旦被突破，必将危及支持地球生命的自然系统、大气、水体、土壤和生物。

和两个基本要素密切相关的因素有：收入再分配，以保证人们不会为了短期生存需要而被迫耗尽自然资源；降低穷人对遭受自然灾害和农产品价格暴跌等损害的脆弱性；普遍提供可持续生存的基本条件，如卫生、教育、水和新鲜空气，保护和满足社会最脆弱人群的基本需要，为全体人民，特别是为贫困人民提供发展的平等机会和选择自由。

可持续发展理论包含了许多内涵，如共同发展、协调发展、公平发展、高效发展等，地球是一个复杂的巨大系统，该系统的最根本特征是其整体与子系统相互联系并发生作用，可持续发展追求的是整体发展和协调发展；世界经济的发展因水平差异呈现出层次性，不仅在事件维度上，在空间维度上，一个国家或地区的发展都需要讲求公平发展；同时，公平和高效是可持续发展的两个轮子，在多样性、多模式的可持续发展内涵中，可持续发展需要走符合本国和本地区实际情况的道路。

（2）可持续发展理论的演变。20世纪50～60年代，人们面临经济增长、城市化、人口、资源等环境压力，开始对"增长-发展"的模式产生怀疑并进行了激烈讨论。直到1962年，美国女生物学家莱切尔·卡逊（Rachel Carson）发表了《寂静的春天》，这是一部引起很大轰动的环境科普著作，她描绘了一幅由农药污染所引发的可怕景象，惊呼人们将会失去"春光明媚的春天"，在世界范围内引发了人类关于发展观念的争论。

1972年，两位著名美国学者巴巴拉·沃德（Barbara Ward）和雷内·杜博斯（Rene Dubos）的享誉全球的著作《只有一个地球》问世，把人类对生存与环境的认识推向一个新境界——一个有关可持续发展的境界。同年，罗马俱乐部发表了有名的研究报告《增长的极限》（ *The Limits to Growth* ），在报告中明确提出了"持续增长"和"合理的持久的均衡发展"的概念。1987年，以挪威首相布伦特兰（Gro Harlem Brundtland）为主席的联合国世界与环境发展委员会发表了一份报告《我们共同的未来》，正式提出可持续发展概念，并以此为主题对人类共同关心的环境与发展问题进行了全面论述，受到世界各国政府组织和舆论的极大重视，在1992年联合国环境与发展大会上，可持续发展要领得到与会者的一致承认。

（3）可持续发展理论的意义。可持续发展涉及可持续经济、可持续生态和可持续社会三方面的协调统一，要求人类在发展中讲究经济效率、关注生态和谐和追求社会公平，最终达到人的全面发展[41]。这表明，可持续发展虽然缘起于环境保护问题，但作为一个指导人类走向21世纪的发展理论，它已经超越了单纯的环境保护。它将环境问题与发展问题有机地结合起来，已经成为一个有关社会经济发展的全面性战略。

（4）可持续发展的原则及基本特征。可持续发展的三个原则是公平性原则、持续性原则和共同性原则。其中，公平性原则包括两个方面的内容：一方面是本代人的公平，即代内之间的横向公平；另一方面是指代际公平性，即世代之间的纵向公平性。持续性原则体现在资源环境是人类生存与发展的基础和条件，资源的持续利用和生态系统的可持续性是保持人类社会可持续发展的首要条件。此外，实现可持续发展就是人类要共同促进自身之间、自身与自然之间的协调，这是人类共同的道义和责任，体现了共同性原则。

可持续发展理论的基本特征可以简单地归纳为经济可持续发展（基础）、生态（环境）可持续发展（条件）和社会可持续发展（目的）三部分，分别是指可持续发展鼓励经济增长、可持续发展的标志是资源的永续利用和良好的生态环境，以及可持续发展的目标是谋求社会的全面进步。

（5）可持续发展的相关流派。其包括资源永续利用理论流派、外部性理论流派和财富代际公平分配理论流派。

资源永续利用理论流派认为，人类社会能否可持续发展决定了人类社会赖以生存发展的自然资源是否可以被永远地使用下去。基于这一认识，该流派致力于探讨使自然资源得到永续利用的理论和方法。

外部性理论流派认为，环境日益恶化和人类社会出现不可持续发展现象和趋势的根源是，人类迄今为止一直把自然（资源和环境）视为可以免费享用的"公共物品"，不承认自然资源具有经济学意义上的价值，并在经济生活中把自然的投入排除在经济核算体系之外。

财富代际公平分配理论流派认为，人类社会出现不可持续发展现象和趋势的根源是，当代人过多地占有和使用了本应属于后代人的财富，特别是自然财富。

三种生产理论流派的认识论基础在于：人类社会可持续发展的物质基础取决于人类社会和自然环境组成的世界系统中物质流动的通畅及其构成的良性循环。

（6）可持续发展的保证条件。当经济、人口、资源、环境等内容的协调发展构成了可持续发展战略的目标体系时，管理、法制、科技、教育等方面的能力建设就构成了可持续发展战略的支撑体系。符合可持续发展要求的能力建设是实现可持续发展具体目标的必要保证，也就是说一个国家的可持续发展在很大程度上依赖于这个国家的政府和人民通过技术的、观念的、体制的因素表现出来的能力。这些能力具体来说包括决策、管理、法制、政策、科技、教育、人力资源、公众参与等内容。

3）其他内涵

除循环经济与可持续发展外，还有全面综合发展和绿色发展内容。

（1）全面综合发展。这是 1998 年世界银行提出的发展思路。全面综合发展是指发展意味着整个社会的变革，是促进各种传统关系、传统思维方式、传统生产方式朝着更加"现代"的方向转变的变革过程。21 世纪的发展任务就是促进社会转型，促进人类发展，不仅提高人均 GDP，而且还将提高以健康、教育、文化水准为标志的人的生活质量，消除绝对贫困，改善生态环境，促进人类可持续发展。

（2）绿色发展。这是 2002 年联合国开发计划署在《2002 年中国人类发展报告：让绿色发展成为一种选择》中首先提出来的。这一报告阐述了中国在走向可持续发展的十字路口上所面临的挑战。中国的发展对于世界的稳定具有举足轻重的作用。中国目前城市现代化发展的速度之快，在人类历史上前所未有。中国实现绿色发展的目标将会遇到极大的挑战，需要一整套政策和实践相配合，其规模之宏大、程度之复杂在人类历史上前所未有。虽然有了明确的承诺和清醒的意识，但在实现绿色发展的道路上，还需要做出正确的选择。

4. 绿色发展理论的特点

绿色发展理论的特点实际上包括"三低"和"三高"两个方面。所谓"三低"，就是指低消耗、低排放、低污染。这"三低"只能说是绿色或者低碳，还不能把它叫做绿色发展或低碳发展，或者绿色经济，"经济"或"发展"光用"三低"解释不了。要想又绿色又发展或者又低碳又经济，还要加上"三高"。

第一高是指高效率。高效率才能节约资源。

第二高是指高效益。尽管是绿色、低碳，但效益下降了，也是不可持续的。

第三高是指高循环或者高碳汇。

只有"三低""三高"放在一起，才能完整地叫做绿色发展或低碳发展。实际上很多人会片面地理解低碳、绿色，即"三低"。现在我们说的绿色发展，除了"三低"，还可以带来"三高"，即高效率、高效益、高碳汇，这些好处可以提高积极性。所以完整意义上的绿色发展是要把"三低""三高"放在一起来共同理解。

2.4.2 资源环境经济学理论

1. 资源环境经济学的概念

资源经济学的基础理论既包括自然科学理论，又包括社会科学理论。属于自然科学理论的除了资源科学体系中的有关理论外，常用的还有物质平衡理论、再循环理论、热力学定律、环境污染理论、资源（环境）承载力理论、多种数学理论和计算机应用理论等[42]。社会科学包括以下几类，即伦理学、微观（宏观）经济学、制度经济学（包括产权经济学），以及货币与金融学等相关学科中的一系列学说理论。这些理论中最重要的有价值理论、价格理论和产权影响（作用）价值运动理论。

资源环境经济学的理论基础基本上是西方经济学，西方经济学的共同特点是抽去资本主义的生产关系、阶级关系来抽象地研究社会再生产过程。资源环境经济学的主要研究包括以下几个方面，即环境和经济之间的相互关系、环境价值评估，以及环境价值的作用、管理环境所用的经济手段、环境保护的问题、可持续发展的问题及国际环境问题。在处理上述领域相关问题时，由于自然资源的公共性、外部性、本身的无价值性，自然资源出现了市场失灵。例如，工业革命以来，工业生产规模的不断扩大和能源使用方式的革命，把自然界中许多高品位的物质和能量，变成了低品位存在的形式。总结如今国际上的相关研究可以发现，各种专家们十分重视对自然资源资产价值的各种研究，各个领域的科学家（如生态学家、资源与环境经济学家及其他相关领域的科学家）相互协调合作，在生态系统的过程、生态服务的功能及生态系统的经济价值等各个方面进行综合研究，持续地充实丰富、改进完善生态系统服务功能的内在含义，探究发现它的评价技术和对生态经济价值的评估方法，对生态系统服务功能的经济价值进行相应的分析及评价，已经初步构建出自然资源经济进展研究的理论基础、研究方法和知识框架。

2. 资源环境经济学的演变

如今全球资源（尤其是我国资源）越来越少，趋于枯竭，与此同时环境问题也愈演愈烈，不容忽视。在这种情况下，各国政府和各类组织研究机构、环境学家、经济学家等都开始重视并着手研究关于资源、生态和环境的问题。资源环境经济学理论发展过程经历了不同阶段的理论成果，其中包括最初的古典资源环境经济学思想、新古典经济理论，以及随后提出的自然资源价值与定价理论、资源资源产权制度理论，还有如今热门的污染问题理论和可持续发展理论等。19 世纪 80 年代初，Goldsmit 提出自然资源的价值评估相关研究进展缓慢的一个重要原因就是，对于自然资源的价值评估方法仍然比较困难，并且人们对这个方面的关注度仍然过低[43]。1983 年，Weiller 等提出了环境核算的三个方面，即自然资源的枯竭核算、环境自然状态的保护核算、环境污染核算及其相关控制[44]。至于对自然资源枯竭进行核算和估价的具体做法，Weiller 等并没有给出解决方式，但他从资源经济的角度对研究自然资源枯竭问题的重要性进行了描述，也具体说明了自然资源的枯竭对经济的影响。而资源环境经济学理论要解决的问题就是资源、生态及环境之间的各种相关问题。

3. 资源环境经济学的学科地位、价值和意义

1）资源环境经济学的学科地位

资源环境经济学的学科地位，一是指其在资源环境类科学体系中的地位，它属于基础资源和环境学类；二是指其在现代经济科学体系中的作用和地位，它属于应用经济学类。与资源环境经济学最相近的基础科学包括资源科学、环境科学和经济科学等。

2）资源环境的总经济价值

资源环境的总经济价值主要包含三个方面，即使用价值（即有用性价值）、选择价值和非使用价值（即内在价值）。其中，使用价值实际上是一切商品所共有的属性之一，具体是指在某一个物品在被使用或者被消费的时候，它能够满足人们某种需要或者偏好的能力；选择价值也叫做期权价值，每一种环境资源都有可能具备选择价值；而非使用价值描述的则是生态学家们认为的某个物品的内在属性，因而非使用价值与它是否被使用并无联系。

（1）使用价值。其是指在某一个物品在被使用或者被消费的时候，满足人们某种需要或者偏好的能力，包括直接使用价值和间接使用价值。

直接使用价值是指环境资源能够直接满足人们生产和消费所需要的价值，这是由环境资源对如今的生产或者消费的直接贡献所决定的。我们以森林为例，木材、药物、娱乐、植物基因、教育和住宅区等都是森林的直接使用价值。直接使用价值很容易理解，在经济上却很难去衡量，如对于森林产品的产量，我们可以通过市场或者相关的调查数据来估算，但是森林产品的药用植物价值却很难衡量。

间接使用价值是指从环境所提供的用来支持目前的生产和消费活动的各种功能中间接获取的效益。间接使用价值与生态学里的生态服务功能很相近。例如，营养循环、水域保护、小气候调节、降低大气污染等都在森林的间接使用价值范围里，它们虽然不能直接列入生产或者消费过程，但是却能为生产和消费的正常运作提供必要的条件（基础）。

以上两种价值都是传统经济学一致认定的经济价值。

（2）选择价值。环境经济学家将人类对利用环境资源时的各种选择都考虑进来，其所具有的这些价值称为选择价值。

选择价值又叫做期权价值，所有的环境资源都可能存在选择价值。人类在利用环境资源的时候，希望环境资源的功能能够尽力保持而非很快被消耗掉，因为有可能在以后的某一天，这种环境资源的使用价值会变得更大，或者由于不确定性因素，如果我们现在就对某资源过度开发利用，那么这种资源在未来就不再存在，所以要对各个环境资源做出选择。

选择价值与人类愿意为了保护环境资源以供将来之需而付出的数值相联系，选择价值又分为未来的直接使用价值和间接使用价值（如生物多样性、被保护的栖息地等）。

选择价值是由环境资源供需的不确定性而引起的一个价值，同时它也受到消费者对于风险的态度的影响，所以我们可以将选择价值描述为消费者为了某一项未被开发利用的资产所愿意支付的保险金，这个保险金是用来避免在将来失去这项资产的风险。

（3）非使用价值。其实质即生态学家们说明的某个物品所具有的内在属性，它和人类是否在利用它并无联系。

至于我们如何来界定和划分内在价值，内在价值应该包含哪些方面，如今人们对此持有多种观点。目前一个最被大众认可的观点是：存在价值是非使用价值的一个最主要的表现形式。

3）资源环境经济学的意义

存在价值是指人类在获知某资产存在时从中获取的满足，其中没有想要利用和使用它的想法。

从某种意义上来讲，存在价值其实是人类对于环境资源价值的一种道德层面的评判，其中包括人们对其他生物的同情和关注。举个例子，假若人们坚持相信世界上的各种生物都有权利继续存在于地球上，那么人类就需要担当起保护这些生物的职责，即使它们看起来并没有使用价值和选择价值。因为大部分的人类对待环境资源的存在（如野生动植物、自然环境的服务功能等）都有支付意愿，因而许多环境经济学家都认为，人们对环境资源存在意义的支付意愿构成了存在价值的基础。

人类之所以认为资源或环境具有存在价值[45]，是由于人们具有三种动机。第一个是遗赠动机：简单来说，就是人类愿意把某类资源保存下去留给后人，换句话说，它与该资源的使用相关联，因为人们认为，将资产保存留到以后，是为了让以后的人们在获得它们的使用权时得到满足，因此，许多经济学家都认为，存在价值应该被纳入使用价值范围内；第二个是礼物动机：礼物动机和遗赠动机很相似，但它更多的是将资源保存给同代人；第三个是同情动机：同情动机是指人们对生物多样性所提供的公众效益被破坏表示同情，以及对保护生物多样性效益的支付意愿。

2.4.3　群决策理论

1. 群决策理论的概念

群决策[46]是一个交叉学科，其研究学科有数学、政治学、经济学、社会心理学、行为科学、管理科学和决策科学等。群决策是所有决策者共同参与并做出决定的过程，主要研究多个决策主体如何做出"统一"的有效抉择。

在决策理论中群是具有丰富知识的信息综合体，信息综合体是由不同知识结构组成的，它们运用科学理论方法和手段，可以互相启迪。群体制定决策的过程称为群体决策。

群体是由多个个体组成，个体间关系可能是合作、竞争、复杂联合或者合作基础上的有限竞争等，但应该合作抉择出统一的决策行为。

国外学者 Hwang 和 Lin 通过对群决策研究，总结得到群决策的一个定义，即群决策是指把成员中关于方案集合中方案的偏好按照某种规则集结为决策群体的一致或妥协的群体偏好序[47]。

这个定义强调群体决策过程是寻找所有决策个体都认可的群体效用函数的过程。这个过程似乎是一个静态过程，而在实际中，个体决策者达成最终的一致或妥协的群体决策是一个非常复杂的过程，这个决策个体意见达到一致或妥协的过程可能需要反复进行，直到决策意见与决策者群体的一致性偏好相同，才最终得以形成。

这里给出如下定义：群决策是一个五元组系统，它包含成员集、对象集、方法集、方案集、环境集：

$$GDS = (M,O,W,S,C)$$

其中，M 为决策成员集，是指决策的主体和决策行为发出者；O 为决策对象集，是指决策问题的目标，决策目标是决策者的期望，一般用方案的损益函数表示：

$$V = (v_{ij})(i = 1, 2, \cdots, n; j = 1, 2, \cdots, m)$$

其中，$v_{ij} = g(c_{ij})$，c_{ij} 为方案 i 在状态 j 下的损益值；W 为方法集，是指决策中采用的理论、方法和手段及决策过程中采用的控制和协调策略；S 为方案集，是指所有可能选择的决策方案，是多个可相互替代的可行方案的集合；C 为决策环境，是指各种方案可能面临的不以人的意志为转移的自然状态或背景，因此在决策过程中应对其给予充分考虑。若用 Q 表示自然状态的集合，q_j 表示第 $j(j=1, 2, \cdots, m)$ 个可能的环境因素，则 $Q = q_1, q_2, \cdots, q_m$。

该定义可理解为群决策是一个决策活动，是由一定组织形式的群决策成员为解决存在的问题并达到预定的目标，按照预先设定的协同模式进行的，在决策过程中需要面对共同的环境，依赖一定的决策方法和方案集。

2. 群决策理论的演变

二百多年前，学者们开始对群决策进行研究，法国数学家 Broda 在 1781 年提出了将群体运用于方案排序的 Borda 数规则[48]；其后诺伊曼和摩根斯顿在 1944 年针对多人决策的问题提出了效用函数的概念[49]；1951 年著名的不可能定理由美国的经济学家阿罗提出[50]。群体决策综合众多学科（如数学、社会学、行为学、经济学、信息科学等）的理论基础，发展成为拥有独立理论体系和研究方法的学科，并在现代决策理论领域中占据重要的位置。

3. 群决策问题的分类

科学决策程序主要包括以下几个阶段，即发现问题并明确目标、收集信息初步制订方案、方案最优化评估选择和执行决策方案，各个阶段的实施均采用不同的方法。但是按照严格步骤来说，大部分群决策方法的核心是在确定单个优化决策方法的基础上选择集结群体决策者意见的合适方法。

群决策问题分类如表 2-1 所示。

表 2-1　群决策问题分类

分类标准	分类
决策者职能	专业决策、公共决策
决策环境	确定性决策、风险性决策、不确定性决策
模型形式	结构化决策、非结构化决策
群成员关系	合作决策、非合作决策
决策过程中沟通情况	交互式群决策、非交互式群决策
群体的组织结构	层次型、多头政治、委员会

4. 群决策科学的层次

群体决策科学可以分为三个层次。

（1）决策方法学。决策方法学是决策科学的基础，研究的重点为决策的基本概念、原理原则和方法步骤等，其在群决策科学体系当中发展最快且相对比较成熟。

（2）决策行为学。决策行为学在决策科学体系中属于中间层次，研究的重点是决策者的行为在决策中的表现，影响决策者行为的心理因素、知识因素、信息因素、文化因素和方法因素等，以及行为表现和影响因素之间的关系，该领域还有待更深层次的挖掘。

（3）组织决策。组织决策在决策科学层次中占据最高位置，核心思想是将组织的全部决策过程视为一个整体，集中探索子系统之间的联系，充分利用系统内部全部有利因素，通过最大程度消除系统中存在的各种冲突和影响系统的消极因素来提高组织整体决策的效率和水平。

5. 群决策的理论、方法与工具体系

群决策的理论、方法与工具体系如图 2-1 所示。

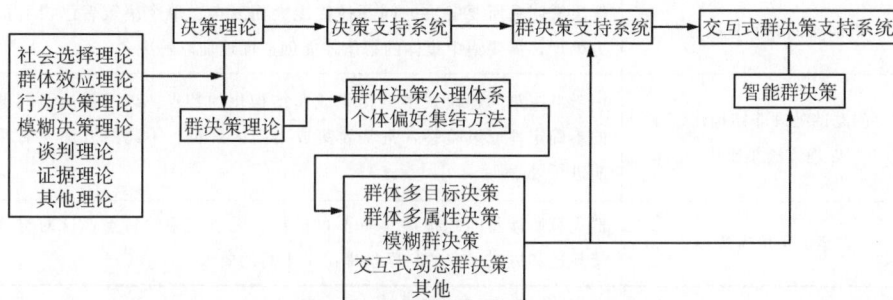

图 2-1　群决策的理论、方法与工具体系

6. 群决策的优势与不足

相比个体决策，群决策有如下四个特点[51]。

1）正确性

群体决策因参与人数多，汇聚更多智慧与知识，可产生较多可供选择的方案，可形成较好的错误校正机制。个体决策对问题的了解相对较片面，而群决策可把各个体的判断相结合，因此，群体决策较切合实际，更具正确性。

2）稳固性

群体决策的过程，是群体成员对问题进行分析、讨论、形成统一认识的过程，需要比个人决策耗费更多的人力、物力、财力。因此，其决策更具稳定性与可靠性。

3）创造性

群体决策因受意见与论点的约束和心理因素、外力因素等的影响，难以使决策更具创造性；而个体决策受外力因素较小，主观性更强，更适合结构不明确、需要创新的工作，群体决策反之更适合。

4）决策的风险性

对于决策的风险性有如下观点：群体决策可以抑制大胆冒进和风险，在选择较多或较少风险型的两种行动时倾向采用较保守的决策，但同时可能会对好的结果造成一定的损失；而个体决策虽因个体差异性、主观性等，相对存在较大风险，但更具创造性、可行性[51]。因此，需灵活地处理个体决策与群决策之间的辩证统一关系，不断实践、认识，从而达到较好的结果。

同时，群决策也存在以下问题[52]，其问题及成因如表 2-2 所示。

表 2-2　群决策存在的问题及其成因

群决策存在的问题	成因
难以形成统一的方案	群决策由多人参与，且不同的参与者代表不同的利益主体，也具有不同的决策偏好，导致提出的决策方案多样且方案间经常存在冲突
群决策问题的复杂性	群决策问题所要解决的问题往往庞大而复杂、单个决策者已没有能力处理，需要集中集体的智慧才能创造性地加以解决
问题的处理非结构化、处理方法集成化	由于群决策问题模式半结构化或非结构化的特点，以及群决策问题的不确定性或风险性，常常要集成不同的理论、不同的方法才有可能进行处理
方案的不可实验性	群决策所涉及问题很多具有不可模拟、无法实验的特点，这对群决策理论和方法研究的科学性提出了很高的要求

综上所述，由于群决策问题存在的缺点，群决策问题面临巨大的困难和挑

战，因此在对群决策理论方法进行研究时，在保持决策理论现有优点的同时，也要根据群决策问题的特点，进行独特的调整和研究。

2.4.4　评价理论

1. 评价理论的概念

工程投资决策理论中包括工程预测理论、工程项目评价理论、工程风险分析理论、项目投资估算和融资理论、工程方案优化决策理论等。其中，工程项目评价理论包括社会、经济、生态环境等方面。

这里的评价理论即项目评价理论，它是进行项目论证和可行性分析过程中使用的原理、程序、方法和工具的统称。而项目是指在提供的时间要求内和预算能够到达的范围内，通过有效的组织管理，并完成预定质量的一项一次性任务。由此，项目评价的实质就是研究如何高效合理地配置资源，并使之达到最佳效果、效用的科学方法。

具体来说，项目评价是在可行性分析的基础上，由第三方（国家、银行或有关中介咨询机构）根据国家相关部门的政策、法规、方法、参数和条例等，从社会、国民经济和企业的角度，对拟建项目建设条件、必要性、产品市场需求、生产条件、财务效益、经济效益、工程技术和社会效益等方面进行全面分析、论证和评价，并就该项目是否可行提出相应职业判断的一项技术经济评价工作。作为前期投资评价的最后一项研究工作，项目评价理论也是投资前期进行决策管理的重要环节，可以说项目评价是建设工程项目必不可少的程序之一。

2. 评价理论的演变

在西方资本主义发展的初期，私人投资者开始重视对所投资的项目的评价，其主要目标是追求利润的最大化。但这种评价方法十分简单，并且缺乏必要的信息，大都建立在直觉判断的基础上，难免出现失误。

20 世纪初具有现代意义的项目评价开始形成，其在随后的 10 年得到初步发展，在 60 年代以后，相关的评价方法和理论逐步完善，形成一门比较完整的技术经济学科。美国于 1902 年颁布了《河港法》，首次通过法律条款的形式规定了河流域港口项目的评价方法，该法涉及一些现代意义项目评价的基本理论。但在 20 世纪 30 年代之前，由于自由放任的经济学说对政府和企业的生产经营和投资决策起着支配作用，因此投资项目的分析论证并未上升到更高的角度和层次，主要依赖于投资者个人。

20 世纪 30 年代，世界性经济大萧条严重影响了各西方发达国家的经济形势，并使它们逐步开始思考自由放任经济体系的弊端，一些西方发达国家的政府实行新经济政策，兴办公共建设工程，于是出现了公共项目评价方法。由此现代意义的项目评价基本原理逐步占据主流。1936 年，美国通过《全国洪水控制法》，目的是有效控制洪水泛滥，大兴水利工程，其中正式规定了使用成本-效益分析方法评价水域资源开发和洪水控制项目。成本-效益分析方法有一个重要原则：一个项目，只有当其产生的效益（无论受益者是谁）大于其投入的成本时才被认为是可行的。此后，美国、英国和加拿大等政府相继规定了项目评价的原则和程序。

在 20 世纪 60 年代末期，现代意义的项目评价系统方法产生。60 年代以后，针对发展中国家项目评价的理论研究逐渐受到一些西方学者的关注，其研究成果也得到各个发展中国家政府和相关经济组织的高度好评。1968 年，英国牛津大学教授李特尔和米尔利合作出版了《发展中国家工业项目分析手册》，首次明确地阐明了项目评价的基本方法和基本理论，为建立项目评估学学科做了许多开创性的工作；1972 年，达斯古帕塔等编著了《项目评价准则》；1975 年，世界银行经济学专家斯夸尔等编著了《项目经济分析》；1980 年，联合国工业发展组织和阿拉伯工业发展中心联合编著了《工业项目评价手册》。上述经典著作和研究成果对项目评价理论的发展、应用和普及做出了巨大的贡献，并对实际工作具有重要的指导意义。20 世纪 80 年代以后，各国尤其是发展中国家对项目评价工作越来越重视。

项目评价方法在中国的发展始于 20 世纪 50 年代，在"一五"时期，通过学习苏联的经验，中国开始采用一些静态分析方法，对一些大型建设项目进行技术经济论证，但评价方法比较简单，尚不够全面和完善。直到 70 年代末期，一直沿用这种简单的评价方法，虽然其对当时建设项目有一定的积极作用，但已经远远不能满足经济发展和项目投资决策的需要。我国现代意义的项目评估理论和方法产生于 20 世纪 80 年代：1980 年，世界银行恢复中国的合法席位；1981 年，以转贷世界银行贷款为主要业务的中国投资银行成立；1983 年，中国投资银行推出了《工业贷款项目评估手册》（试行本），之后多次加以修订，并译成多种外文在国外出版发行，受到世界银行和许多发展中国家的好评。中国投资银行关于项目评估的研究与实践在中国起到了极好的示范作用。80 年代中期以后，国家计划委员会、国家经济委员会、中国建设银行总行、中国国际工程咨询公司及国务院有关部门先后公布了不同类型的项目评估方法。特别是国家计划委员会于 1987 年首次正式公布了《建设项目经济评价方法》和有关国家参数，以及部分外贸货物的影子价格（或转换系数）。它对我国项目评估理论和方法的完善、项目评估业务的发展，起到了极大的促进作用。随后到 90 年代，我国项目评估的理论和方法日趋完善，普遍受到人们的重视，并成为项目投资决策民主化、规范化和科学化的重要体现。最具影响的是由国家计划委员会与建设部于 1993 年联合发布的《建设项目经济评价方法与参数（第二版）》。进入 21 世纪之后，我国投资者、决策机构和金融机构更加清醒地认识到科学有效的评价方法和理论对项目投资开发过程起到的不可替代的作用。

3. 项目评价的内涵

项目评价是指从市场、资源、技术、经济和社会等几个方面对项目投资进行分析、论证，以判断项目投资是否可行，或从拟订的若干个有价值的投资方案中遴选出最有效的方案。

项目评价的概念一般有狭义和广义之分。所谓狭义的项目评价是指研究、分析、评价项目的经济特性，并做出相应的结论的一系列工作。而广义的项目评价是指在项目决策阶段、实施阶段、项目结束后所开展的一系列评价活动，即在项目生命周期全过程中，为了更好地进行项目管理，针对项目生命周期每阶段特点，应用科学的评价理论和方法，采用适当的评价尺度所进行的"根据确定的目地来测定对象系统属性，并将这种属性变为客观定量的计值或者主观效用的行为"，包括：在项目实施前对项目经济合理性、必要性、环境可行性、技术可行性等方面进行的全面系统的分析和论证工作；在项目实施阶段对项目实施情况及趋势所进行的跟踪评价；在项目结束后对项目运行情况所进行的后评价。

根据项目在不同阶段开展的评价内容，项目评价可分为项目实施前评价、项目实施中跟踪评价和项目结束后评价。根据项目涉及的主要条件开展的评价内容，项目评价分为单项评价和综合评价。

项目评价的目的是为项目决策提供科学的依据。虽然项目的类型很多，项目评价的内容和侧重点也有一定的差异，但其基本内容大同小异，主要包括以下几个方面：项目与企业概括评价，项目建设的必要性评价，项目市场需求分析，项目生产规模确定，项目工程与技术评价，项目建设生产条件评价，投资估算与资金筹措，不确定分析，社会效益分析，国民经济评价，财务评价，项目总评价。

4. 项目评价的原则

科学而正确的项目评价在加强项目管理、实行项目科学决策和提高项目经济效益等方面起着相当关键的作用。为保证客观而公正科学地评估项目，需要坚持几个原则：考察因素的系统性，实施方案的最优性，选择指标的统一性，选取数据的准确性，分析方法的科学性。

项目评价的主要依据有：有关部门颁布的项目评价方法，国家计划委员会和建设部发布的《建设项目经济评价方法和参数》，项目可行性研究报告、规划方案等，各有关部门的批复文件（如项目建议书、可行性研究报告的批复），投资项目协议、合同、章程等，国家的有关方针、政策、法规、规定、方法及相关统计资料等，其他有关信息资料。

2.4.5　风险管理理论

1）风险管理的概念

风险管理的定义为，社会组织或个人用以降低风险的消极结果的决策过程。通过风险识别、风险估测、风险评价，并在此基础上选择与优化组合各种风险管理技术，对风险实施有效控制和妥善处理风险所致损失的后果，从而以最小的成本获得最大的安全保险。良好的风险管理有助于降低决策错误的概率、避免损失的可能、相对提高企业本身的附加价值。

2）风险管理理论的演变

在 20 世纪 50 年代，美国的公司首先把风险管理[53]作为企业的一种管理活动。当时美国一些大公司发生了重大损失，公司高层决策者开始认识到风险管理对于公司正常运营的重要性。同时，美国的商学院首先开设风险管理的学科，主要研究如何对企业的财产、人员、财务资源、责任等进行有效保护。目前，风险管理已经发展成为企业中相对独立的职能部门，并同企业的经营管理、战略管理一样共同保障企业的经营发展目标。

就目前国外相关理论的发展来看，对于风险管理的研究逐步从传统"分裂式"发展的思想向"整合集成式"发展理念转变。学者们主要以"集成"研究为主流，通过研究工程项目不同层面的风险"集成"问题，提出了多重风险集成管理模式，并在金融保险行业进行了有益的探索。

3）风险管理理论的目标与职能

风险管理的目标是要以最小的成本获取最大的安全保障，因此除安全生产问题外，还包含识别风险、处理风险和评估风险，涉及财务、生产、设备、物流、技术、安全等多个方面。对于风险管理目标的确定有以下几个基本原则，即风险管理目标和风险管理主体总体目标的一致性、目标的现实性、目标的明确性和目标的层次性。此外，将风险管理的具体目标和风险事件联系起来，可以将该目标分为损前目标和损后目标；损前目标可分为经济目标、履行外界赋予企业自身责任目标、安全状况目标和合法性目标等，损后目标又可分为生存目标、保持企业生产经营的连续性目标、收益稳定目标和社会责任目标。

风险管理的职能有计划、组织、指导和管制。通过对风险的识别、估测、评价和选择处理风险的手段，制订风险处理的实施计划，根据实施计划，对生产、销售、财务、劳动人事等部门进行组织协调，最后对风险处理计划执行情况进行检查、监督、分析和评价。风险管理的基本程序可以概括为风险识别、风险估测、风险管理计划、风险管理跟踪、风险管理应对及风险管理效果评价六个步骤。

随着社会经济和科技的不断发展，现实生活中存在的风险因素越来越复杂和多样，因此对于企业来说，进行风险管理的重要性、必要性和紧迫性日趋明显。无论使用何种办法来应对风险，风险管理都有一条基本原则，即以最小的成本获得最大的保障。而常用的风险处理方法主要有四种，即回避风险、预防风险、自留风险和转移风险。

4) 风险管理理论的意义

风险管理对企业的意义主要可以分为四点来阐述。

(1) 风险管理有利于维持企业生产经营的稳定。有效的风险管理，可使企业充分了解自己所面临的风险及其性质和严重程度，及时采取措施避免或减少风险损失，或者在风险损失发生时得到及时补偿，从而保证企业生存并迅速恢复正常的生产经营活动。

(2) 风险管理有利于提高企业的经济效益。一方面通过风险管理，可以降低企业的费用，从而直接增加企业的经济效益；另一方面，有效的风险管理会使企业上下获得安全感，并增强扩展业务的信心，增加领导层经营管理决策的正确性，降低企业现金流量的波动性。

(3) 风险管理有利于企业树立良好的社会形象。有效的风险管理有助于创造一个安全稳定的生产经营环境，激发劳动者的积极性和创造性，为企业更好地履行社会责任创造条件，帮助企业树立良好的社会形象。

(4) 风险管理对个人与家庭的意义是指，通过有效的风险管理，可以防范个人与家庭遭受经济损失，使个人与家庭在意外事件之后得以继续保持原有的生活方式和生活水平。一个家庭能否有效地预防家庭成员的死亡或疾病、家庭财产的损坏或丧失、责任诉讼等风险给家庭生活带来的困扰，直接决定了此家庭的成员能否从身心紧张或恐慌中解脱出来。他们所承担的身体上和精神上的压力减少了，就可以在其他活动中更加投入。

风险管理对社会的意义是指，风险管理对于企业、个人与家庭和其他任何经济单位，都具有提高效益的功效，从而必然使整个社会的经济效益得到保证或增加。同时，风险管理可以使社会资源得到有效利用，使风险处理的社会成本下降，使全社会的经济效益增加。

5) 风险管理理论的发展趋势

1998 年 10 月的长期资本管理公司 (Long-Term Capital Management, LTCM) 濒临破产，其成员有华尔街精英、政府前财政官员及诺贝尔经济学奖得主，曾经红极一时的金融业巨子，在世界金融动荡冲击下难逃一劫。这使金融界开始警醒，进一步深入考虑风险防范与管理问题。他们发现金融风险往往以复合形式存在，单一形式的金融风险往往具有相互联动性。风险管理不仅是对过去的单个业务的单个风险进行管理，还应从整个系统的角度对所有风险集合管理。全面风险管理理论就是在这种背景中应运而生的。企业风险管理（enterprise risk management，ERM）的核心理念是对整个机构内各个层次的业务单位、各个种类的风险的通盘管理。ERM 系统要求风险管理系统不仅仅处理市场风险或信用风险，还要求处理各种风险，并且要覆盖到涉及这些风险的所有资产与资产组合，以及所有承担这些风险的各个业务单位。ERM 体系要能一致地测量并加总这些风险，考虑全部的相关性，而不是用分离的、不同的方法去处理不同的风险。

2.5　金属矿产资源高效绿色开发工程管理的集成动态量化理论

2.5.1　集成动态量化理论的思想

金属矿产资源的开发利用工程，从工程构想到规划、设计再到施工，都面临着诸多不确定性，其中包括市场环境的不确定性，如金属矿产品的价格、供需趋势存在较大波动性；资源勘探的不确定性，如探矿估算的品位与实际开发所得的矿石品位可能存在较大差异；矿产开采的不确定性，如地质、水文条件的变化，爆破、掘进、采出存在的安全隐患等；此外还包括政治经济环境的不确定性，工程技术方案的不确定性，工程进度、成本、质量的不确定；等等。而按照高效绿色开发的要求来组织工程实施，还面临着资源回收利用效果的不确定性和环境影响的不确定性等。这些不确定性，使金属资源高效绿色开发的工程管理决策异常复杂，不仅需要考虑众多的因素，而且要考虑因素之间的相互影响和制约，以及因素的动态变化，常规的工程管理决策理论、方法与辅助决策工具已远远不能满足金属资源高效绿色开发利用工程管理的要求，理论方法与支持工具的不足也日渐成为制约资源高效绿色开发利用的瓶颈。

为了解决上述问题，我们从长期的工程管理研究和实践中逐渐探索提炼金属矿产资源高效开发工程管理的集成动态量化理论。该理论以系统论、控制论、信息论及有色金属工程理论为基础，以解决金属矿产资源高效开发工程管理涉及的复杂宏微观决策问题为核心，主要思想是分析各类决策问题的特征，量化决策目标、属性等决策要素，将多种决策方法和优化算法集成于通用的工程决策平台，利用平台辅助提出决策方案，并根据对决策方案执行效果的实时监控，动态修正决策方案，以保证工程决策的及时性、准确性、科学性和动态适应性。

集成动态量化理论的核心框架如图 2-2 所示。

集成动态量化理论的特点是集成各种决策资源、量化决策要素、动态生成与

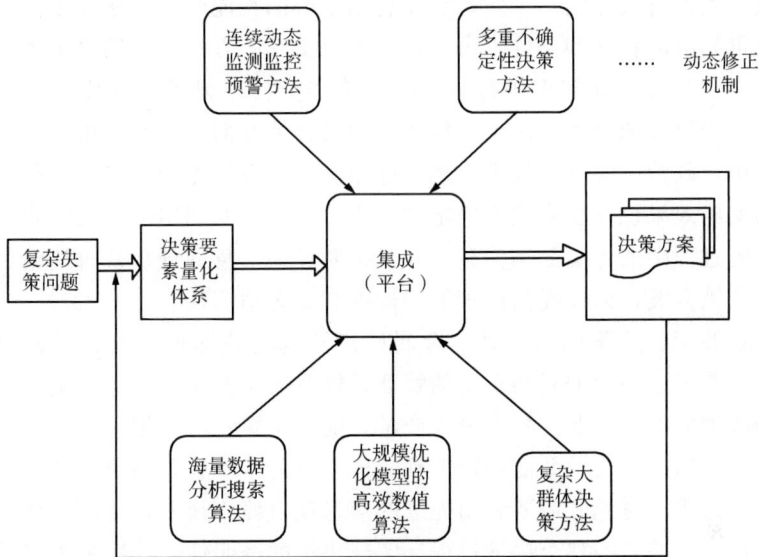

图 2-2　集成动态量化理论的核心框架

调整决策方案、强调工程决策的透明性，具体来说包括以下几个方面。

（1）集成各种决策资源。将资源开发工程管理决策涉及的数据、模型方法与算法、知识等集成于一个通用的群决策支持平台中，利用平台这一先进的信息化手段辅助工程决策。其中，数据包括宏观经济数据、行业与市场数据、工程技术经济数据、资源环境数据、决策方案数据等；模型方法包括工程决策需要用到的规划、评价、预测、搜索等方面的模型和优化算法；知识包括：资源勘探、开采、选冶、加工及生态环境监测、保护、治理与恢复等方面的工程技术知识，工程规划、设计、投资、施工、验收、维护等方面的管理知识，政治、经济、市场、社区、文化等项目外部环境特征及其演变规律的知识，以及以前工程管理过程中积累的经验知识，等等。通过平台对这些决策资源进行集成，形成工程相关数据、方法、知识的全局视图，以便在遇到各种复杂不确定性决策问题时随时调用这些资源，辅助形成决策方案，从而实现快速准确的决策。

（2）量化决策要素。为了满足资源高效绿色工程开发中越来越多的复杂约束条件，如环境约束、资源约束、技术约束、经济约束等，工程管理不能只是定性判断，必须追求精细化管理，这就需要对工程决策的相关要素和属性，如各类目标及工程管理的各项经济技术指标进行量化，将其转化为决策所需的各类数据，这样才能利用平台集成的各种模型、方法、算法和知识进行深入分析，提出更为科学、准确的决策方案。

（3）动态生成与调整决策方案。面对纷繁复杂的工程条件和开发环境，在最优方案的制订和选择上，个人的智力往往受限，难以找出各要素和目标之间的关系，形成明确的解决方案。为此，需要利用平台的智能分析方法和手段，依据不同工程决策问题的特征和条件，由平台以人机交互的方式来帮助决策者选择合适的模型、方法、算法和知识进行分析，并依据分析结果等来生成决策方案。同时，由于矿产资源的开发利用工程往往周期长、涉及面广，在决策方案形成后的实施过程中，政治、经济、技术、环境等相关因素有可能随时发生变化，而且决策方案的实施效果也存在多重不确定性。为此，还需要利用平台及时收集工程决策方案实施过程中的各类数据信息，并根据对反馈信息的分析及时调整相关因素变化后的决策方案，以此提高决策的准确性和动态适应性。

（4）强调工程决策的透明性。金属矿产资源高效绿色开发工程管理决策目标、条件、要素、环境的复杂多变的特征，以及决策方案的动态调整，都要求工程管理和决策能够实时监控各类决策变量，随时了解各种数据信息的变化，特别是资源环境数据的变化，并能够让工程管理人员清晰了解各项决策流程，及时掌控整个决策过程。对此，需要利用先进的信息化手段，让平台能够连续动态采集相关数据信息，并监控整个决策过程，实现决策的透明性，让决策方案的制订和调整不再是一个黑箱。同时，这也有助于工程实施人员和工程管理人员对决策方案的理解和执行。

2.5.2　集成动态量化理论的构成与应用

依据集成动态量化的理论思想，工程管理的核心是决策，决策的科学性是实现金属矿产资源的高效开发和绿色发展的根本保证。而要实现科学的决策需要将决策理论、决策方法、决策资源和决策工具相互联系起来，形成一个有机的整体，即理论指导决策方法和工具的构建，工具集成具体的决策方法和决策资源，并应用工具支持实际工程的宏微观决策。集成动态量化理论的构成与应用领域如图2-3所示。

集成动态量化理论的方法与工具体系可以看成是一个多层次复合系统，分别包括理论与方法层、资源层和工具层。

1. 理论与方法层

理论与方法层由金属矿产资源开发工程决策过程中需要使用的相关理论和方法构成，主要包括复杂大群体决策理论与方法、多重不确定决策理论与方法、高效优化算法、连续动态监测监控预警方法和海量数据搜索算法，分别解决工程管理中复杂大群体决策的方案形成、多重不确定性决策的方案筛选、复杂计算模型的快速求解、决策因素与方案实施效果的动态监控、海量数据的检索与分析等问题。这些理论方法中又包含了面向各类决策问题和决策场景的众多具体方法与算法。对此，将在第4章详细介绍我们研究提出的相关方法。

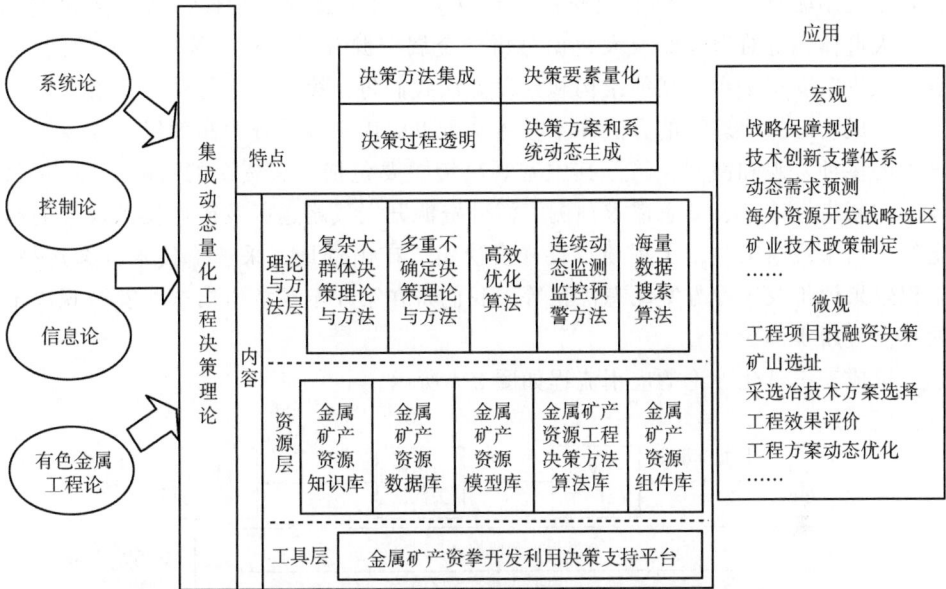

图 2-3　集成动态量化理论的构成与应用领域

2. 资源层

资源层由决策分析和开发专用决策支持系统所需各类决策资源库组成，其中，面向决策分析的资源层包括金属矿产资源知识库、金属矿产资源数据库、金属矿产资源模型库及金属矿产资源工程决策方法算法库、金属矿产资源组件库，分别存储金属资源高效绿色工程决策所需的知识、数据、模型、方法和算法资源。而金属矿产资源组件库则面向专用决策软件的开发。由于不同的工程、不同的开发主体面临的具体决策问题千差万别，通用决策平台也不可能适用于所有的工程决策问题，很多项目的决策涉及专业性很强的领域，为此，需要专门开发专用决策软件来为其提供支持，组件库可为这类决策软件的开发提供必要的支持，其主要包括模型管理系统、数据管理系统、知识管理系统、群决策管理系统、问题管理系统和图形分析系统六大开发组件群，涵盖了决策支持所需的主要功能，能够支持专用决策软件的快速开发。

3. 工具层

工具层的核心是金属矿产资源开发利用决策支持平台。该平台能够实现资源与环境数据的采集、海量数据的分析、决策问题的求解、决策方案的对比筛选、群决策中决策意见冲突的消解、决策过程的动态监控及决策效果的模拟仿真等功能。同时，平台通过集成多种决策方法，量化决策目标、属性等决策要素，在动态修正机制驱动下，能够有效解决目标众多，决策过程连续性、动态性和透明性，大群体偏好难以集结及大数据分析等金属资源开发工程决策中面临的问题。有关该决策支持平台的功能结构和开发方法我们将在第 5 章进行详细介绍。

　　集成动态量化理论的方法和工具体系可以应用于金属资源高效绿色开发工程管理的多种宏观和微观决策。其中宏观决策主要包括金属资源的战略保障规划、技术创新支撑体系、动态需求预测、海外资源开发战略选区及矿业技术政策的制定等。而微观决策包括工程项目投融资决策、矿山选址、采选冶技术方案选择、工程效果评价及工程方案动态优化等。我们将在第 6 至 9 章给出这些宏微观决策的具体应用实例。

　　集成动态量化理论的应用流程如图 2-4 所示。

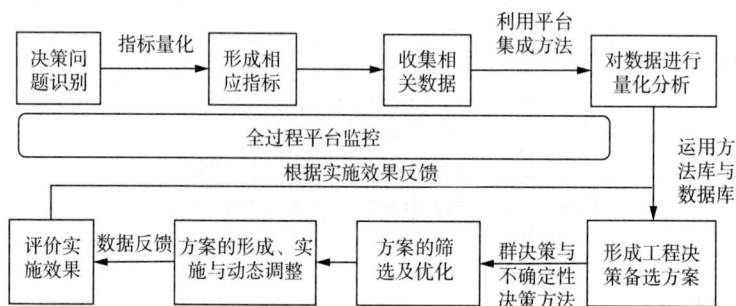

图 2-4　集成动态量化理论的应用流程

方法工具篇

第3章　金属矿产资源高效绿色开发评价指标体系

　　金属矿产资源的高效绿色开发过程，是一项涵盖资源禀赋、经济增长、社会发展与生态环境等诸多影响要素的复杂系统工程，其本质要求实现金属矿产资源开发企业主体内部的各要素的协调发展与协同耦合。为此，就必须首先建立一个科学有效的评价指标体系，用以衡量和监测金属矿产资源开发主体内部各要素的发展状态和协调程度，进而充分挖掘企业对金属矿产资源实现高效绿色开发的内在潜力，从而保证金属矿产资源高效绿色开发战略的有效实施，这具有非常重要的理论和实践意义。同时，评价指标体系及与之相适应的评价方法的构建，还可以为政府和企业确定和解决矿产资源地区可持续发展进程中应优先考虑的问题，为及时掌握金属矿产资源高效绿色开发进程提供一个有效的工具。更为重要的是，建立科学合理的评价指标体系是集成动态量化理论的重要环节，是量化决策指标的重要体现，通过指标量化，可将复杂模糊性的决策问题明确化，并利于定量分析。

3.1　金属矿产资源高效绿色开发的动力系统分析

　　金属矿产资源高效绿色开发的目的物涉及自然、社会、经济、资源与环境等多要素的时空耦合系统，属于典型开放的复杂巨系统，其思想内涵及其涉及的对象构成的复杂性，决定了系统科学理论与方法在金属矿产资源高效绿色开发中的重要指导作用。用系统的观点并通过系统分析方法认识和处理相关问题，能够对金属矿产资源高效绿色开发做出较完整和深层次解析。进行综合评价的主要目标正是在对这样一种系统结构分析的基础上，通过对金属矿产资源开发行为在资源承载、经济发展、社区发展、智力支持和环境保护这五个方面的评价，来分析金属矿产资源高效绿色开发的总体水平以及国家和行业部门相关政策的支持力度，挖掘出制约我国金属矿产资源高效绿色开发水平的深层次原因及关键所在，以便有针对性地提出其可持续发展策略。分析具体包括以下几个方面。

1. 资源承载主要影响因素分析

　　金属矿产资源一方面是地球生物圈的重要组成部分，另一方面又是人类社会生存和发展的源泉和动力。金属矿产资源高效绿色开发在强调提高对资源的利用率和可更新资源替代率的同时，还非常注重维护代际之间的公平性。通过对资源相关因素（如人均金属储量、矿区水资源供给率、所有金属矿产的利用率及回收率）进行分析，来确定对金属矿产开采和利用的主要影响和制约因素，找出资源的静态储量对于高效绿色开发的贡献能力，使决策者能够对是否调整创新体系建设与管理的政策措施做出判断。

2. 经济增长主要影响因素分析

经济增长是金属矿产资源高效绿色开发的基础目标，同时也为金属资源开发企业实现可持续发展提供动力支持。经济子系统是人类由生存走向发展的动力源。企业生产的高效率和雄厚的经济实力，能够不断改善人们的生活质量和拓宽人类的发展空间。金属矿产资源高效绿色的经济发展战略反对重规模、轻质量的经济增长，强调在保持自然资本不下降的前提下实现经济收益的最大化。通过对经济总量、经济结构和经济效益相关各方面指标数据的分析，确定影响程度的相对大小，找出主要的影响因素，政府和企业可以在确定需要调整资源配置政策和管理措施时找到政策措施调整的重点。

3. 环境保护主要影响因素分析

生态环境子系统是人类赖以生存的最为基本的环境支持系统。任何一个社会形态及任何一个社会形态的不同阶段，如果不能提供这个最基础的支持系统，也就根本谈不上满足人类更高的需求，甚至人类的正常延续都无法得到保障。因此，防止短期性的环境污染和长期性的生态退化，实现对金属矿产资源的绿色开发，是矿产资源开发在该子系统的基本行动要求。对于环境保护水平的分析，不仅要衡量环境系统自身的状况，还要综合考察经济发展与环境承载力的关系，这是一个关乎可持续发展的重要方面。为此，除了要对金属矿产资源开发企业主体环境质量的现状予以评价外，还要设置适当的指标反映环境状况变化与矿产资源开发利用的关系，找出其主要影响因素，从而为决策者在环境保护方面做出有效的决策提供依据和理论支持。

4. 社会发展主要影响因素分析

人与人之间建立相互的信任，彼此和谐相处，在彼此平等的基础上寻求共同发展，是实现社会稳定、有序和进步所必需的社会关系基础。对金属矿产资源的高效绿色开发本质上是以人为核心的，其目的是最大限度地发挥人的潜能和创造人的幸福。但与此同时，这一过程在相应的社会系统中也可能会充斥着各种各样的矛盾，如财富分配不公、贫富差距过大、社会保障体系不完善、社会道德体系混乱缺失等。因此，社会总体的发展水平体现的是金属矿产资源高效绿色开发的基础支持和发展潜力。各地区的社会发展状况，具体包括人口发展、生活水平、公共服务、社会和谐四个领域。通过对职工收入、医疗保障措施、职工失业率等因素的分析，确定其对企业实现对金属矿产资源高效绿色开发的主要制约影响因素，从而能够让企业或者政府针对所存在的关键问题对症下药，促进和加强企业开发工程的基础建设。

5. 智力支持主要影响因素分析

一个完善的智力支持系统主要由教育、科技、管理和决策三大功能子系统构成，其中教育是基础，科技是核心，管理和决策是系统的灵魂。智力支持能为我们在解决经济、社会发展中出现的新问题时提供理论指导和技术支持。在当今高新技术日新月异、成果转化速度不断加快的形势下，智力支持系统是实现金属矿产资源高效绿色开发目标的最高级限制因素，必须从制度和战略层面上规划运筹，并保持其持久性。通过建立金属矿产资源高效绿色开发的评价和管理平台，分析和评价相关智力指标（如中高级职称技术人员所占比例、科研经费投入、科技人员比例等指标），找出主要的影响因素，从而为政府和有关机构调整政策措施提供所需要的信息和依据。

3.2　评价指标体系的指导思想

指标是用以刻画或反映系统行为、状态和功能的一种统计标识。传统的统计指标分为总量指标、相对指标和平均指标。指标通常分为两大类，一类是描述性指标，另一类是评估性指标。描述性指标主要用来反映金属矿产资源高效绿色开发体系的总体发展态势及系统行为关系结构，一般处于评价指标体系层次结构中的顶层；评估性指标用来度量同一系统实际发展状态和期望发展状态之间的差异，或不同系统之间发展状态值的横向对比，以及用来评估各个子系统相互联系与协调程度的指标，评估性指标大都直接可测且有量纲，在指标体系层级结构中排底层。

指标体系是反映系统目标、内容等不同属性特征的指标（可度量参数）按隶属关系和层次原则组成的有序集合，即由若干个相互联系的指标组成的指标群。

高效绿色开发建设要实现开采方式科学化、资源利用高效化、生产工艺环保化，其将绿色生态理念贯穿于矿产资源开发利用的全过程，目标是实现矿业、矿产企业、矿山、矿工四者之间的和谐、稳定、持久发展。综合评价指标体系反映的应当是高效绿色发展系统所蕴含的社会、经济、技术、资源、环境五大动力系统和企业、产业、政府三大推力主体之间的发展现状与变化趋势，同时还能考察它们之间的相互协调状态。因此，该系统是一个区域复杂大系统，具有变量多、机制复杂、地缘差异及不确定性因素作用显著等特点。衡量金属矿产资源资源高效绿色开发水平的指标体系是对这一社会经济行为的运行状态及发展水平进行综合评价与研究的依据和标准，具有丰富的系统内涵，其设置必然要依照科学的方法论。

评价金属矿产资源高效绿色发展水平的指标体系，应具有以下几方面的基本目标。

（1）能反映社会系统的运行状况，其中关键是要对人口状况、居民收入消费情况、社会保障与稳定等方面做出明确的评价。

（2）能反映区域经济发展的规模、效率和结构。

（3）能反映区域技术进步的现状及趋势，特别是科技、教育的现状及未来的发展潜力。

（4）能反映区域主要矿产资源的现有丰富程度及开发利用程度。

（5）能反映环境，特别是环境污染、治理的现状及生态保护的举措。

（6）能反映大中型企业生产规模及企业科技发展状况。

（7）能反映产业结构状况，尤其是与矿产资源型产业的规模及结构。

（8）能反映政府宏观调控的力度，如城镇化建设方面的进展以及在民生方面的投入情况。

3.3 评价指标体系的基本原则

金属矿产资源高效绿色开发应该以科学发展观为指导，坚持以人为本的观念，按照党的十八大关于建设生态文明的具体要求，兼顾金属矿产资源开发与生态环境保护，兼顾企业经济利益与民众的切身利益，在改善地区生态环境、创造和谐的企地关系、优化开发生产流程、创新生产工艺技术等诸多方面采取措施，保证矿山企业在开发资源的同时，给当地创造优美的自然环境和良好的社区氛围。为了客观、全面评价矿产资源高效绿色开发的建设成果，在从指标选取到评价指标体系构建及应用的各个环节中，应遵循如下指导原则。

1. 科学性和规范性原则

构建金属矿产资源高效绿色开发综合评价指标体系，首先要做到科学合理，能够客观真实地考察区域发展的现状及未来的态势。指标选取应涵盖绿色矿山规划、设计、开采的全过程，能体现绿色矿山建设的基本内涵，符合绿色矿业建设的目标和要求。指标的选择、指标权重系数的确定、数据的计算与分析等，必须以科学的评价方法和计算方法为依据，并综合考虑经济、社会、资源、环境、政策等诸多因素的影响及它们之间的联系。

另外，整个评价过程都要以公认的科学理论为依据，以科学的研究标准为准绳，真实客观地反映绿色矿山社区和谐建设基本情况，做到测定方法标准、指标意义明确、统计计算方法规范，严格保证评价指标体系的科学和规范。

2. 整体性和代表性原则

指标体系一方面应能够全面反映绿色矿山开发的各个方面，充分揭示各类指标之间的内部结构关系；另一方面应综合考虑环境、资源、经济和社会等子系统之间的协调性，使评价目标和评价指标形成一个由目标层、准则层、指标层构成的层次分明的有机整体。

绿色矿山开发涉及依法办矿、规范管理、综合利用、技术创新、节能减排、环境保护、土地复垦、社区和谐、企业文化等方面，因而会包含多个指标。指标因素的选取在全面性原则的基础上，应结合矿山建设实际及区域特殊性选取最能反映问题的本质指标。指标的选取应强调典型性，避免入选意义相近、重复或可由其他指标组合而来的导出性指标。

3. 客观性和系统性原则

所选用的指标数据、采用的评价方法务必要准确、客观，这样才能使评价指标体系最大限度地反映研究对象的真实情况。由于绿色矿山社区和谐建设是一项复杂的系统工程，涉及多个学科、多个领域，每一个矿山企业个体的社区和谐建设都是环境、人员、社会等多种因素共同影响的结果。因而在指标体系建立的整个过程中，都应当遵循研究对象的客观规律和固有特点，按照系统论的研究方法，分层次、多角度进行全面分析论述，选取能正确反映系统内部构成和整体功能的指标，做到客观性与系统性的统一。

4. 可行性与可操作性相结合原则

矿山环境保护与治理控制指标体系的构成应以统计和比较分析导出的理论分析为基础。但在实际应用中往往受到资料来源和数据支持的制约，所以必须要考虑资料搜集的可能性。提出的控制指标要具有可操作性，使提出的目标符合当时的社会、经济和技术条件，具有可操作性。

5. 动态性与静态性相结合原则

绿色矿山开发是一个动态发展的过程，判断现有的矿产资源开发利用方式及当前的资源环境状态是否是可持续的，要综合分析各影响要素的静态水平和动态趋势，才能做出客观合理的评价。要求评价结果具有同一企业不同时期的可比性，在同一时期的不同企业之间具有可比性，同时指标体系还应具有横向可比性和纵向的连续性，要尽可能采用相对属性，在反映对象之间规模上的差异方面，也应选取一些绝对属性，这有利于对不同对象进行对比，在更大的范围内进行矿山地质环境质量的研究与评价，掌握矿山环境质量的变化趋势。因而在构建绿色矿山开发的评价指标体系时，必须紧密结合表征、与可持续相关的各类要素的存量和流量这两类指标。

6. 单一评价与综合评价相结合原则

一方面，指标体系中各个指标均有其独特的绩效评价内涵并侧重某一方面的评价功效，强调各个指标对企业绩效评价的准确性和可靠性；另一方面，又不能只见树木不见森林，要突出强调各个指标体系内涵和评价功效的整体性、综合性，不至于一叶障目，回避单一指标评价的缺陷，做到企业绩效评价既有侧重，又有综合。

3.4　评价指标体系建立与指标体系选择的方法

3.4.1　指标体系建立的基本思路

指标体系建立的目的是衡量和评价金属矿产资源高效绿色开发的状态及发展水平，进而为决策者提供决策依据，为公众提供信息，促进金属矿产资源企业的可持续发展。因此，指标体系的构建必须建立在准确地把握金属矿产资源基地五大动力系统结构特征和综合目标的基础之上。一种可行的方法是，运用可达矩阵将金属矿产资源高效绿色开发动力系统构建成一个多级递阶结构模型，依据该模型建立与该动力系统系统具有内在逻辑关系的层次指标体系，即通过分析被描述对象的系统结构和要素，建立综合目标与系统结构及要素之间的对应关系，然后研究定量指标与准则及综合性目标的相关程度，从而决定指标的选择与设置。

在层次指标体系中，系统评价的总目标位于顶层，底层为最基层的指标要素。一般而言，总目标往往是一种高度综合的定性指标，它与具体定量指标的联结需要通过其自身分解细化的中间层完成。研究表明，对指标体系的分层构建是科学的，这已成为指标体系建立的主流方法。

3.4.2　指标体系建立的方法

由于大型金属资源基地可持续发展涉及的指标极其庞杂，要做到既全面又无冗余，需要对初选指标进行筛选整合，原则是删除那些对测度目标序位不产生影响的指标，即保序性准则。

设 $W = W_1 , W_2 , \cdots , W_\pi$ 为被评对象集；$h = (h_1 , h_2 , \cdots , h_\pi)$ 为初步预选指标集。

搜集被评对象的各指标值，构成一个指标数据矩阵，即

$$\boldsymbol{H} = \begin{bmatrix} h_{11} & h_{12} & \cdots & h_{1\pi} \\ h_{21} & h_{22} & \cdots & h_{2\pi} \\ \vdots & \vdots & & \vdots \\ h_{m1} & h_{m2} & \cdots & h_{m\pi} \end{bmatrix} \qquad (3-1)$$

其中，h_{ij} 表示对象 W_i 的第 j 个指标的指标值。

一个指标与另一个指标在描述有关状态方面的差异时，可以用指标值分布的

变异系数来度量，即

$$V_j = \frac{S_j}{\overline{H}_j}(j = 1, 2, \cdots, \pi) \tag{3-2}$$

其中，$\overline{H} = \dfrac{\sum\limits_{i=1}^{m} h_{ij}}{m}$，$S_j = \sqrt{\dfrac{\sum\limits_{i=1}^{m}(h_{ij} - \overline{H}_j)^2}{(m-1)}}$ 为标准差。当 $V_j = 0$ 时，删除 h_j，位序不受影响；当 V_j 很小时，删除 h_j 通常也可以保持位序不变。为慎重起见，此时应进行保序性检验，然后再决定是否删除。具体做法是：假设指标权向量一定，$a = (a_1, a_2, \cdots, a_\pi)$，且 $a_1 > a_2 > \cdots > a_\pi$，指标变量矩阵 $\boldsymbol{H} = (h_{ij})$，标准化后的矩阵 $\boldsymbol{Z} = (z_{ij})$，则综合测度值为

$$A_i = \sum_{i=1}^{\pi} a_j \pi_{ij}(i = 1, 2, \cdots, m) \tag{3-3}$$

从综合测度值的大小可得到 m 个被评对象的一个排序 T。如果在测度指标集 H 中删除具有最小权的指标，删除后的测度指标集 $H' = (h_1, h_2, \cdots, h_{\pi-1})$，由于测度指标集变化，相应权向量也随之变化，若设 $\boldsymbol{H}'$ 的权向量为 $\boldsymbol{a}'_j$，则

$$\boldsymbol{a}'_j = \frac{a_j}{\sum\limits_{j-1}^{\pi-1} a_j}(j = 1, 2, \cdots, \pi - 1) \tag{3-4}$$

此时，被评对象的综合测度值为

$$A'_i = \sum_{j-1}^{\pi-1} \boldsymbol{a}'_j z_{ij}(i = 1, 2, \cdots, m) \tag{3-5}$$

按综合测度值的大小又可得到 m 个被评对象的排序 T'，如果 T 等同于 T'，则指标可以删除，否则，应予保留。

3.4.3　二级指标的确定

在评价指标体系的层级结构中，二级指标最为重要，这是由二级指标承上启下的独特地位所决定的。因为二级指标的确定反映出研究者对评价总目标（一级指标）内涵的准确理解程度和系统分析能力，很显然，对高度综合性的目标从哪几方面入手去衡量，直接影响着评价结果的科学性；同时，二级指标确定后，也就基本限定和控制了以下各层指标的选取。通常涉及对影响和识别可持续发展具有贡献能力的要素或变量，可以列出几十乃至上千个，每个要素对识别可持续发展均有各自不同的贡献，其贡献率唯一地取决于该要素在表达可持续发展总体行为中的地位和价值。研究者的任务就是从众多变量中，依其重要性及贡献率的顺序，挑选出数目足够小但却能表征该体系本质行为的最主要要素或变量。这些要素（要素组）或变量（变量组）依序自大而小的加和贡献率等于或大于某个临界

概率时，所选的变量数目就为研究所需要的最小数目。如果所选变量数小于该数目，这些变量及其相应的关系，则不足以或充分表征系统的真实行为或真实的行为趋势，所获得的结果极有可能扭曲甚至错误地代表对象系统的真实状况。如果所选的量数大于这个"最小数目"，又必然会增加复杂性和冗余度。

研究中，假定达到初步确定识别可持续发展系统的临界概率为 85％ 的加和贡献率，经估算，生存支持系统（30％）、发展支持系统（25％）、环境支持系统（15％）、社会支持系统（10％）和智力支持系统（10％）五大子系统对识别可持续发展整体行为能力的综合贡献率（90％）已经超出可以代表系统本质的临界概率 85％，因而上述五个要素组被确认为判定金属矿产资源高效绿色开发行为的基础要素组，即指标系统中的二级指标层。

3.4.4　基层具体指标的确定

在确定基层具体指标时，常常会出现三种情况：一是容易准确定量计算且能够直接从统计部门选取的指标；二是通过常规指标进行合成或研究模型计算机所得的指标，这类指标数量应尽可能少并注意评估模型应用的科学性和实用性；三是完全定性描述的指标，这类指标往往是一种经验或感知，尚未建立准确的定量规律，只能进行粗略的估算和专家定性分析，应慎重选入评价指标体系。在具体指标的遴选过程中，应尽可能地在系统分析的基础上将初选指标全面列出，防止重要指标的遗漏，可以对已有研究资料进行频度统计，选用使用频率较高的指标。初选指标往往存在指标过多、指标间交叉重叠现象，需要对指标进行相关性分析，基本方法是：首先计算指标的相关系数（参见有关统计分析文献），然后根据实际问题确定一个相关系数的临界值，如果指标的相关系数大于临界值，则可删除权系数小的指标；如果指标的相关系数小于临界值，则两指标均保留。通过进一步征求专家意见，按专家意见对指标进行必要的调整，最终确定金属矿产资源高效绿色开发评价所需的指标体系。

3.5　金属矿产资源高效绿色开发评价指标体系的设置框架

建立评价指标体系是评价工作开展的先决条件。然而，评价活动是一种目标驱动活动，无论哪种评价的进行必然以存在一定的目标或目标体系为前提。可以说，一定的评价指标体系从属于一定的目标体系，没有一个能对评价过程起导向作用的目标体系，就没有评价结果的有效性。为此，在设计具体指标体系前，必须对金属矿产资源高效绿色的总体目标及其解释结构做出基本描述。

从方法论角度看，根据人们对复杂问题的观察和认识，人们通常难以一次性地洞悉问题的全部细节，而是采用将问题或对象系统分解为多个层次，然后由粗到细、由表及里、从全局到局部逐步深入的分层递阶方法。按照这种分析方法，我们认为金属矿产资源高效绿色开发系统是一个具有四级递阶、逐级耦合的运转体系，金属矿产资源高效绿色开发综合评价分层递阶结构如图 3-1 所示。

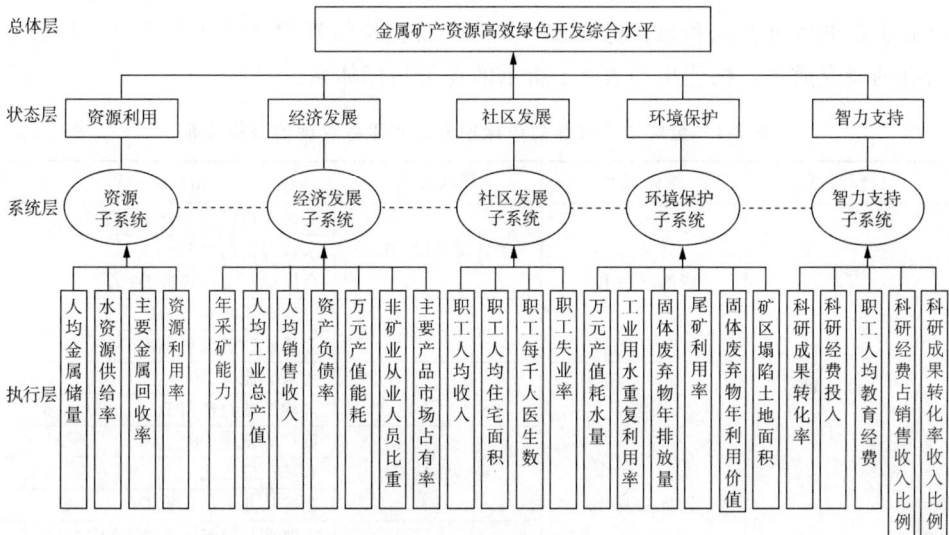

图 3-1　金属矿产资源高效绿色开发综合评价分层递阶结构

（1）总体层。其表达金属矿产资源高效绿色开发的总目标，同时反映金属资源矿区可持续发展战略实施的总体态势和总体效果。

（2）状态层。其将金属矿产资源高效绿色开发总目标分解为资源利用、经济发展、社区发展、环境保护和智力支持五个子目标。

这五个子目标状态要素也是大型金属资源矿区五大子系统运行的输出端，正向放大的输出流与状态间的协调稳定共同聚合成系统演化的总结果。

（3）系统层。其表明金属矿产资源高效绿色开发系统是由资源子系统、经济发展子系统、社区发展子系统、环境保护子系统与智力支持子系统耦合而成的，其中资源子系统是系统运营的核心。

（4）执行层。其代表各运行子系统的主要行为状态和功能结构，这是大型金属资源矿区现有的各种活动组分，是接受程序指令执行具体职能的操作层。

"有人参与"的金属矿产资源高效绿色开发系统，其形成与存在是以人的意志为转移的，因此，高效绿色开发总目标的实现离不开智力对各运行子系统的支持，智力支持是高效绿色开发总目标实现的最根本保证[54]。

3.6　金属矿产资源高效绿色开发指标体系

在对金属矿产资源高效绿色开发动力系统运行规律认识的基础上，遵从金属资源企业的发展实际和总目标要求，按照评价指标体系构建的基本原则，并借鉴已有的研究成果，构建出如表 3-1 所示的评价指标体系。

表 3-1　金属矿产资源高效绿色开发水平综合评价指标体系

目标层 A	准则层 B	领域层 A	指标层 D
金属矿产资源高效绿色开发的综合水平	资源利用 B1	资源禀赋 C1	矿区人均可开采金属储量 D1
			水资源供给率 D2
			金属矿产资源等级 D3
		资源利用 C2	主要金属回收率 D4
			金属矿产资源利用率 D5
	经济发展 B2	经济规模 C3	年采矿能力 D6
			人均工业总产值 D7
		经济结构 C4	资产负债率 D8
			非矿产值占比 D9
			非矿从业人员比重 D10
		经济效益 C5	主要产品市场占有率 D11
			总资产报酬率 D12
			万元产值能耗 D13
			万元产值水耗 D14
	社区发展 B3	生活质量 C6	职工人均收入 D15
			职工人均住宅面积 D16
			职工每千人医生数 D17
			矿区失业率 D18
		职业安全 C7	职业病发病率 D19
			生产死亡率 D20
		矿区城市化 C8	矿区人口城镇化水平 D21
	环境保护 B4	环境污染 C9	废气排放量 D22
			废水排放量 D23
			固体废弃物排放量 D24
			矿区塌陷土地面积 D25
		环境治理 C10	矿区坍塌土地复垦率 D26
			工业"三废"综合处理率 D27
			环保投资占总产值比例 D28
	智力支持 B5	职工教育 C11	职工平均受教育程度 D29
			职工人均教育经费 D30
		科技能力 C12	科技人员占职工比例 D31
			科研经费占销售收入比例 D32
		管理能力 C13	组合创新度 D33
			科研成果转化率 D34

我们建立的金属矿产资源高效绿色开发水平综合评价指标体系由目标层、准则层、领域层和指标层组成。

目标层 A 代表大型金属矿产资源高效绿色开发的综合水平。

准则层 B 包括资源利用（B1）、经济发展（B2）、社区发展（B3）、环境保护（B4）、智力支持（B5）五个方面，即有

$$B= \{B1，B2，B3，B4，B5\}$$

领域层 C 包括资源禀赋（C1）、资源利用（C2）、经济规模（C3）、经济结构（C4）、经济效益（C5）、生活质量（C6）、职业安全（C7）、矿区城市化（C8）、环境污染（C9）、环境治理（C10）、职工教育（C11）、科技能力（C12）、管理能力（C13），即有

$$C= \{C1，C2，…，C13\}$$

指标层 D 由 34 个可测、可比、可以获得的具体指标组成，即有

C1＝｛矿区人均可开采金属储量 D1，水资源供给率 D2，金属矿产资源等级 D3｝；

C2＝｛主要金属回收率 D4，金属矿产资源利用率 D5｝；

C3＝｛年采矿能力 D6，人均工业总产值 D7｝；

C4＝｛资产负债率 D8，非矿产值占比 D9，非矿从业人员比重 D10｝；

C5＝｛主要产品市场占有率 D11，总资产报酬率 D12，万元产值能耗 D13，万元产值水耗 D14｝；

C6＝｛职工人均收入 D15，职工人均住宅面积 D16，职工每千人医生数 D17，矿区失业率 D18｝；

C7＝｛职业病发病率 D19，生产死亡率 D20｝；

C8＝｛矿区人口城镇化水平 D21｝

C9＝｛废气排放量 D22，废水排放量 D23，固体废弃物排放量 D24，矿区塌陷土地面积 D25｝；

C10＝｛矿区坍塌土地复垦率 D26，工业"三废"综合处理率 D27，环保投资占总产值比例 D28｝；

C11＝｛职工平均受教育程度 D29，职工人均教育经费 D30｝；

C12＝｛科技人员占职工比例 D31，科研经费占销售收入比例 D32｝；

C13＝｛组合创新度 D33，科研成果转化率 D34｝。

第4章　金属矿产资源高效绿色开发决策模型和方法

金属矿产资源是能够为人类所利用的具有经济价值的地质体，如何高效绿色开发金属矿产资源是人类社会发展需要不断攻克的难题。由于金属矿产资源具有紧缺性，以及人们对地球表面地壳三维地质结构认识的有限性，勘探金属矿产资源并进行合理高效绿色开发，就成了一项非常复杂和充满风险的工作。

金属矿产资源高效绿色开发涉及的决策问题很多，对于其中的决策分析方法，国内外的专家学者都做过很多研究，我们在长期的金属资源开发工程管理研究与实践中，将研究重点放在金属矿产资源开发选区风险评价方法、金属矿产品市场风险评价方法、金属矿产资源开发项目评价和方法、金属矿产资源开发不确定性决策方法四个重要领域，这也是资源高效绿色开发工程管理常见的决策领域。

(1) 金属矿产资源开发选区风险评价方法。其主要从风险规避的角度进行战略性的选择，此阶段的风险因素主要包括政治环境、经济环境、资源环境等，一般采用层次分析法设计评价指标体系。

(2) 金属矿产品市场风险评价方法。其涉及矿产资源开发与购买现成矿产品的选择决策。由于矿业企业除了在国外投资开发金属矿产资源以提高资源的保障程度外，还经常需要从国际金属市场尤其是期货市场上购买矿产品，或进行矿产品的套期保值，以保证矿产资源开发的预期收益。由此，建立金属矿产品市场风险评价与预警体系意义重大，其中采用的方法主要有 SWOT［优势 (strengths)、劣势 (weakness)、机会 (opportunity)、威胁 (threats)］分析法、因子分析法、聚类分析法、模糊分析法等。

(3) 金属矿产资源开发项目评价和方法。其主要对金属矿产资源的开发项目从风险考察的角度进行战术性的评估，以便确定是否进行项目立项或制定项目风险防范策略；区别于金属矿产选区风险评价，开发项目的风险主要有资源条件、财税环境、政治法律环境、人文环境、市场风险、经济环境、基础设施、技术水平和生态环境风险等。

(4) 金属矿产资源开发不确定性决策方法。矿产开发对生态环境的破坏及其带来的环境安全隐患（如泥石流、水污染、大气污染、耕地破坏等）是亟待解决的问题，这些问题如果解决不好，将影响到人们的生产、生活和社会稳定。因此，在经济政治环境的不确定性和复杂性的条件下，要实现高效绿色开发金属矿产资源，要求专家们决策时采用的方法尽可能地贴近实际情况，能够更加精确地刻画风险因素、设计评价指标等。

本章围绕"高效绿色"，结合笔者团队自己的研究，重点介绍上述四个方面可以采用的决策方法。

4.1　金属矿产资源开发选区风险评价方法

矿产资源开发中，勘察及选区风险评价是重要内容，对是否高效绿色地进行矿产资源开发有着重要影响。在矿产勘查难度日益增大、矿产资源需求与保证程度之间矛盾日益突出的形势下，能够最大限度地预测、发现不同类型及不同性能用途的矿产资源，为不同类型矿产资源的深化勘探、优化组合开发、综合利用和最佳利用研究提供科学指导，是十分重要的。已有研究成果采用"三联式"成矿预测方法、矿床模型综合地质信息预测方法和综合信息矿产预测方法进行金属矿产资源的勘察[55,56]。

进行金属矿产资源开发选区风险评价，需要建立风险评价模型，已有研究成果中提出主要风险来自政治环境、经济环境、资源环境、自然环境、社会环境和技术环境等，并在此一级准则层基础上进行细分，形成三层指标体系，涵盖国外金属矿产资源开发选区面临的各种风险（表 4-1）。

表 4-1　金属矿产资源开发选区风险评价指标体系

目标层	一级风险	二级风险	三级主要影响因素
国外金属矿产资源选区投资综合风险	政治环境风险	政治风险	战争、政权更迭风险
		政府管理	中外关系
			政府工作效率
			政府腐败程度
		矿业法律体系	矿业政策潜力
			矿业税费体制
	自然环境风险	自然灾害	地质灾害发生的最可能频率、级别和种类
		生态环境破坏	矿区生态环境现状
			开发技术水平
			管理水平
	资源环境风险	勘探程度	累计探明储量
		资源潜力	资源潜力指数
		开发程度	累计年产量
		地质资料获得	地质资料获得情况（得分）

目标层	一级风险	二级风险	三级主要影响因素
国外金属矿产资源选区投资综合风险	社会环境风险	基础设施	交通
			电力
			通信
		劳工状况	劳动力技能有效性
			劳动力成本
			劳动力协议熟悉度和可贯彻度
	经济环境风险	经济现状	经济活力
			经济稳定性
		市场状况	市场价格走势
			市场价格稳定性
		投资现状	在该国投资的矿业公司数目
			在该国的投资额
	技术环境风险	技术条件	该国的开放程度
			该国的技术水平

在上述指标体系的二级风险下的三级主要影响因素的分析中，我们不难看出这些影响因素同一层存在一定的相关性，如地缘政治和政权的更迭，地缘政治和技术水平，探明储量和勘探投入情况，电力、交通、学校医院设施和经济现状，等等。若把这些影响因素分门别类，通过层次分析法，两两进行比较得出权重值，并不能反应它们之间的相关性，这种方法是不客观的。

于是，从客观性和可操作性出发，选取了如下两种方法来确定指标体系的权重：一种是通过层次分析法，只给出一、二级风险的权重，第二种是全面分析一、二、三级指标之间的相关性，通过网络分析法（analytic network process，ANP）确定所有指标的权重。

4.1.1　层次分析法

层次分析法是将与决策总是有关的元素分解成目标、准则、方案等层次，在此基础之上进行定性和定量分析的决策方法。该方法是美国运筹学家匹茨堡大学教授萨蒂于20世纪70年代初，在为美国国防部研究"根据各个工业部门对国家福利的贡献大小而进行电力分配"课题时，应用网络系理论和多目标综合评价方法，提出的一种层次权重决策分析方法。

以下是层次分析法确定指标权重的步骤。

步骤1：构造判断矩阵 $\boldsymbol{A} = \{a_{ij}\}$，其中，$a_{ij}$ 表示指标 i 与指标 j 的相对重要

性之比，其指标的重要性标度一般采用 T. L. Saaty 的 1-9 标度法。

步骤 2：求判断矩阵的最大特征根 $\lambda_{\max}$ 及对应的特征向量 w。判断矩阵构造出来以后，判断矩阵的最大特征值和特征向量求解有和法、根法和幂法，也可以用相应的 Matlab 软件进行求解，对 w 进行归一化处理即得权向量。

步骤 3：层次单排序及一致性检验。由判断矩阵 A 导出权重向量时，要求矩阵 A 具有一致性或偏离一致性的程度不能太大，否则导出的权重并不能完全反映各元素之间相对重要性程度。因此，在求权重之前，必须对判断矩阵 A 用下列指标进行一致性检验。

（1）一致性指标：$CI = \dfrac{\lambda_{\max} - m}{m - 1}$，其中，$m$ 为判断矩阵 A 的阶数。

（2）随机一致性指标：$CR = \dfrac{CI}{RI}$。

CI 的值越大，判断矩阵的一致性就越差。一般，当 CI ＜0.1 时，就认为判断矩阵的一致性可以接受，否则就要重新进行两两比较。当 m 比较大时，用随机一致性指标 CR 进行一致性检验，一般认为 CR ＜0.1 时，判断矩阵的一致性是可以接受的。当用到 CR 时，我们引入平均随机一致性指标 RI，其随判断矩阵的阶数而变化，具体如表 4-2 所示。

表 4-2　平均一致性随机指标

阶数	3	4	5	6	7	8	9	10	11	12	13	14
RI	0.52	0.89	1.12	1.25	1.35	1.42	1.46	1.49	1.51	1.54	1.56	1.58

同时由多个专家决策层次分析法还必须有层次分析法判断矩阵的整合，其整合方法有加权几何平均群判断矩阵法、加权算术平均群判断矩阵法、加权几何平均群排序向量法和加权算术平均群排序向量法。

这样按照层次分析法确定了一、二级指标的权重后，即可由专家在第三级主要影响因素的基础上对二级风险指标打分，从而转化为二级综合评判，然后再调用风险评价模型对选定区域的风险进行评价。

4.1.2　网络分析法

网络分析法是美国匹兹堡大学的 T. L. Saaty 教授于 1996 年提出的一种适应非独立的递阶层次结构的决策方法，它是在层次分析法的基础上发展而成的一种新的实用决策方法。层次分析法作为一种决策过程，它提供了一种表示决策因素测度的基本方法。这种方法采用相对标度的形式，并充分利用人的经验和判断力。在递阶层次结构下，它根据所规定的相对标度——比例标度，依靠决策者的判断，对同一层次有关元素的相对重要性进行两两比较，并按层次从上到下合成方案对于决策目标的测度。这种递阶层次结构虽然为处理系统问题带来了方便，但同时也限制了它在复杂决策问题中的应用。

以下是网络分析法确定指标权重的步骤。

设网络分析中控制层的元素为 p_1，p_2，$\cdots$，p_m，网络层有元素组为 C_1，C_2，$\cdots$，C_N，其中 C_i 有元素 e_{i1}，e_{i2}，$\cdots$，e_{in_i}，以控制层元素 $p_s(s=1,2,\cdots,m)$ 为准则，以 C_i 中的元素 e_{jl} 为次准则，对元素组 C_i 中的其他元素 e_{in_i} 相对于 e_{jl} 的重要程度进行比较分析，构造判断矩阵（表 4-3）。

表 4-3　以 e_{jl} 为准则，利用 C_i 中元素构造判断矩阵

e_{jl} 准则	e_{i1}，e_{i2}，$\cdots$，e_{in_i}	归一化特征向量
e_{i1}		$\omega_{i1}^{(jl)}$
e_{i2}		$\omega_{i2}^{(jl)}$
$\vdots$		$\vdots$
e_{in_i}		$\omega_{in_i}^{(jl)}$

根据一致性检验，如果上述特征向量满足相容性条件，则为网络元素排序向量，同理，可以得到相对于其他元素的排序向量，得到一个矩阵为

$$
W_{ij} = \begin{bmatrix} \omega_{i1}^{(j1)} & \omega_{i1}^{(j2)} & \cdots & \omega_{i1}^{(jn_n)} \\ \omega_{i2}^{(j1)} & \omega_{i2}^{(j2)} & \cdots & \omega_{i2}^{(jn_j)} \\ \vdots & \vdots & & \vdots \\ \omega_{in_i}^{(j1)} & \omega_{in_i}^{(j2)} & \cdots & \omega_{in_i}^{(jn_j)} \end{bmatrix} \tag{4-1}
$$

矩阵的列向量代表的是元素 e_{i1}，e_{i2}，$\cdots$，e_{in_i} 对 C_j 中的元素 e_{j1}，e_{j2}，$\cdots$，e_{jn_j} 的重要度排序向量，如果 C_j 中元素不受 C_i 中元素的影响，则 $W_{ij}=0$。把所有的网络层元素的相互影响排序向量组合起来就得到一个在控制元素 p_s 下的超矩阵：

$$
\begin{array}{c}
\begin{array}{cccc} 1\cdots n_1 & 1\cdots n_2 & \cdots & 1\cdots n_N \end{array} \\
W = \begin{array}{c} 1 \\ \vdots \\ n_1 \\ 1 \\ \vdots \\ n_2 \\ 1 \\ \vdots \\ n_N \end{array}
\begin{bmatrix} W_{11} & W_{12} & \cdots & W_{1N} \\ & & & \\ & & & \\ W_{21} & W_{22} & \cdots & W_{2N} \\ & & & \\ & & & \\ W_{N1} & W_{N2} & \cdots & W_{NN} \end{bmatrix}
\end{array} \tag{4-2}
$$

显然这样的矩阵有 m 个。矩阵的每一元素都是一矩阵，列和为 1，但是 W

不是归一化矩阵，为此，以控制元素 p_s 为准则，对 p_s 下的各组元素相对于准则 C_j，$j = 1$，2，$\cdots$，N 的重要性进行比较，得到一个归一化的排序向量（表4-4）：

表 4-4　C_j 为准则构造判断矩阵

C_j	C_1，C_2，$\cdots$，C_N	归一化特征向量
C_1		a_{1j}
C_2		a_{2j}
$\vdots$		$\vdots$
C_N		a_{Nj}

从而得到一个矩阵为

$$A = \begin{bmatrix} a_{11} & \cdots & a_{1N} \\ \vdots & & \vdots \\ a_{N1} & \cdots & a_{NN} \end{bmatrix} \tag{4-3}$$

把矩阵 A 与 W 相乘得到加权的矩阵为 $W = a_{ij}W_{ij}$，i，$j = 1$，2，$\cdots$，N，它是一个加权超矩阵，矩阵的元素就是网络系统各元素的权重。

在网络分析中，为了反映元素之间的依存关系，超矩阵 W 需要做一个稳定处理，即计算极限相对排序向量：$\lim\limits_{k \to \infty} (1/N) \sum\limits_{k=1}^{N} W^k$，这个极限值如果收敛，而且唯一，则 W^{∞} 的第 j 列就是 p_s 下网络层各元素对于元素 j 的极限相对排序。每一列归一化就得到最后的排序向量。

通过网络分析法就能得出整个指标体系的权重，这样通过对三级指标的值的等级标准划分，就可调用风险评价模型对国外金属矿产资源开发选定区域进行风险评价。

4.2　金属矿产品市场风险评价方法

矿业企业除了在国外投资开发金属矿产资源以提高资源的保障程度外，还经常需要从国际金属市场尤其是期货市场上购买矿产品，或进行矿产品的套期保值，以保证矿产资源开发的预期收益。本书主要借助金融市场风险管理理论来对金属矿产品市场风险管理进行研究。

矿产经济学特别关注矿产的市场条件——供应、需求和价格诸因素之间的关系，需求的变化、储存量的耗减及选矿技术的进步，都使矿产供应过程具有动态性。每个活动阶段内部及每个活动阶段之间所需要的投资政策是以评价进一步投资的报酬为依据的。金属矿产作为矿产经济学的一部分，也需要对其供需关系进行经济分析。

　　需求和供应关系决定了某些矿产品的竞争市场价格，供需曲线受到很多因素的控制，如新的大型矿床的发现、矿产储量耗减、加工技术的进步、环境控制因素、代用材料和新产品市场的开发等，同时，短期供应和需求的变化还涉及企业停产、生产库存和消费的变化、矿山减产、政府储备、经济周期等，矿产品市场变化往往相互重叠。运用供需关系图可以比较准确地分析矿产品的价格。

　　在研究治理金属矿产品供求总量是否失衡时，如果根据供需关系确定价格，公司的收益不理想，则应研究怎样调整生产经营结构和投资方向，如何加强市场营销，怎样开发新的市场和新的产品，如何调整企业的发展战略，等等，以应对市场供大于求或者结构失衡带来的不利影响。

4.2.1　金属矿产品市场风险的因素分析

　　市场风险又称为价格风险，是指由于资产的市场价格（包括金融资产价格和商品价格）变化或波动而引起的未来损失的可能性。金属矿产品市场风险是指价格变动引起的从国际金属市场上购买或出售矿产品的资产价值的不确定性。

　　根据引发金属矿产品市场风险的角度的不同，我们认为金属矿产品市场风险因素主要包括以下三种。

　　（1）价格风险。国际金属期货市场是大宗金属矿产品交易的主要市场，以伦敦金属交易所（The London Metal Exchange，LME）为核心的金属期货市场价格已成为金属矿产品价格的风向标。但期货价格的高波动性也为金属矿产品的交易带来了巨大的风险，无论利用期货市场买卖金属矿产品，还是利用期货市场进行套期保值，都可能因为这种价格的频繁、大幅波动及期货市场本身的杠杆效应而造成巨额经济损失。因此，金属期货市场的价格风险也成为金属矿产品市场风险的主要因素。

　　（2）汇率风险。其又称外汇风险，是指由于汇率波动导致企业以外币计量的筹集资金的价值发生变化的可能性。由于国际金属市场上买卖金属矿产品都是以美元、欧元等少数几种货币计价，因此，本国货币与国际主要货币之间汇率的变化将直接影响金属矿产品交易的实际成本和费用。同时，汇率变动也会加剧国内市场的竞争。此外，对于金属矿产资源开发项目而言，各国货币之间的交叉汇率变化也会间接影响到这些项目在国际市场上的竞争地位和项目的债务结构。

　　（3）利率风险。其是指由于金融市场上利率发生变动而使筹资企业在筹措资金上可能蒙受的损失。具体说来，企业筹资的利率变动风险表现在企业在不恰当的时间或用不恰当的筹资方式筹集了资金，从而要付出高于平均利率水平的利息，导致企业蒙受经济损失。在购买金属矿产品或进行金属矿产资源开发项目的过程中，通常都需要在金融市场上进行融资活动，而利率的变动将直接或间接地造成资金价值或收益的变动，从而使与融资有关的金属矿产品交易或投资活动面临风险。

4.2.2　金属矿产品市场风险的度量方法

市场风险度量的方法主要有五种，即敏感度分析（sensitivity analysis）法、压力测试法、情景测试法、资本资产定价模型（capital asset pricing model，CAPM）法和风险价值（value at risk，VaR）法。

其中，风险价值法是目前金融市场风险测量的主流方法，其在风险测量和管理中的巨大优点已被国际金融监管当局认可和接受，风险价值法是金融实践发展的必然结果，在金融风险预测的实践中得到不断的检验和发展，并在风险测度、监管等领域获得广泛应用，目前已成为一个风险度量的国家标准。

风险价值又称在险价值，是指在市场正常波动下，某一金融资产或证券组合的最大损失[57]。更为确切地说，其是指在一定概率水平下和特定的持有期内，某一金融资产或证券组合的最大损失。用数学语言，可以定义风险价值为：令 $\alpha \in (0, 1)$ 为某一给定的概率水平，则 α 水平下，投资组合 p 的风险价值定义为

$$\mathrm{VaR}_\alpha(R_P) - \inf\{x/P(R_a \leqslant x) \geqslant \alpha\} = -F_{R_a}^{-1}(\alpha) \tag{4-4}$$

其中，函数 $-F_{R_a}^{-1}(\alpha)$ 为收益 R_P 的累积分布函数 $F_{R_a} = P(R_P \leqslant x)$ 的逆函数。风险价值的实质为 R_P 的 α-分位数。

风险价值要回答这样的问题：在给定的时期内，有 $x\%$ 的可能性，最大损失是多少？对于金融时间序列，我们定义为金融资产的对数收益率为

$$r_t = \ln P_t - \ln P_{t-1} \tag{4-5}$$

其中，p_t 为资产在 t 时刻的价格，则分位数 α 的风险价值定义为：

$$\mathrm{prob}(-r_t > \mathrm{VaR}) = 1 - \alpha \tag{4-6}$$

其中，r_t 代表的是资产的对数收益率，对该公式的解释为：对某种资产或组合，在给定的时间内，可以以 $\alpha\%$ 的概率水平保证资产或资产组合的损失不会超过风险价值[58]。

例如，J. P. Morgan 公司在 1990 年年报中披露，当年该公司一天 95% 的 VaR 值为 1 000 万美元。也就是说，该公司可以以 95% 的准确性保证，在未来 24 小时之内，由于未来市场价格变动而带来的损失不会超过 1 000 万美元。

一个特定的风险价值是相对于三个因素来说的，即持有期、置信水平、基础货币。

1) 持有期

持有期是风险所在的时间区间，可以是一天、一个月或一年。它是衡量收益率波动性和相关性的时间单位，一般选取结果应依照该资产的特点（如流动性、头寸调整、数据约束等）来定。因为波动性与时间的长度存在正相关关系，所以持有期越长，一般风险价值越大。本书选取一天作为持有期。

2）置信水平

置信水平表示投资者对风险的偏好程度，一般依据投资者的具体情况或监管当局的要求选取为 90%～99.99%；置信水平越高表明投资者对风险越厌恶，因而需要得到把握性越大的预测结果。一般来说，在检验风险价值预测效果的有效性时，需要选择较低的置信水平；在出于比较和统计目的的需要时，最好是选择中等或较高的置信水平。我们主要选取 90%、95% 和 99% 三个置信水平。

3）基础货币

风险价值总是用某个国家的货币作为基准表示，所以风险价值的大小依赖于基础货币的选取。因此，风险价值既要考虑投资者的风险承受能力，又要对风险的大小给出货币表示的直观表述。

有鉴于此，我们亦采用风险价值作为度量金属矿产品市场风险的主要方法，建立了基于风险价值的金属矿产品市场风险预测模型，其基本是：针对不同的市场风险因素，包括金属期货价格（以伦敦金属交易所铜计）、汇率（以英镑对人民币汇率计）和利率（以人民币一年期贷款基准利率计），分别计算出相应的市场风险价值，然后对这三个风险价值进行综合，得到一定时期内某种金属矿产品的市场风险价值综合预测结果。而各因素的风险价值计算我们选取广义自回归条件异方差（generalized autoregressive conditional heteroscedasticity，GARCH）模型。

该模型的基本公式为

$$VaR = \sum_{i=1}^{3} \omega_i VaR_i \tag{4-7}$$

$$VaR_i = P_{i,\,t-1} Z_{i,\,\alpha} \sqrt{\sigma_{i,\,t}} \tag{4-8}$$

其中，VaR_i 为某种风险因素的风险价值；ω_i 为该风险因素所占的权重；$P_{i,\,t-1}$ 为该风险因素的市场数据；$Z_{i,\,\alpha}$ 为该风险因素市场数据的收益率概率分布的置信度；$\sigma_{i,\,t}$ 为该风险因素市场数据的收益率的标准差。

利用 GARCH 方法计算各风险因素 VaR_i 值的基本过程如下。

1）数据选取和统计描述

选择数据的来源、选取区间、分析数据（收盘价）。收益率是用对数一阶差分形式表示的，即设第 t 日的收益率为 r_t，则 $r_t = \ln p_t - \ln p_{t-1}$，$p_t$ 是 t 日某指数的收盘价格。

2）GARCH 模型族的建立

利用 Q 检验和 LM 检验识别序列的异方差性，并用 GARCH 模型族来拟合数据是否合理，然后进行时间序列平稳性检验。

3）风险价值计算

计算出模型中相应的参数，代入式（4-7）和式（4-8）即可求出风险因素的风险价值值，以及超过风险价值值的样本个数，并以此绘制出风险价值的损益图形。

4.3　金属矿产资源开发项目评价和方法

一般的矿产资源开发项目的风险主要可分为内部环境风险和外部环境风险，金属矿产资源开发也不例外，其中内部环境风险主要是指与矿产资源项目开发本身有关的风险因素，主要包括技术风险、生产风险、管理风险、财务风险等，而影响项目投资开发成败的外部因素所带来的分析便构成外部风险，如政治风险、市场风险、社会风险、资源风险、自然风险、金融风险等。需要注意的是，内部风险对不同的项目而言具有不同的特征，并主要取决于项目管理与决策的水平。而外部风险则与投资环境密切相关，具有很强的系统性，对于我国矿业企业"走出去"开发国外金属矿产资源而言，首先应分析的是外部风险，然后再分析具体项目的内部风险。

金属矿产资源开发风险评价模型可采用灰色和模糊综合评价相结合的风险评价模型、基于灰色聚类的风险评价模型进行风险评价。

4.3.1　灰色和模糊综合评价相结合的风险评价模型

在金属矿产资源开发风险评价指标体系和指标权重确定方法的基础上，我们建立了灰色和模糊综合评价相结合的金属矿产资源开发风险评价模型。

模糊综合评判模型为

$$\boldsymbol{B} = \boldsymbol{A} \cdot \boldsymbol{R} = (a_1, a_2, a_3, \cdots, a_n) \cdot \begin{bmatrix} r_{11} & r_{12} & r_{13} & \cdots & r_{1m} \\ r_{21} & r_{22} & r_{23} & \cdots & r_{2m} \\ \vdots & \vdots & \vdots & & \vdots \\ r_{n1} & r_{n2} & r_{n3} & \cdots & r_{nm} \end{bmatrix}$$

$$= (b_1, b_2, b_3, \cdots, b_m) \tag{4-9}$$

其中，$\boldsymbol{B}$ 为模糊综合评价集；b_j 为模糊综合评价指标，表示综合考虑所有因素的影响时，评价对象对评价集中第 j 个元素的隶属度；$\boldsymbol{A}$ 为权重集，是 $1 \times n$ 阶矩阵；$\boldsymbol{R}$ 为 $n \times m$ 单因素评价矩阵。

将 m 个类别分别赋予某个等级值 $v = (v_1, v_2, \cdots, v_m)$，则综合评价值为

$$\frac{\sum_{h=1}^{m} b_j \cdot v_h}{\sum_{h=1}^{m} b_j} \tag{4-10}$$

灰色和模糊综合评价相结合的风险评价模型，实际上就是用灰色白化权函数代替模糊综合评判中的隶属度函数，从而确定通过模型评判矩阵 $\boldsymbol{R}$ 来进行模糊综合评判的方法。灰色白化权函数也有偏上、中间和偏下型三种，任何定性和定量指标都

可以通过灰色白化权函数转化为模糊评价的隶属度向量。白化权函数按如下方法确定。

对于定量指标，如果用 f_{kh} 表示第 k 个指标对 h 类别的白化权函数，则 $f_{kh}(x_{kj})$ 为样品 j 的第 k 个指标隶属于第 h 个类别的程度（白化权函数值）。对于指标 k，显然 y_{k1} 最小，$y_{k,\,m+1}$ 最大，白化权函数 f_{kh} 一般可按如下公式确定：

$$f_{kh}(x) = \begin{cases} 1, & y_{k1} \leqslant x \leqslant y_{k2} \\ \dfrac{y_{k,\,m+1} - x}{y_{k,\,m+1} - y_{k2}}, & y_{k2} \leqslant x \leqslant y_{k,\,m+1} \end{cases} \tag{4-11}$$

$$f_{km}(x) = \begin{cases} \dfrac{x - y_{k1}}{y_{km} - y_{k1}}, & y_{k1} \leqslant x \leqslant y_{km} \\ 1, & y_{km} \leqslant x \leqslant y_{k,\,m+1} \end{cases} \tag{4-12}$$

$$f_{kh}(x) = \begin{cases} \dfrac{x - y_{k1}}{y_{kh} - y_{k1}}, & y_{k1} \leqslant x \leqslant y_{kh} \\ 1, & y_{kh} \leqslant x \leqslant y_{k,\,h+1}, \quad h = 2,\ 3,\ \cdots,\ m-1 \\ \dfrac{y_{k,\,m+1} - x}{y_{k,\,m+1} - y_{k,\,h+1}}, & y_{k,\,h+1} \leqslant x \leqslant y_{k,\,m+1} \end{cases}$$

$$\tag{4-13}$$

这样的白化权函数有一个特点，即每一级别的白化权函数不只是与相邻的上下两个类别存在着关系，还与每个类别的标准值有关，从而使样品指标的任何实测值对每个类别都有不为零的隶属度（端点值除外）[59]。

对于定性指标，设确定评价灰类的等级数 v、灰数 $\otimes$，若为低、较低、中、较高、高五级，则低灰类（$v=1$），灰数 $\otimes_1 \in [0,\ d_1,\ 2d_1]$，白化权函数为 f_1；较低灰类（$v=2$），灰数 $\otimes_2 \in [0,\ d_2,\ 2d_2]$，白化权函数为 f_2；中灰类（$v=3$），灰数 $\otimes_3 \in [0,\ d_3,\ 2d_3]$；较高灰类（$v=4$），灰数 $\otimes_4 \in [0,\ d_4,\ 2d_4]$；高灰类（$v=5$），灰数 $\otimes_5 \in [d_5,\ \infty]$。在这里 d_i（$i=1,\ 2,\ 3,\ 4,\ 5$）为各级白化权函数的阈值，它的取值与评分等级值有关。分别用上白化权函数表示 5 灰类、用中白化权函数表示 2，3，4 灰类，用下白化权函数表示 1 灰类，得到的白化权函数如下：

$$f_{k1}(x) = \begin{cases} 1, & x \in [0,\ d_1] \\ \dfrac{2d_1 - x}{2d_1 - d_1}, & x \in [d_1,\ 2d_1] \\ 0, & x \in [2d_1,\ \infty] \end{cases} \tag{4-14}$$

$$f_{ki}(x) = \begin{cases} \dfrac{x}{d_i}, & x \in [0,\ d_i] \\ \dfrac{2d_i - x}{2d_i - d_i}, & x \in [d_i,\ 2d_i],\ i=1,\ 2,\ 3,\ 4 \\ 0, & x \in [2d_i,\ \infty] \end{cases} \tag{4-15}$$

$$f_{k5}(x) = \begin{cases} 1, & x \in [d_5, \infty] \\ \dfrac{x}{d_5}, & x \in [0, d_5] \\ 0, & x \in [-\infty, 0] \end{cases} \tag{4-16}$$

4.3.2　基于灰色聚类的风险评价模型

灰色聚类分析是多属性决策与优化问题中比较新的应用。任何聚类问题都可以归结为：根据问题的 m 个分类标准，对以 n 个指标表示的样品 j 作聚类的最优识别。

（1）由白化权函数得到每个评价区域的灰色白化值：按照 1.3 灰色和模糊综合评判模型中的定性与定量白化权函数得到每个评价区域的灰色白化值。

（2）计算点关联度：记从属度 $f_{kh}(x_{kj})$ 为 $z_{jh}(k)$，从属序列为 z_{jh}，即 $z_{jh}(k) = f_{kh}(x_{kj})$；$z_{jh}(k) = \{z_{jh}(1), z_{jh}(2), \cdots, z_{jh}(n)\}$。如果对任意 k 都有 $z_{jh}(k) = 1$，即区域 j 的每个指标值都属于第 h 类风险等级，那么该区域应被判为第 h 类。所以若取 $z_{0h} = (1, 1, \cdots, 1)$，则 z_{0h} 是一个清晰的综合评判。若要评判样品 j 与第 h 个类别的接近程度，以 z_{0h} 为参考序列，z_{jh} 为比较序列，计算它们之间的灰色关联系数和关联度即可。

$$\zeta_{jh}(k) = \frac{\min\limits_{j} \min\limits_{k} \min\limits_{h} \Delta_{jh}(k) + \max\limits_{j} \max\limits_{k} \max\limits_{h} \Delta_{jh}(k)}{\Delta_{jh}(k) + 0.5 \max\limits_{j} \max\limits_{k} \max\limits_{h} \Delta_{jh}(k)} \tag{4-17}$$

$$r_{jh} = \sum_{k=1}^{n} \omega_k \xi_{jh}(k)$$

其中，$\Delta_{jh}(k) = |z_{jh}(k) - 1|$；$r_j = (r_{j1}, r_{j2}, \cdots, r_{jm})$ 刻画的是样品 j 与每个类别的几何相似程度。

将 m 个风险等级类别分别赋予某个等级值 $v = (v_1, v_2, \cdots, v_m)$，则综合评价值为

$$\frac{\sum\limits_{h=1}^{m} r_{jh} \cdot v_h}{\sum\limits_{h=1}^{m} r_{jh}} \tag{4-18}$$

上述两种方法均可以用来评价金属矿产资源开发选区和开发项目的风险，相比较而言，灰色和模糊综合评价相结合的风险评价模型适于单个点、面区域的风险考察，而基于灰色聚类的风险评价模型更适于多个点、面区域的风险比较。

4.4　金属矿产资源开发不确定性决策方法

金属矿产资源高效绿色开发过程中，决策问题更多的是多准则的、多属性的、由多个专家参与的，同时，由于人类思维和客观现实的复杂性，专家们在评价矿产开发方案的属性时，也会存在主观性、模糊性及语言值评价信息，模糊理论的提出给决策提供了有力的工具。针对复杂的不确定性的决策问题，应用不确定性决策方法能够更好地进行决策。

4.4.1　基于前景理论的区间数多准则决策方法

在实际金属矿产资源开发的过程中，经常会遇到这样的问题，专家对于矿区或市场的评价比较模糊，并不一定是一个精确值，而更倾向于给出一个可能的变动范围，并且对未来市场的发展有明显的乐观或悲观的态度。为解决这样的一种实际决策问题，本节给出一种适用不确定性的决策方法。区间数允许决策者给出的评价值为一个可能范围而不是一个精确值，更符合人的思维习惯，且前景理论能够考虑决策者面对损失和获益时的有限理性，更符合实际的决策情况。因此本节针对准则偏好值为区间数的不确定性决策问题，提出一种基于前景理论的区间数多准则决策方法[60]。

1. 理论基础

1）前景理论和累积前景理论

前景（prospect）表示不确定事件。$S = \{1, 2, \cdots, n\}$，其中，$n \geqslant 3$ 表示自然状态有限集，自然状态 $s_i \in S$；可能结果 $x_i \in X$。在自然状态集 S 和可能结果集 X 之间存在着函数 f，每个自然状态 $s_i \in S$ 对应可能结果集 X 中的一个结果 x_i，表达如下：$f: S \to X$，这里 f 代表不确定前景，将自然状态集 S 的子集 A_i 称为事件（event），事件 A_i 发生时会产生结果 x_i，$x_i > x_j$ 当且仅当 $i > j$。各种可能前景结果 x_i 按递增顺序排列，即 $x_1 \leqslant x_2 \leqslant \cdots \leqslant x_h \leqslant x_{h+1} \leqslant \cdots \leqslant x_n$，其中，前景结果依赖参考点 x_h 的取值，当 $x_h = 0$ 时表示中性状态，$x_h > 0$ 时表示获得，$x_h < 0$ 时表示失去。

前景的整体价值是由可能结果的价值函数 v 和不确定事件的累积概率权重函数（或称决策权重函数）π 决定的。整体价值函数用大写 V 表示如下：

$$V(f) = V(f^+) + V(f^-) \tag{4-19}$$

$$V(f^+) = \sum_{i=h}^{n} \pi_i^+ (x_i), \quad V(f^-) = \sum_{i=1}^{h} \pi_i^- v(x_i) \tag{4-20}$$

根据决策权重函数，如果 $i \geqslant h$，令 $\pi_i = \pi_i^+$；如果 $i \leqslant h$，令 $\pi_i = \pi_i^-$，那么

$V(f)$ 就可以简化定义为

$$V(f) = \sum_{i=1}^{n} v(x_i)\pi_i \tag{4-21}$$

Kahneman 和 Tversky 给出了价值函数 v 的一种形式[61]，因为这种形式的价值函数能很好满足决策者在面临收益时趋向风险规避和面临损失时趋向风险追求的偏好特性，所以得到了广泛的应用，其具体表达式为

$$v(x) = \begin{cases} x^\alpha, & x \geqslant 0 \\ -\lambda(-x)^\beta, & x < 0 \end{cases} \tag{4-22}$$

其中，x 为表面价值的得失，得为正，失为负；α 和 β 为风险态度系数，$0 < \alpha < 1$，$0 < \beta < 1$，α 和 β 越大表明决策者越倾向于冒险，$\alpha = \beta = 1$ 时，决策者被视为风险中立者；λ 为损失规避系数，若 $\lambda > 1$，则决策者对损失更加敏感；v 为决策价值，很明显，$v(0) = 0$。

累积前景理论（cumulative prospect theory，CPT）的决策权重函数采取累积形式，并且采取不同的决策权重对待损失和盈利[62]。把不确定权重转换为概率形式，Kahneman 和 Tversky 定义的获得和失去的决策权重分别为

$$\pi_i^+ = w^+ \left(\sum_{j=i}^{n} p_j \right) - w^+ \left(\sum_{j=i+1}^{n} p_j \right) \tag{4-23}$$

$$\pi_i^- = w^- \left(\sum_{j=1}^{i} p_j \right) - w^- \left(\sum_{j=1}^{i-1} p_j \right) \tag{4-24}$$

其中，x_h 为参考点；w^+ 和 w^- 分别为获得和失去的非线形决策权重函数，$\pi_n^+ = w^+(p_n)$，$\pi_1^- = w^-(p_1)$。针对风险前景为两个或两个以上结果的情况，D. Prelec 给出的 w^+ 和 w^- 函数分别为

$$w^+ \left(\sum_{j=h}^{n} p_j \right) = \exp\left(-\gamma^+ \left(-\ln\left(\sum_{j=h}^{n} p_j \right) \right)^\varphi \right) \tag{4-25}$$

$$w^- \left(\sum_{j=1}^{h} p_j \right) = \exp\left(-\gamma^- \left(-\ln\left(\sum_{j=1}^{h} p_j \right) \right)^\varphi \right) \tag{4-26}$$

其中，γ^+、γ^- 和 φ 为模型的参数，$\gamma^+ > 0$，$\gamma^- > 0$，$\varphi > 0$。

2）区间数

设 **R** 为实数域，称 $\tilde{a} = [a^L, a^U] = \{a \mid a^L \leqslant a \leqslant a^U, \ a^L, a^U, a \in \mathbf{R}\}$ 为闭区间数。若 $0 < a^L \leqslant a^U$，则称 $\tilde{a} = [a^L, a^U]$ 为正闭区间数。若 $a^L = a^U$，该区间数退化为普通的实数。

由于决策环境的模糊性，对于区间数多准则决策问题，准则值 a_{ij}（随机变量）可以看做一个随机变量，它随机落在区间 $\tilde{a}_{ij} = [a_{ij}^L, a_{ij}^U]$ 内[63]。一方面，由概率论的知识可知，正态分布是自然界最常见也是最重要的一种分布，很多随机事件都可以用正态分布来描述。另一方面，准则值 a_{ij} 落在区间 $\tilde{a}_{ij} = [a_{ij}^L, a_{ij}^U]$

中点 $(a_{ij}^{\mathrm{L}} + a_{ij}^{\mathrm{U}})/2$ 的可能性最大，而越靠近区间端点，落在其附近的可能性会越小。因此可以认为准则值 a_{ij} 服从均值为区间中点 $(a_{ij}^{\mathrm{L}} + a_{ij}^{\mathrm{U}})/2$ 的正态分布 $N(\mu_{ij},\ \sigma_{ij}^2)$ [64]。由正态分布的 3σ 原则 $[P(|a_{ij} - \mu_{ij}| \leqslant 3\sigma_{ij}) \approx 0.997\ 3]$，准则值 a_{ij} 几乎肯定落在区间 $(\mu_{ij} - 3\sigma_{ij},\ \mu_{ij} + 3\sigma_{ij})$ 内，故可令 $6\sigma_{ij} = a_{ij}^{\mathrm{U}} - a_{ij}^{\mathrm{L}}$，由此得到 $\mu_{ij} = (a_{ij}^{\mathrm{L}} + a_{ij}^{\mathrm{U}})/2$，$\sigma_{ij} = (a_{ij}^{\mathrm{U}} - a_{ij}^{\mathrm{L}})/6$。所以，针对每个区间 $\tilde{a}_{ij} = [a_{ij}^{\mathrm{L}},\ a_{ij}^{\mathrm{U}}]$，都有相对应的准则值概率函数：

$$f(z) = \frac{1}{\sqrt{2\pi}\sigma_{ij}} \exp\left[-\frac{(z - \mu_{ij})^2}{2\sigma_{ij}^2}\right] \tag{4-27}$$

其中，$z \in = [a_{ij}^{\mathrm{L}},\ a_{ij}^{\mathrm{U}}]$。

为了将连续的区间数转换为叮处理的离散数据，这里将区间数看成是 N 个离散数据的集合，假设 $\Delta Z_{ij} = (r_{ij}^{\mathrm{U}} - r_{ij}^{\mathrm{L}})/N$，则 $z_{ijk} = r_{ij}^{\mathrm{L}} + k \times \Delta Z_{ij}(k = 0,\ 1,\ \cdots,\ N)$。设准则 R_j 的参考点为 z_{j0}，依据前景理论，可能存在的获得和损失结果集为 X，$x_{ijk} \in X$ 表示可能的收益或者损失。$x_{ijk} = z_{ijk} - z_{j0}$，$z_{ijk} \in Z_{ij}$，$0 \leqslant k \leqslant N$。这里把下标集合 $\{0,\ 1,\ 2,\ \cdots,\ N\}$ 划分为两部分，包括 $\{0,\ 1,\ \cdots,\ b-1\}$ 和 $\{b,\ b+1,\ \cdots,\ N\}$。若 $k \in \{0,\ 1,\ 2,\ \cdots,\ b-1\}$，则 $z_{ijk} < z_{j0}$，即 $x_{ijk} < 0$，表示损失；反之，$k \in \{b,\ b+1,\ \cdots,\ N\}$，则 $z_{ijk} \geqslant z_{j0}$，即 $x_{ijk} \geqslant 0$，表示获得。

2. 决策方法

针对准则值是区间数的多准则决策问题，提出一种基于前景理论的多准则决策方法，把原来只在单准则决策问题中应用的前景理论推广应用到多准则决策问题。通过准则值在区间内服从正态分布这一特点，利用正态分布的分布函数来表示区间内准则值的分布规律。由于无法对区间内所有实数进行操作，故采取将区间数用一个含有 N 项的等差数列来代替的方法。通过对 N 的不同取值情况下的研究表明，N 的取值只要足够大，不同值的 N 就不影响最终决策结果。具体决策问题和决策步骤如下。

1）问题描述

以下是基于区间数的多准则决策方法，针对一个区间数多准则决策问题描述如下。

设区间数多准则问题的决策方案集为 $A = \{A_1,\ A_2,\ \cdots,\ A_m\}$，其中，$A_i$ 表示第 i 个方案；方案的评价准则集为 $C = \{C_1,\ C_2,\ \cdots,\ C_n$，其中，$C_j$ 表示第 j 个指标；准则相对重要程度权值 $W = (w_1,\ w_2,\ \cdots,\ w_n)$，其中，$w_i$ 表示准则 C_j 的权重，$w_i \geqslant 0$ 且 $\sum_{i=1}^{n} w_i = 1$。记以区间数形式表示的决策矩阵为 $\tilde{A} = [a_{ij}]_{m \times n}$，其中 $\tilde{a}_{ij} = [a_{ij}^{\mathrm{L}},\ a_{ij}^{\mathrm{U}}]$ 表示第 i 个方案 A_i 对应于第 j 个准则 C_j 的一个区间数值结果（即准则值），不失一般性，假定 $a_{ij}^{\mathrm{U}} > a_{ij}^{\mathrm{L}} > 0$。

2）决策步骤

基于前景理论的区间数多准则决策步骤如下。

步骤 1：给出各方案在各准则下的区间数评价值，构造区间数决策矩阵 $\tilde{\boldsymbol{A}} = [a_{ij}]_{m \times n}$，其中，$\tilde{a}_{ij} = [a_{ij}^{\mathrm{L}}, a_{ij}^{\mathrm{U}}]$，为第 i 个方案 D_i 对应于第 j 个准则 A_j 的一个区间数值结果，假定 $a_{ij}^{\mathrm{U}} > a_{ij}^{\mathrm{L}} > 0$。

步骤 2：将区间数转化为 N 个离散数据集，计算出各方案的离散准则值 z_{ijk}。

步骤 3：选定各准则的参考点，z_{j0} 为准则 A_j 的参考点，$j \in \{0, 1, 2, \cdots, n\}$；根据方案在准则中的取值及参考点，计算各方案在各准则下的结果。依据前景理论，可能存在的获得和损失结果集为 X，$x_{ijk} \in X$ 表示可能的收益或者损失。$x_{ijk} = z_{ijk} - z_{j0}$，$z_{ijk} \in Z_{ij}$，$0 < k < N$。

步骤 4：根据式（4-27）计算出矩阵 $\tilde{\boldsymbol{A}}$ 各准则值所对应的概率值。

步骤 5：方案 D_i 在准则 a_j 下的前景值：

$$V(f_{ij}) = \sum_{k=1}^{q} v(x_{ijk}) \pi_{ijk} \tag{4-28}$$

其中，根据式（4-22）得到价值函数：

$$v(x_{ijk}) = \begin{cases} x_{ijk}^a, & x_{ijk} \geqslant 0 \\ -\lambda (-x_{ijk})^\beta, & x_{ijk} < 0 \end{cases} \tag{4-29}$$

再根据式（4-23）～式（4-26）得到决策权重函数：

$$\pi_{ijk}^+ = w^+ \left(\sum_{l=k}^{q} p_{ijl} \right) - w^- \left(\sum_{l=k+1}^{q} p_{ijl} \right) \tag{4-30}$$

$$\pi_{ijk}^- = w^- \left(\sum_{l=1}^{k} p_{ijl} \right) - w^- \left(\sum_{l=1}^{k-1} p_{ijl} \right) \tag{4-31}$$

$$w^+ \left(\sum_{l=k}^{q} p_{ijl} \right) = \exp\left(-\gamma^+ \left(-\ln\left(\sum_{l=k}^{q} p_{ijl} \right) \right)^\varphi \right) \tag{4-32}$$

$$w^- \left(\sum_{l=1}^{k} p_{ijl} \right) = \exp\left(-\gamma^- \left(-\ln\left(\sum_{l=1}^{k} p_{ijl} \right) \right)^\varphi \right) \tag{4-33}$$

其中，$\pi^+ = w^+(p_n)$；$\pi_1^- = w^-(p_1)$。

根据式（4-28）～式（4-33），计算各方案在各准则下的前景值。$V(f_{ij})$ 表示方案 A_i 在准则 C_i 下前景值，$i = \{0, 1, 2, \cdots, m\}$，$j = \{0, 1, 2, \cdots, n\}$。

步骤 6：计算各个方案的前景值 $V(f)$。方案 D_i 的前景值 $V(f_i) = \sum_{j=1}^{n} w_j \cdot V(f_{ij})$，$w_j$ 为准则 A_j 的权重。

步骤 7：根据前景值对各方案进行排序，选择前景值最大的方案为最优方案。

4.4.2　基于累积前景理论和随机加权法的随机多准则决策方法

通过建立决策模型和方法对金属矿产资源开发进行评价，由于实际开发情况的复杂性和动态性以及信息的不确定性，评价信息往往具有随机性，并且伴随着一定的概率发生，加之权重信息完全未知、评价值部分缺失，此外决策者对未来的风险预期和态度偏好也不尽相同。对于这种实际决策评价问题，提出一种基于累积前景理论和随机加权法的决策评价方法。该方法引入决策者的风险偏好态度，首先通过随机加权法模拟准则值的经验分布函数，根据分布函数计算前景值。然后由信息熵确定准则权重，并根据集结算子计算备选方案的综合前景值选择最优方案。在实际决策应用过程中，可以根据决策个体的风险偏好特征，适当调整模型参数，以便更合理地辅助行为主体做决策[65]。

1. 理论基础

1）随机加权法

1987 年，郑忠国提出一种新的统计分析法——Bayesian Bootstrap 方法，又称随机加权法[66]，其基本思想是：采用蒙特卡洛模拟法从 Diricklet 分布中重复抽取 N 组随机变量，通过给每个试验样本随机加权产生再生样本来模拟总体分布，从而获得小样本数据统计分布的均值与方差。设某先验信息服从未知分布 F，未知分布的均值为 u，方差为 σ^2。$X=(x_1, x_2, \cdots, x_n)$ 为来自于某未知分布 F 的样本，令 $\overline{X}=\frac{1}{n}\cdot\sum_{i=1}^{n}x_i$，$s^2=\frac{1}{n}\cdot\sum_{i=1}^{n}(x_i-\overline{X})^2$，未知分布的均值为 u，方差为 σ^2，与收集到的样本数据获得的均值 $\overline{X}$ 和方差 s^2 存在一定的误差，记：$T_n^{(1)}=\overline{X}-u$，$T_n^{(2)}=n/(n-1)s^2-\sigma^2$。对于 $T_n^{(1)}$ 和 $T_n^{(2)}$ 分别构造随机加权统计量：

$$\begin{cases} D_n^1=\sum_{i=1}^{n}V_i\cdot x_i-\overline{X} \\ D_n^2=\frac{n}{n-1}\sum_{i=1}^{n}V_i\cdot(x_i-\overline{X})^2 \end{cases} \tag{4-34}$$

其中，$V_i(V_1, V_2, \cdots, V_n)$ 为服从 $D(1, 1, \cdots, 1)$ 分布的随机变量。$D_n^{(1)}$ 和 $D_n^{(2)}$ 存在如下统计特征：

$$E(D_n^{(1)})=E\left[\sum_{i=1}^{n}V_i\cdot X_i-\frac{1}{n}\sum_{i=1}^{n}X_i\right]$$
$$=\frac{1}{n}\sum_{i=1}^{n}u-u=0 \tag{4-35}$$

$$E(D_n^{(2)}) = \frac{n}{n-1} \Big[\sum_{i=1}^{n} E[V_i \ (X_i - \overline{X})^2] - E(s^2) \Big]$$

$$= \frac{n}{n-1} \Big[\sum_{i=1}^{n} E[(X_i - \overline{X})^2] - E(s^2) \Big]$$

$$= (n/n-1)[E(s^2) - E(s^2)] = 0 \qquad (4\text{-}36)$$

由此可得：$E(D_n^{(1)}) = E(T_n^{(1)})$；$E(D_n^{(2)}) = E(T_n^{(2)})$。由于以上期望值都是在随机情况下得到的，可以用 $D_n^{(i)}$ 来近似 $T_n^{(i)}(i = 1, 2)$。

利用 Bayesian Bootstrap 对子样进行估计，方法如下。

通过计算机随机产生 M 组服从 Dirichlet 分布 $D(1, 1, \cdots, 1)$ 的随机变量 $V^{(j)} = (V_1^{(j)}, V_2^{(j)}, \cdots, V_n^{(j)})(j = 1, 2, \cdots, M)$，记 $V^{(j)}$ 的联合分布为 $D_n^{(j)}(1, 1, \cdots, 1)$，按如下方式产生：随机抽取 $n-1$ 个独立同分布且服从 $U(0, 1)$ 的样本 $v_1, v_2, \cdots, v_{n-1}$，再按从小到大的顺序重新排序使 $v_1 \leqslant v_2 \leqslant \cdots \leqslant v_{n-1}$，令 $v_0 = 0$、$v_n = 1$，$V_i^{(j)} = v_i - v_{i-1}(i = 1, 2, \cdots, n)$，则 $V^{(j)}$ 的联合分布就是 $D_n^{(j)}(1, 1, \cdots, 1)$。

计算出 M 组随机加权子样 $D_n^1(j)$、$D_n^2(j)$ $(j = 1, 2, \cdots, M)$。其中，

$$\begin{cases} D_n^1(j) = \sum_{i=1}^{n} V_i^{(j)} \cdot x_i - \overline{X} \\ D_n^2(j) = \frac{n}{n-1} \sum_{i=1}^{n} V_i^{(j)} \cdot (x_i - \overline{X})^2 \end{cases} \qquad (4\text{-}37)$$

分布参数 u、σ^2 的估计分别为

$$\begin{cases} \hat{u} = \frac{1}{M} \sum_{j=1}^{M} [\overline{X} - D_n^1(j)] = \overline{X} - \overline{D}_n^1 \\ \hat{\sigma}^2 = \frac{1}{M} \sum_{j=1}^{M} \Big[\frac{n \cdot s^2}{n-1} - D_n^2(j) \Big] = \frac{n \cdot s^2}{n-1} - \overline{D}_n^2 \end{cases} \qquad (4\text{-}38)$$

$$\overline{D}_n^1 = \frac{1}{M} \sum_{j=1}^{M} D_n^1(j), \ \overline{D}_n^2 = \frac{1}{M} \sum_{j=1}^{M} D_n^2(j) \qquad (4\text{-}39)$$

2）前景理论

方案 a_i 关于准则 c_j 的评价值为连续型随机变量 X_{ij}，$X_{ij} \sim N(u_{ij}, \sigma_{ij}^2)$，按如下处理方式将连续型随机变量离散化：把区间 $[u_{ij} - 3\sigma_{ij}, u_{ij} + 3\sigma_{ij}]$ 均匀分为 N 等份，每等份为 $\Delta_{ij} = [(u_{ij} - 3\sigma_{ij}) - (u_{ij} - 3\sigma_{ij})]/N = 6\sigma_{ij}/N$，$z_{ijk} = u_{ij} - 3\sigma_{ij} + k \cdot \Delta_{ij}(K = 0, 1, \cdots, N)$，取值为 $z_{ijk}(k = 0, 1, 2, \cdots, N)$ 的概率为

$$p_{ijk} = f(z_{ijk}) = \frac{1}{\sqrt{2\pi}\sigma_{ij}} \exp\Big[-\frac{(z_{ijk} - u_{ij})^2}{2\sigma_{ij}^2} \Big] \qquad (4\text{-}40)$$

因此，随机变量 X_{ij} 的取值序列为 $(z_{ij0}, z_{ij1}, \cdots, z_{ijN})$，相应的概率为 $(p_{ij0}, p_{ij1}, \cdots, p_{ijN})$。备选方案 $a_i(i = 1, 2, \cdots, m)$ 关于准则 $c_j(j = 1, 2, \cdots, n)$ 下的前景值：

$$V(f_{ij}) = \sum_{k=1}^{N} v(x_{ijk}) \cdot \pi_{ijk} \qquad (4\text{-}41)$$

$$v(x_{ijk}) = \begin{cases} (z_{ijk} - h_j)^a, & x_{ijk} \geqslant h_j \\ -\lambda(h_j - z_{ijk})^{\beta}, & x_{ijk} < h_j \end{cases} \qquad (4\text{-}42)$$

$$\pi_{ijk}^{+} = w^{+}\left(\sum_{l=k}^{N} p_{ijl}\right) - w^{+}\left(\sum_{l=k+1}^{N} p_{ijl}\right) \qquad (4\text{-}43)$$

$$\pi_{ijk}^{-} = w^{-}\left(\sum_{l=1}^{k} p_{ijl}\right) - w^{-}\left(\sum_{l=1}^{k-1} p_{ijl}\right) \qquad (4\text{-}44)$$

$$w^{+}\left(\sum_{i=k}^{N} p_{ijl}\right) = \exp\left(-\gamma^{+}\left(-\ln\left(\sum_{i=k}^{N} p_{ijl}\right)\right)^{\varphi}\right) \qquad (4\text{-}45)$$

$$w^{-}\left(\sum_{l=1}^{k} p_{ijl}\right) = \exp\left(-\gamma^{-}\left(-\ln\left(\sum_{l=1}^{k} p_{ijl}\right)\right)^{\varphi}\right) \qquad (4\text{-}46)$$

其中，$\pi_n^{+} = w^{+}(p_n)$；$\pi_1^{-} = w^{-}(p_1)$。

2. 决策方法

1）问题描述

在随机加权法的基础之上，结合累积前景理论的特点，提出一种随机多准则决策方法。设某一随机多准则决策问题，有 m 个备选方案供选择，记为 $A = \{a_1, a_2, \cdots, a_m\}$，$n$ 个评价准则，记为 $C = \{c_1, c_2, \cdots, c_n\}$，各准则间相互独立，准则的权向量为 $\boldsymbol{\omega} = (\omega_1, \omega_2, \cdots, \omega_n)$，有 $0 \leqslant \omega_j \leqslant 1$ 且 $\sum_{j=1}^{n} \omega_j = 1$。由于金属矿产资源开发过程中的不确定性，方案 $a_i (i=1, 2, \cdots, m)$ 关于准则 $c_j (j=1, 2, \cdots, n)$ 的评价值 X_{ij} 为随机变量，其概率密度函数未知，我们需要根据有限的样本信息推断相应的总体特征。

2）决策步骤

基于累积前景理论和 Bayesian Bootstrap 的随机多准则决策方法步骤整理如下。

步骤 1：中心极限定理从数学上证明了受大量相互独立的随机变量综合影响的随机变量往往服从或近似服从正态分布，因此，我们假设备选方案 $a_i (i=1, 2, \cdots, m)$ 在准则 $c_j (j=1, 2, \cdots, n)$ 下的准则值 X_{ij} 服从正态分布 $N(u_{ij}, \sigma_{ij}^2)$，其中，u_{ij} 和 σ_{ij}^2 未知。根据 Bayesian Bootstrap 法，模拟备选方案 $a_i (i=1, 2, \cdots, m)$ 在准则 $c_j (j=1, 2, \cdots, n)$ 下的准则值 X_{ij} 的均值 u_{ij} 和方差 σ_{ij}^2，进而得到准则值 X_{ij} 的概率密度函数 f_{ij}。

步骤 2：按式（4-41）～式（4-46）计算备选方案 $a_i (i=1, 2, \cdots, m)$ 在准

则 $c_j(j=1,2,\cdots,n)$ 下的前景值 v_{ij}，得到前景值矩阵 $\boldsymbol{V}=(v_{ij})_{m\times n}$。

步骤 3：将前景矩阵 $\boldsymbol{V}=(v_{ij})_{m\times n}$ 进行规范化处理，得到列和归一化矩阵 $\boldsymbol{R}=(r_{ij})_{m\times n}$，其计算公式为

$$r_{ij}=v_{ij}\Big/\sum_{i=1}^{m}v_{ij}\,(\,c_j\ 为效益型准则) \tag{4-47}$$

$$r_{ij}=(1/v_{ij})\Big/\sum_{i=1}^{m}(1/v_{ij})\,(\,c_j\ 为成本型准则) \tag{4-48}$$

显然有 $0<r_{ij}\leqslant 1$，$i=1,2,\cdots,m$；$j=1,2,\cdots,n$。

步骤 4：依据规范化矩阵 $\boldsymbol{R}=(r_{ij})_{m\times n}$，计算准则 c_j 的熵值 E_j：

$$E_j=-\frac{1}{\ln(m)}\sum_{i=1}^{m}r_{ij}\cdot\ln(r_{ij})(j=1,2,\cdots,n) \tag{4-49}$$

步骤 5：依据得出的 E_j，计算准则 c_j 的熵权 ω_j：

$$\omega_j=(1-E_k)\Big/\sum_{k=1}^{n}(1-E_k) \tag{4-50}$$

步骤 6：按简单加权平均算子计算备选方案 $a_i(i=1,2,\cdots,m)$ 的综合前景值 V_i：

$$V_i=\sum_{i=1}^{n}\omega_j\cdot v_{ij} \tag{4-51}$$

按综合前景值对备选方案进行排序和择优。综合前景值 V_i 越大，方案越优。

4.4.3　基于累积前景理论的动态随机多准则决策方法

在开发金属矿产资源的过程中，由于周期较长，不可避免的是信息动态而非静态，评价信息又呈离散型分布，针对这种问题，提出一种基于累积前景理论和集对分析的决策方法来解决上述问题。该方法把行为主体的主观风险偏好和决策过程有机地结合起来，从决策者的风险态度出发，对决策过程的不确定性进行量化，从而更科学地描述了人们在不确定情况下的决策行为，为实际生活中的多准则决策提供指导。实际决策过程中，可以根据投资者的风险偏好特征，适当调整模型参数，以便更合理地辅助行为主体做决策[65]。

1. 理论基础

1）集对分析

集对分析[67]是一种系统分析方法。在这个系统中，将系统的确定性分为"同一"与"对立"两方面，将系统的不确定性定义为"差异"，确定性和不确定性之间相互联系、相互制约、相互影响，并在一定条件下相互转化。一般用联系度 $u=a+bI+cJ$ 来描述客观事物之间的不确定性，从而将不确定性的辩证认识

量化。

(1) 集对。集对是指具有一定联系的两个集合组成的对子。为区别于集合，一般表示为 $H(A，B)$，A、B 为两个相互联系的集合。

设在某特定背景 W 下，由集合 X 和 Y 组成的集对 $H(X，Y)$，集合 X 有 N 项特征，记为 $X=(x_1，x_2，\cdots，x_n)$，集合 Y 也有 N 项特征，记为 $Y=(y_1，y_2，\cdots，y_n)$，其中，S 个特征为集合 X 和 Y 共同具有，有 P 个特性为两个集合对立，其余的 $F=N-S-P$ 个特性为这两个集合既不共同具有又不对立。

(2) 集对势。设在特定背景 W 下，集对 $H(X，Y)$ 用 $a=S/N$、$b=F/N$ 和 $c=P/N$ 分别表示同一度、差异度和对立度。其联系度 $u_{X\sim Y}=a+bI+cJ=S/N+J(F/N)I+(P/N)J$，且满足 $a+b+c=1$。其中，I 为差异不确定度系数，在 $[-1，1]$ 视情况取值，J 为对立度系数，规定 $J=-1$。当联系度 $u=a+bI+cJ$ 中的 $c\neq0$ 时，集对势为 a/c，记为 $shi(H)=a/c$。集对势序是按照集对势 a/c 的大小关系排列而成的次序。

(3) 集对的概率函数。设 Ψ_1、Ψ_2 分别为定义域 **R** 上的两个相互独立的离散型随机变量，其概率质量函数分别为 $g_1(y)$、$g_2(y)$，且 $\sum\limits_{y=-\infty}^{+\infty}g_1(y)=1$，$\sum\limits_{y=-\infty}^{+\infty}g_2(y)=1$，$y_1$、$y_2$ 分别为随机变量 Ψ_1、Ψ_2 的可能取值，$g_\beta(y)$ 表示 $\psi_1-\psi_2$ 的概率密度函数，$p_{y_1=y_2}$ 表示 $\Psi_1=\Psi_2$ 的概率[67]：

$$g_\beta(y)=\sum_{y_1=-\infty}^{+\infty}g_2(y_1-y)g_1(y_1)=\sum_{y_2=-\infty}^{+\infty}g_1(y+y_2)g_2(y_2) \quad (4\text{-}52)$$

$$p_{y_1=y_2}=g_\beta(0)=\sum_{y_1=-\infty}^{+\infty}g_2(y_1)g_1(y_1)=\sum_{y_2=-\infty}^{+\infty}g_1(y_2)g_2(y_2) \quad (4\text{-}53)$$

则 $\Psi_1>\Psi_2$ 的概率定义为

$$p_{y_1>y_2}=\sum_{y=0}^{+\infty}g_\beta(y)-0.5p_{y_1=y_2} \quad (4\text{-}54)$$

其中，$\sum\limits_{y=0}^{+\infty}g_\beta(y)$ 为 $\Psi_1\geqslant\Psi_2$ 的概率，显然有 $p_{y_1>y_2}+p_{y_2>y_1}-1$。

由此可见，在随机多准则决策问题中，方案 a_i 和 a_k 的可能取值分别为离散型随机变量 X 和 Y，则对效益型指标而言，根据式 (4-54) 计算方案 a_i 和 a_k 在问题 "$a_i>a_k$" 下的同一度 $a=p(X>Y)$，方案 a_i 和 a_k 在问题 "$a_i>a_k$" 下的对立度 $c=p(Y>X)$；对成本型指标而言，根据式 (4-54) 方案 a_i 和 a_k 在问题 "$a_i>a_k$" 下的同一度 $a=p(Y>X)$，方案 a_i 和 a_k 在问题 "$a_i>a_k$" 下的对立度 $c=p(X>Y)$。

2）动态前景矩阵的确定方法

设方案 $a_i(i=1, 2, \cdots, m)$ 关于准则 $c_j(j=1, 2, \cdots, n)$ 在时期 $t_b(b=1,$ $2, \cdots, p)$ 的取值为 $X_{ij}(t_b)$，这里 $X_{ij}(t_b)$ 为离散型随机变量，其可能取值为 x_{ijq}^b，相应的概率为 p_{ijq}^b，$p_{ijq}^b \in [0, 1]$，$\sum_{q=1}^r p_{ijq}^b = 1$（这里假设有 r 种可能结果）。各个时期 $t_b(b=1, 2, \cdots, p)$ 时各个准则 $C_j(j=1, 2, \cdots, n)$ 下的初始随机决策矩阵为 $\boldsymbol{D}(t_b)$，$h_j(j=1, 2, \cdots, n)$ 表示各个准则 $C_j(j=1, 2, \cdots, n)$ 下的参照点，当 $x_{ijq}^b < h_j$ 时表示损失；$x_{ijq}^b = h_j$ 时表示不赢不亏；$x_{ijq}^b > h_j$ 时表示收益。

在时期 t_b，方案 a_i 在准则 c_j 下的前景值为

$$V_{ij}^b(f) = V_{ij}^b(f^-) + V_{ij}^b(f^+)$$

$$= \sum_{q=1}^h (\pi_q^b)^- \cdot v(x_{ijk}^b - h_j) + \sum_{q=h+1}^r (\pi_q^b)^+ \cdot v(x_{ijk}^b - h_j) \tag{4-55}$$

$$v(x_{ijq}^b - h_j) = \begin{cases} (x_{ijq}^b - h_j)^\alpha, & x_{ijq}^b \geqslant h_j \\ -\lambda \left(-(x_{ijq}^b - h_j)\right)^\beta, & x_{ijq}^b < h_j \end{cases} \tag{4-56}$$

$$(\pi_q^b)^+ = w^+ \left(\sum_{s=q}^r p_{ijs}^b\right) - w^+ \left(\sum_{s=q+1}^r p_{ijs}^b\right) \tag{4-57}$$

$$(\pi_q^b)^- = w^- \left(\sum_{s=1}^q p_{ijs}^b\right) - w^- \left(\sum_{s=1}^{q-1} p_{ijs}^b\right) \tag{4-58}$$

$$w^+ \left(\sum_{s=q}^r p_{ijs}^b\right) = \exp\left(-\gamma^+ \left(-\ln\left(\sum_{s=q}^r p_{ijs}^b\right)\right)^\varphi\right) \tag{4-59}$$

$$w^- \left(\sum_{s=1}^q p_{ijs}^b\right) = \exp\left(-\gamma^- \left(-\ln\left(\sum_{s=1}^q p_{ijs}^b\right)\right)^\varphi\right) \tag{4-60}$$

进而得到各个时期的前景值矩阵 $\boldsymbol{V}(t_b)(b=1, 2, \cdots, p)$。

2. 决策方法

1）问题描述

对某一动态随机多准则决策问题，设方案集为 $A=\{a_1, a_2, \cdots, a_m\}$，准则集为 $C=\{c_1, c_2, \cdots, c_n\}$，且各准则相互独立，$\boldsymbol{\omega}=(\omega_1, \omega_2, \cdots, \omega_n)^{\mathrm{T}}$ 为准则的加权向量，$\omega_j \in [0, 1](j=1, 2, \cdots, n)$，$\sum_{j=1}^n \omega_j = 1$，$t_b(b=1, 2, \cdots, p)$ 为 p 个不同的时期，其权重向量为 $\boldsymbol{w}(t)=(w(t_1), w(t_2), \cdots, w(t_p))^{\mathrm{T}}$，$w(t_b) \in [0.1]$，其中，$b=1, 2, \cdots, p$；$\sum_{b=1}^p w(t_b)=1$。针对这种决策问题，对不同方案进行评价选出最优方案。

2）决策步骤

基于累积前景理论和集对分析的动态随机多准则决策步骤如下。

步骤 1：按式（4-55）～式（4-60）计算时期 $t_b(b=1,2,\cdots,p)$ 时各方案在各准则下的前景值 V_{ij}^b，得到各个时期的前景值矩阵 $V(t_b)=(V_{ij}^b)_{m\times n}$。

步骤 2：时间序列权重可以由等差数列法、等比数列法、正态分布法、二项分布法和指数分布法等来确定，决策者可根据需要选择合适的方法。本节考虑由二项分布方法得到时间序列权重 $w(t)=(w(t_1),w(t_2),\cdots,w(t_p))^{\mathrm{T}}$：

$$w(t_b)=C_{p-1}^{b-1}u^{(b-1)}(1-u)^{p-1-(b-1)} \tag{4-61}$$

其中，$b=1,2,\cdots,p$；$u\in(0,1)$，u 为成功的概率；$w(t_b)\in[0,1](b=1,2,\cdots,p)$；$\sum\limits_{b=1}^{p}w(t_b)=1$。

步骤 3：将不同时期的前景值矩阵进行规范化处理，得到规范化矩阵，再根据动态加权几何平均算子（dynamic weighted geometry averaging operator）（简称 DWGA 算子）来集结不同时期的规范化矩阵。

$$\mathrm{DWGA}_{w(t)}(V(t_1),V(t_2),\cdots,V(t_p))=\prod\limits_{b=1}^{p}(V_{ij}^b)^{w(t_b)} \tag{4-62}$$

从而得到方案 $a_i(i=1,2,\cdots,m)$ 在各个准则 $c_i(i=1,2,\cdots,n)$ 下的前景值矩阵 $V=(v_{ij})_{m\times n}$，根据离差最大化思想，建立式如下优化模型：

$$\begin{cases} \max V(w)=\sum\limits_{j=1}^{n}\sum\limits_{i=1}^{m}\sum\limits_{k-1}^{m}\mid v_{ij}-v_{kj}\mid\cdot\omega_j \\ \mathrm{s.t.}\quad \omega_j\geqslant 0,\ \sum\limits_{j=1}^{n}\omega_j^2=1 \end{cases} \tag{4-63}$$

从而确定各准则 c_j 的权重 $\boldsymbol{\omega}=(\omega_1,\omega_2,\cdots,\omega_n)$。

步骤 4：根据式（4-54）计算 a_i 和 a_k 在问题"$a_i\succ a_k$"下同一度 $a_{ij}(t_b)$ 和对立度 $c_{ij}(t_b)$。方案 a_i 在时期 $t_b(b=1,2,\cdots,p)$ 集对势为 $\mathrm{shi}_{ik}(t_b)=\left(\sum\limits_{j=1}^{n}\omega_j\cdot a_{ij}(t_b)\right)\Big/\left(\sum\limits_{j=1}^{n}\omega_j\cdot c_{ij}(t_b)\right)$。此时，方案 a_i 的整体集对势：$\mathrm{shi}_i(t_b)=\sum\limits_{k-1,\ k\neq i}^{m}\mathrm{shi}_{ik}(t_b)$。

步骤 5：时期 $t_b(b=1,2,\cdots,p)$ 时，方案 a_i 的整体集对势为 $\mathrm{shi}_i(t_b)$，则在整个考虑的时间周期内，方案 a_i 的综合集对势为 $\mathrm{shi}_i=\prod\limits_{b=1}^{p}(\mathrm{shi}_i(t_b))^{w(t_b)}$。最后，按照综合集对势序 shi_i 对方案进行排序，shi_i 越大，方案越优。

4.4.4　基于四参数区间数的多准则决策方法

通过 4.4.1 小节对于区间数的描述可知，区间数容许决策者给出一个可能的评价范围，大大提高了决策的准确性。但是一个区间中所有取值发生概率不完全相同，可能区间中某些值的发生概率比较高，决策者应给予更多的重视。针对这种问题，提出一种基于四参数区间集结算子的多准则决策方法[68]。四参数区间数的优势在于它在保留区间取值范围的同时，还可以对一类双重心的区间数进行研究。该决策方法操作简单，实用性强，更加符合实际决策情况。

1. 理论基础

1）四参数区间数

四参数区间数是用四个参数表示的区间数，记为 $\bar{\delta} = [a，b，c，d]$，其中，$a，b，c，d \in \mathbf{R}$，且 $a \leqslant b \leqslant c \leqslant d$，$a$ 和 d 分别为此区间数的下限和上限，称为四参数区间数的下限和上限；b 和 c 分别为在此区间内的下限最可能值及上限最可能值，也是此区间的双重心点，且满足 $\int_a^d f(x)\mathrm{d}x = 1$，$f_{\max} = f(b \text{ or } c)$。特别的，当 $a = b = c = d$ 时，$\bar{\delta}$ 退化为区间数；当 $a = b = c = d$ 时，$\bar{\delta}$ 退化为普通实数。

2）基于四参数区间数的集结算子

连续四参数区间数有序加权平均（CFP-OWA）算子：设 $\widetilde{R} = [a，b，c，d]$ 为四参数区间数，且

$$\bar{f}_{\rho_1，\rho_2，\rho_3，\rho_4}([a，b，c，d]) = \left\{ \begin{aligned} &f_{\rho_1}([a，b]) + f_{\rho_2}([b，d]) \\ &+ f_{\rho_3}([a，c]) + f_{\rho_4}([c，d]) \end{aligned} \right\} \Big/ 4$$

$$= \left\{ \begin{aligned} &\left[a\left(1 - \int_0^1 \rho_1(y)\mathrm{d}y\right) + b\int_0^1 \rho_1(y)\mathrm{d}y \right] \\ &+ \left[b\left(1 - \int_0^1 \rho_2(y)\mathrm{d}y\right) + d\int_0^1 \rho_2(y)\mathrm{d}y \right] \\ &+ \left[a\left(1 - \int_0^1 \rho_3(y)\mathrm{d}y\right) + c\int_0^1 \rho_3(y)\mathrm{d}y \right] \\ &+ \left[c\left(1 - \int_0^1 \rho_4(y)\mathrm{d}y\right) + d\int_0^1 \rho_4(y)\mathrm{d}y \right] \end{aligned} \right\} \Big/ 4$$

$$\tag{4-64}$$

其中，ρ_1、ρ_2、ρ_3、ρ_4 均为基本的单位区间单调（basic unit-interval monotonic，BUM）函数，则称 $\bar{f}$ 为 CFP-OWA 算子。

例如，若取 $\rho_1 = y^{r_1}$，$\rho_2 = y^{r_2}$，$\rho_3 = y^{r_3}$，$\rho_4 = y^{r_4}$，且 $r_1 = 1/r$，$r_2 = r$，$r_3 = 1/q$，$r_4 = q$（$r > 0$，$q > 0$），则有

$$\bar{f}_{\rho_1，\rho_2，\rho_3，\rho_4}([a，b，c，d])$$
$$= [(a + 2br + d)/(r + 1) + (a + 2cq + d)/(q + 1)]/4 \tag{4-65}$$

3）WCFP-OWA 算子

设 $[a_1, a_2, a_3, a_4](j=1, 2, \cdots, n))$ 是一组四参数区间数，若

$$\text{WCFP-OWA}_\omega([a_1, b_1, c_1, d_1], [a_2, b_2, c_2, d_2], \cdots, [a_n, b_n, c_n, d_n])$$

$$= \sum_{j=1}^{n} \widetilde{\omega}_j \bar{f}_{\rho_1, \rho_2, \rho_3, \rho_4}([a_j, b_j, c_j, d_j])$$

(4-66)

其中，$\bar{f}_{\rho_1, \rho_2, \rho_3, \rho_4}([a_j, b_j, c_j, d_j])(j=1, 2, \cdots, n)$ 由式（4-65）式确定，$\widetilde{\boldsymbol{\omega}} = (\widetilde{\omega}_1, \widetilde{\omega}_2, \cdots, \widetilde{\omega}_n)^T$ 为四参数区间数组 $[a_1, a_2, a_3, a_4](j=1, 2, \cdots, n)$ 的权重向量，且满足 $\widetilde{\boldsymbol{\omega}} \in [0, 1]$，$\sum\limits_{j=1}^{n} \widetilde{\omega}_j = 1$，则称函数 WCFP-OWA 为加权的 CFP-OWA 算子，简称为 WCFP-OWA 算子。

4）基于四参数区间数的权重处理方法

本节中，各个准则的权重是以四参数区间数形式给出的，因此为了计算的方便，需要对四参数区间数形式的权重值进行处理。

设在多准则决策中，准则的决策权重向量为 $\boldsymbol{\omega} = (\omega_1, \omega_2, \cdots, \omega_n)^T$，其中，$\omega_j(j=1, 2, \cdots, n)$ 为四参数区间数形式，即 $\omega_j = [\widetilde{\omega}_j^-, \widetilde{\omega}_j^\circ, \widetilde{\omega}_j^\Delta, \widetilde{\omega}_j^+]$，将其处理为实数形式的权重，记为确定型权重向量 $\widetilde{\boldsymbol{\omega}} = (\widetilde{\omega}_1, \widetilde{\omega}_2, \cdots, \widetilde{\omega}_n)^T$，且 $\sum\limits_{j=1}^{n} \widetilde{\omega}_j = 1$。由式（4-64）可以得到

$$\widetilde{\omega}_j = f_{\rho_1, \rho_2, \rho_3, \rho_4}[\widetilde{\omega}_j^-, \widetilde{\omega}_j^\circ, \widetilde{\omega}_j^\Delta, \widetilde{\omega}_j^+]$$

$$= \left\{ \begin{array}{l} \left[\widetilde{\omega}_j^- \left(1 - \int_0^1 \rho_1(y)\mathrm{d}y\right) + \widetilde{\omega}_j^\circ \int_0^1 \rho_1(y)\mathrm{d}y\right] \\ + \left[\widetilde{\omega}_j^\circ \left(1 - \int_0^1 \rho_2(y)\mathrm{d}y\right) + \widetilde{\omega}_j^+ \int_0^1 \rho_2(y)\mathrm{d}y\right] \\ + \left[\widetilde{\omega}_j^- \left(1 - \int_0^1 \rho_3(y)\mathrm{d}y\right) + \widetilde{\omega}_j^\Delta \int_0^1 \rho_3(y)\mathrm{d}y\right] \\ + \left[\widetilde{\omega}_j^\Delta \left(1 - \int_0^1 \rho_4(y)\mathrm{d}y\right) + \widetilde{\omega}_j^+ \int_0^1 \rho_4(y)\mathrm{d}y\right] \end{array} \right\} \Bigg/ 4 \qquad (4\text{-}67)$$

在式（4-67）中，对 BUM 函数 ρ_1、ρ_2、ρ_3、ρ_4 的选择必须满足 $\sum\limits_{j=1}^{n} \widetilde{\omega}_j = 1$，因为从表面上看，准则权重值和准则值都为四参数区间数，但是它们之间是有区别的，四参数区间数形式的准则权重必须是和为 1 的一组数，这才满足多准则决策中的规范，即 n 个准则权重之和为 1，且 n 个准则权重只有 $n-1$ 个自由度。而准则值就不存在这种状况，它的自由度就为 n。

$$\sum_{j=1}^{n} \widetilde{\omega}_j = \sum_{j=1}^{n} \frac{1}{2} \left\{ \frac{\dfrac{\widetilde{\omega}_j^-}{r+1} + \dfrac{2\widetilde{\omega}_j^\circ r}{r+1} + \dfrac{\widetilde{\omega}_j^+}{r+1}}{2} + \frac{\dfrac{\widetilde{\omega}_j^-}{q+1} + \dfrac{2\widetilde{\omega}_j^\circ r}{q+1} + \dfrac{\widetilde{\omega}_j^+}{q+1}}{2} \right\} = 1$$

(4-68)

设 $q=8$，则可以得到

$$r = \frac{\sum\limits_{j=1}^{n}(\tilde{w}_j^- + \tilde{w}_j^+) - \left\{4 - \dfrac{1}{9}\sum\limits_{j=1}^{n}(\tilde{w}_j^- + 16\tilde{w}_j^\Delta + \tilde{w}_j^+)\right\}}{\left\{4 - \dfrac{1}{9}\sum\limits_{j=1}^{n}(\tilde{w}_j^- + 16\tilde{w}_j^\Delta + \tilde{w}_j^+)\right\} - 2\sum\limits_{j=1}^{n}w_j^\circ} \tag{4-69}$$

当 $r \to +\infty$，$q \to +\infty$ 时，$\tilde{w}_j = \bar{f}_{\rho_1,\,\rho_2,\,\rho_3,\,\rho_4}([\tilde{w}_j^-,\,\tilde{w}_j^\circ,\,\tilde{w}_j^\Delta,\,\tilde{w}_j^+]) = (\tilde{w}_j^\circ + \tilde{w}_j^\Delta)/2$，此时各个准则权重值为两重心的算术平均值。

2. 决策方法

1）问题描述

设多准则决策问题的方案集 $A = \{a_1,\,a_2,\,\cdots,\,a_m\}$，方案的评价准则集 $C = \{c_1,\,c_2,\,\cdots,\,c_n\}$，各个准则之间相互独立，$\boldsymbol{w} = (w_1,\,w_2,\,\cdots,\,w_n)^{\mathrm{T}}$ 为评价指标的四参数区间数准则权重向量，且 $w_j = [\tilde{w}_j^-,\,\tilde{w}_j^\circ,\,\tilde{w}_j^\Delta,\,\tilde{w}_j^+]$（$\tilde{w}_j^-$，$\tilde{w}_j^\circ$，$\tilde{w}_j^\Delta$，$\tilde{w}_j^+ \in [0,\,1]$）并且满足 $\sum\limits_{j=1}^{n}\tilde{w}_j^- \leqslant 1$，$\sum\limits_{j=1}^{n}\tilde{w}_j^+ \geqslant 1$，其中，$\tilde{w}_j^-$、$\tilde{w}_j^+$ 分别表示权重值 w_j 的下限和上限；$\tilde{w}_j^\circ$ 表示权重值 w_j 的下限最可能值；$\tilde{w}_j^\Delta$ 表示权重值 w_j 的上限最可能值。

设决策者给出方案 $a_i \in A$ 在准则 $c_j \in C$ 下的准则值为 α_{ij}（这里指四参数区间数），从而可以得到四参数区间数决策矩阵 $\boldsymbol{R} = (\alpha_{ij})_{m \times n}$，其中，$\alpha_{ij} = [p_{ij},\,q_{ij},\,r_{ij},\,l_{ij}]$。令 $J^+ = \{$效益型指标$\}$，$J^- = \{$成本型指标$\}$，为消除不同量纲对决策结果的影响，可以使用下列计算公式将四参数区间数决策矩阵 $\boldsymbol{R}$ 转化为规范化决策矩阵：

$$\bar{\boldsymbol{R}} = (\bar{\delta}_{ij})_{m \times n}$$

其中，$\bar{\delta}_{ij} = [a_{ij},\,b_{ij},\,c_{ij},\,d_{ij}]$（$i = 1,\,2,\,\cdots,\,m$；$j = 1,\,2,\,\cdots,\,n$）。

对于规范效益型指标：

$$
\begin{aligned}
\bar{\delta}_{ij} &= [a_{ij},\,b_{ij},\,c_{ij},\,d_{ij}] \\
&= \left[\frac{p_{ij}}{\max\limits_{1 \leqslant i \leqslant m}(p_{ij})},\,\frac{q_{ij}}{\max\limits_{1 \leqslant i \leqslant m}(q_{ij})},\,\frac{r_{ij}}{\max\limits_{1 \leqslant i \leqslant m}(r_{ij})},\,\frac{l_{ij}}{\max\limits_{1 \leqslant i \leqslant m}(l_{ij})}\right]
\end{aligned} \tag{4-70}
$$

$$(i = 1,\,2,\,\cdots,\,m;\ j \in J^-)$$

对于规范成本型指标：

$$
\begin{aligned}
\bar{\delta}_{ij} &= [a_{ij},\,b_{ij},\,c_{ij},\,d_{ij}] \\
&= \left[\frac{\min\limits_{1 \leqslant i \leqslant m}(p_{ij})}{p_{ij}},\,\frac{\min\limits_{1 \leqslant i \leqslant m}(q_{ij})}{q_{ij}},\,\frac{\min\limits_{1 \leqslant i \leqslant m}(r_{ij})}{r_{ij}},\,\frac{\min\limits_{1 \leqslant i \leqslant m}(l_{ij})}{l_{ij}}\right]
\end{aligned} \tag{4-71}
$$

$$(i = 1,\,2,\,\cdots,\,m;\ j \in J^-)$$

2）决策步骤

针对准则权重值以及准则值均为四参数区间数的多准则决策问题，决策步骤如下。

步骤 1：利用式（4-67）和式（4-68）将四参数区间数权重向量 $w = (w_1, w_2, \cdots, w_n)^\mathrm{T}$ 转化为确定型权重向量 $\bar{w} = (\tilde{w}_1, \tilde{w}_2, \cdots, \tilde{w}_n)^\mathrm{T}$。

步骤 2：依据式（4-66）WCFP-OWA 算子求解：

$$\delta_i = \mathrm{WCFP\text{-}OWA}_w(\bar{\delta}_{i1}, \bar{\delta}_{i2}, \cdots, \bar{\delta}_{in}) = \sum_{j=1}^{n} \tilde{w}_j \cdot \bar{f}_{\rho_1, \rho_2, \rho_3, \rho_4}(\bar{\delta}_{ij}) \quad (4\text{-}72)$$

其中，$\bar{f}_{\rho_1, \rho_2, \rho_3, \rho_4}(\bar{\delta}_{ij})(i = 1, 2, \cdots, m; j = 1, 2, \cdots, n)$ 由式（4-64）或式（4-65)确定，对于 BUM 函数 ρ_1、ρ_2、ρ_3、ρ_4 可事先根据决策者的风险态度来决定。

步骤 3：利用式（4-66）对决策矩阵 $\bar{R} = (\bar{\delta}_{ij})_{m \times n}$ 第 i 行的四参数区间数准则值进行加权集结，最终得到方案 a_i 的综合准则值 $\delta_i(i = 1, 2, \cdots, m)$。

步骤 4：根据步骤 2 得出的综合准则值 $\delta_i(i = 1, 2, \cdots, m)$ 对方案 a_i 进行排序，δ_i 值越大，方案越优。

4.4.5　基于语言评价和前景理论的多准则决策方法

上述决策模型都是针对评价信息为数值型的情景，在实际的金属资源开发过程中决策者更喜欢给出语言评价信息，这种信息更直观、更符合人类的思维习惯。特别需要指出的是，对风险的评价态度不同或对未来前景的期望不同，会对决策者的决策行为产生非理性的影响，而前景理论的决策模型是一种描述性模型，它把心理学研究和经济学研究有效地结合起来，研究在风险和不确定条件下个人实际的决策机制。针对这种语言评价信息和决策者的非理性决策，本节提出一种基于语言评价和前景理论的多准则决策方法。

1. 理论基础

1）语言评价及语言信息处理方法

由于人类思维具有模糊性、不确定性以及决策问题的复杂性，决策者对方案进行判断时用语言形式给出偏好信息尤为普遍和方便。决策者给出基于语言评价信息的决策矩阵（简称语言矩阵）$A = [a_{ij}]_{m \times n}$，其中，$a_{ij}$ 为决策者从预先定义好的有序语言短语集 S 中选择一个元素作为方案 D_i 对应于准则 c_i 的评价值。这里，有序语言短语集 $S = \{s_0, s_1, \cdots, s_{2g}\}$ 为由奇数个语言短语构成的有序集合，且随着 s_i 下标 i 的增加，其语言短语所代表的评价含义也越高。语言评价信息的转化方法如下。

设 $S = \{$增幅大、增幅小、基本不变、减幅小、减幅大$\}$ 为模糊语言标度[69]，则与该标度相对应的区间数表达形式为：增幅大＝[0.8，1]；增幅小＝[0.6，0.8]；基本不变＝[0.4，0.6]；减幅小＝[0.2，0.4]；减幅大＝[0，0.2]。这样可以把基于语言评价信息的决策矩阵 $\boldsymbol{A}$ 转化为基于区间数的决策矩阵 $\tilde{\boldsymbol{R}}$，$\tilde{\boldsymbol{R}} = [\tilde{r}_{ij}]_{m \times n}$，其中，$\tilde{r}_{ij}$ 为决策矩阵 $\tilde{\boldsymbol{A}}$ 中 $\tilde{a}_{ij}$ 所对应的区间数，$\tilde{r}_{ij} \in$ {[0.8，1]，[0.6，0.8]，[0.4，0.6]，[0.2，0.4]，[0，0.3]}。

2）价值函数和权重函数形式

设准则 a_j 选定的参考值为 z_{j0}，决策者对方案 D_i 在准则 c_j 下的值估计称为状态集 S_{ij}。S_{ij} 的一个子集称为事件，代表某一个可能的值估计。决策者进行的某个值估计所得到的各种可能结果集合称为结果集 X。$x_{ijk} \in X$ 表示可能的获得或损失。$x_{ijk} = z_{ijk} - z_{j0}$，$x_{ijk} \in Z_{ij}$，$1 < k < q$。这里把下标集合 {1，2，…，$q$} 划分为两部分，包括损失区域下标集合 {1，2，…，$b-1$} 和获得区域下标集合 {b，$b+1$，…，q}。若 $k \in$ {1，2，…，$b-1$}，则 $z_{ijk} < z_{j0}$，即 $x_{ijk} < 0$，x_{ijk} 表示损失；反之，$k \in$ {b，$b+1$，…，q}，则 $z_{ijk} \geqslant z_{j0}$，即 $x_{ijk} \geqslant 0$，x_{ijk} 表示获得。则方案 D_i 在准则 a_j 下的前景值为

$$V(f_{ij}) = \sum_{k=1}^{q} v(x_{ijk}) \pi_{ijk} \tag{4-73}$$

我们提出价值函数和权重函数分别如下。

价值函数：

$$v(x_{ijk}) = \begin{cases} x_{ijk}^{\alpha}, & x_{ijk} \geqslant 0 \\ -\lambda(-x_{ijk})^{\beta}, & x_{ijk} < 0 \end{cases} \tag{4-74}$$

权重函数：

$$\pi_{ijk}^{+} = w^{+} \left(\sum_{l=k}^{q} p_{ijl} \right) - w^{+} \left(\sum_{l=k+1}^{q} p_{ijl} \right) \tag{4-75}$$

$$\pi_{ijk}^{-} = w^{-} \left(\sum_{l=1}^{k} p_{ijl} \right) - w^{-} \left(\sum_{l=1}^{k-1} p_{ijl} \right) \tag{4-76}$$

$$w^{+} \left(\sum_{l=k}^{q} p_{ijl} \right) = \exp \left(-\gamma^{+} \left(-\ln \left(\sum_{l=k}^{1} p_{ijl} \right) \right)^{\varphi} \right) \tag{4-77}$$

$$w^{-} \left(\sum_{l=1}^{k} p_{ijl} \right) = \exp \left(-\gamma^{-} \left(-\ln \left(\sum_{l=1}^{k} p_{ijl} \right) \right)^{\varphi} \right) \tag{4-78}$$

其中，$\pi_n^{+} = w^{+}(p_n)$；$\pi_1^{-} = w^{-}(p_1)$。

2. 决策方法

1）问题描述

设多准则决策问题的方案集 $D = \{D_1, D_2, \cdots, D_m\}$，方案的评价准则集 $C = \{c_1, c_2, \cdots, c_n\}$，准则相对重要程度权值 $W = \{W_1, W_2, \cdots, W_n\}$。

对于方案 D_i 和准则 c_j，D_i 在 c_j 下的值域 $Z_{ij} = \{(z_{ij1},\ p_{ij1}),\ (z_{ij2},\ p_{ij2}),\ \cdots,\ (z_{ijq},\ p_{ijq})\}$ 为一组序偶的集合，其中，z_{ij1}，z_{ij2}，$\cdots$，z_{ijq} 为方案 D_i 在准则 c_j 下的各个可能取值；p_{ij1}，p_{ij2}，$\cdots$，p_{ijq} 分别为各值出现的概率，且 $z_{ij1} < z_{ij2} < \cdots < z_{ijq}$。

2）决策步骤

决策者根据前景理论进行的多准则决策分析步骤如下。

步骤 1：给出基于语言评价信息的决策矩阵 $\boldsymbol{A} = [\{(a_{ijk},\ p_{ijk}) \mid k \in K\}]_{m \times n}$。其中，$[\{(a_{ijk},\ p_{ijk}) \mid k \in K\}]_{m \times n}$ 为方案 D_i 在准则 c_j 下的值域，$K = \{1, 2, \cdots, 1\}$；q 表示 D_i 在 c_j 下的值域中元素的个数；a_{ijk} 表示方案 D_i 在准则 c_j 下的第 k 个值；p_{ijk} 表示方案 D_i 在准则 c_j 下的第 k 个值的概率。D_i 在 c_j 下的值域中元素按由小到大的顺序排列，即如果 $u < v$，则 $a_{iju} < a_{ijv}$。

步骤 2：按照语言评价信息转化为区间数的方法，即"增幅大 $= [0.8, 1]$；增幅小 $= [0.6, 0.8]$；基本不变 $= [0.4, 0.6]$；减幅小 $= [0.2, 0.4]$；减幅大 $= [0, 0.2]$"，把基于语言评价信息的决策矩阵 $\boldsymbol{A}$ 转化为基于区间数的决策矩阵 $\widetilde{\boldsymbol{R}}$，$\widetilde{\boldsymbol{R}} = [\{(\widetilde{r}_{ijk},\ p_{ijk}) \mid k \in K\}]_{m \times n}$。

步骤 3：选定各准则的参考点。若 a_{j0} 为准则 c_j 的参考点，$j \in \{1, 2, \cdots, n\}$，根据语言评价值与区间数的转换方法，得到准则 c_j 的区间数参考点 $\widetilde{r}_{j0}$。

步骤 4：根据方案在准则中的取值及参考点，计算各方案在各准则下的结果。方案 D_i 在准则 c_j 下的第 k 个结果 $x_{ijk} = \widetilde{r}_{ijk} - \widetilde{r}_{j0}$。若 $x_{ijk} < 0$，表示损失；反之，若 $x_{ijk} \geqslant 0$，表示获得。

步骤 5：计算各方案在各准则下的前景值。$V(f_{ij})$ 表示方案 D_i 在准则 c_j 下的前景值，$i \in \{1, 2, \cdots, m\}$，$j \in \{1, 2, \cdots, n\}$。

步骤 6：计算各个方案的前景值 $V(f)$。方案 D_i 的前景值 $V(f_i) = \sum_{j=1}^{n} w_j \cdot V(f_{ij})$；$w_j$ 为准则 a_j 的权重。

步骤 7：根据前景值对所有方案进行排序，前景值最大的方案为最优方案。

4.4.6　基于可能度的区间二型模糊多准则决策方法

在实际决策过程中，相对于数值评价信息，决策者更习惯于提供语言评价信息，而二型模糊数出现通过由主、次两个评价信息的刻画，构成的是一个三维空间，这样就为其描述语言不确定性提供了更大程度的自由和灵活性[70]。因此，本节针对准则值为区间二型模糊数形式、权重信息完全未知的决策问题，提出一种基于可能度的区间二型多准则决策方法，更好地处理决策专家决策信息的模糊性，克服环境的不确定性和复杂性，能够在更大的程度上不丢失专家评价信息。

1. 理论基础

1) 区间二型模糊数的可能度

设 A_s、A_t 分别为两个区间梯形二型模糊数[71]。

$$A_s = (A_s^U, A_s^L)$$
$$= ((a_{s1}^U, a_{s2}^U, a_{s3}^U, a_{s4}^U); H_1(A_s^U), H_2(A_s^U)),$$
$$((a_{s1}^L, a_{s2}^L, a_{s3}^L, a_{s4}^L); H_1(A_s^L), H_2(A_s^L))$$
$$A_t = (A_t^U, A_t^L)$$
$$= ((a_{t1}^U, a_{t2}^U, a_{t3}^U, a_{t4}^U); H_1(A_t^U), H_2(A_t^U)),$$
$$((a_{t1}^L, a_{t2}^L, a_{t3}^L, a_{t4}^L); H_1(A_t^L), H_2(A_t^L))$$

对 A_s、A_t 进行规范化后，则可能度为

$$p(A_s \geqslant A_t) = \min\{\max\{Y, 0\}, 1\}$$

其中，

$$Y = [(a_{s3}^L + a_{s4}^L) - (a_{t1}^L + a_{t2}^L) + (a_{s3}^U + a_{s4}^U) - (a_{t1}^U + a_{t2}^U)$$

$$+ \sum_{k=1}^{2} \max(H_k(A_s^L) - H_k(A_t^U), 0)]/[\text{len}(V_1) + \text{len}(V_2)\text{len}(V_3)$$

$$+ \text{len}(V_4) + \sum_{k=1}^{2} |H_k(A_s^U) - H_k(A_t^U)|$$

$$+ \sum_{k=1}^{2} |H_k(A_s^L) - H_k(A_t^L)|]$$

$$\text{len}(v_1) = a_{s4}^L + a_{s3}^L - a_{s1}^L - a_{s2}^L$$
$$\text{len}(v_2) = a_{s4}^U + a_{s3}^U - a_{s1}^U - a_{s2}^U$$
$$\text{len}(v_3) = a_{t4}^L + a_{t3}^L - a_{t1}^L - a_{t2}^L$$
$$\text{len}(v_4) = a_{t4}^L + a_{t3}^L - a_{t1}^L - a_{t2}^L$$

2) 区间二型模糊数的排序方法

设 A_s、A_t 分别为两个区间梯形二型模糊数。

$$A_s = (A_s^U, A_s^L)$$
$$= ((a_{s1}^U, a_{s2}^U, a_{s3}^U, a_{s4}^U); H_1(A_s^U), H_2(A_s^U)),$$
$$(a_{s1}^L, a_{s2}^L, a_{s3}^L, a_{s4}^L); H_1(A_s^L), H_2(A_s^L))$$
$$A_t = (A_t^U, A_t^L)$$
$$= ((a_{t1}^U, a_{t2}^U, a_{t3}^U, a_{t4}^U); H_1(A_t^U), H_2(A_t^U)),$$
$$(a_{t1}^L, a_{t2}^L, a_{t3}^L, a_{t4}^L); H_1(A_t^L), H_2(A_t^L))$$

其中，$0 \leqslant a_{s1}^U \leqslant 1$，$0 \leqslant a_{t1}^U \leqslant 1$，否则对其进行规范化。此时区间梯形二型模糊数的相离度如下：

$$D(A_s, A_t) = \sqrt{D_1 + D_2} \tag{4-79}$$

其中，

$$D_1 = (a_{s1}^{\mathrm{L}} - a_{t1}^{\mathrm{L}})^2 + (a_{s2}^{\mathrm{L}} \cdot H_1(A_s^{\mathrm{L}}) - a_{t2}^{\mathrm{L}} \cdot H_1(A_t^{\mathrm{L}}))^2$$
$$+ [a_{s3}^{\mathrm{L}} \cdot H_2(A_s^{\mathrm{L}}) - a_{t3}^{\mathrm{L}} \cdot H_2(A_t^{\mathrm{L}})]^2 + (a_{s4}^{\mathrm{L}} - a_{t4}^{\mathrm{L}})^2$$

$$D_2 = (a_{s1}^{\mathrm{U}} - a_{t1}^{\mathrm{U}})^2 + (a_{s2}^{\mathrm{U}} \cdot H_1(A_s^{\mathrm{U}}) - a_{t2}^{\mathrm{U}} \cdot H_1(A_t^{\mathrm{U}}))^2$$
$$+ [a_{s3}^{\mathrm{U}} \cdot H_2(A_s^{\mathrm{U}}) - a_{t3}^{\mathrm{U}} \cdot H_2(A_t^{\mathrm{U}})]^2 + (a_{s4}^{\mathrm{U}} - a_{t4}^{\mathrm{U}})^2$$

则其排序值 $\mathrm{Rank}(A_t)$ 为

$$\mathrm{Rank}(A_t) = M_1(A_i^{\mathrm{U}}) + M_1(A_i^{\mathrm{L}}) + M_2(A_i^{\mathrm{U}}) + M_2(A_i^{\mathrm{L}}) + M_3(A_i^{\mathrm{U}}) + M_3(A_i^{\mathrm{L}})$$
$$- \frac{1}{4}(S_1(A_i^{\mathrm{U}})) + S_1(A_i^{\mathrm{L}}) + S_2(A_i^{\mathrm{U}}) + S_2(A_i^{\mathrm{L}}) + S_3(A_i^{\mathrm{U}})$$
$$+ S_3(A_i^{\mathrm{L}}) + S_4(A_i^{\mathrm{U}}) + S_4(A_i^{\mathrm{L}}) + H_1(A_i^{\mathrm{U}})$$
$$+ H_1(A_i^{\mathrm{L}}) H_2(A_i^{\mathrm{U}}) + H_2(A_i^{\mathrm{L}}) \tag{4-80}$$

其中，

$$M_p(A_i^j) = (a_{ip}^j + a_{i(p+1)}^j)/2$$

$$S_p(A_i^j) = \sqrt{\frac{1}{2} \sum_{k=1}^{p+1} (a_{ik}^j - M_p(A_i^j))^2} \ (1 \leqslant p \leqslant 3, \ j \in \{\mathrm{U}, \ \mathrm{L}\})$$

$$S_4(A_i^j) = \sqrt{\frac{1}{4} \sum_{k=1}^{4} \left(a_{ik}^j - \frac{1}{4} \sum_{k=1}^{4} a_{ik}^j \right)^2} \ (j \in \{\mathrm{U}, \ \mathrm{L}\})$$

排序值 $\mathrm{Rank}(A_i)$ 越大，则该区间梯形二型模糊数越大。

2. 决策方法

此决策方法是在提出区间二型模糊集的可能度和相离度的基础上，构建最优权重模型，求出准则权重，并最终利用 TIT2-WAA 算子获得最优决策方案。以上方法的提出是为了更好地处理决策专家决策信息的模糊性，克服环境的不确定性和复杂性，能够在更大程度上不丢失专家评价信息。

1）问题描述

以下是基于区间梯形二型的多准则决策方法，针对一个多准则决策问题描述如下。

设决策方案集为 $A = \{A_1, A_2, \cdots, A_m\}$，其中，$A_i$ 为第 i 个方案；方案的评价准则集为 $C = \{C_1, C_2, \cdots, C_m\}$，其中，$C_j$ 为第 j 个指标；准则相对重要程度权值 $W = (w_1, w_2, \cdots, w_n)$，其中，$w_j$ 为准则 C_j 的权重，$w_j \in [0, 1]$，$w_1 + w_2 + \cdots + w_n = 1$。

各个方案在不同准则下的评价值以区间梯形二型的形式给出。以此，对各个方案的优劣排序并选出最优方案。

2）决策步骤

基于可能度方法的区间二型模糊多准则决策问题的计算步骤如下。

步骤 1：根据决策者给出的决策矩阵，计算出每一个准则下各方案之间的相离度，然后采用最大化离差法构建出优化模型，求出最优权重向量。

步骤 2：根据步骤 1 求出的权重向量，利用 TIT2-WAA 算子对方案 $A_i(i=1, 2, \cdots, m)$ 的各个准则值进行集结，得到关于方案 A_i 的综合准则值。

$$\text{TIT2-WAA}_w(A_j) = \left(\left(\sum_{j=1}^n w_j a_{j1}^U, \sum_{j=1}^n w_j a_{j2}^U, \sum_{j=1}^n w_j a_{j3}^U, \sum_{j=1}^n w_j a_{j4}^U;\right.\right.$$

$$\left. 1 - \prod_{j=1}^n (1 - H_1(A_j^U))^{w_j}, 1 - \prod_{j=1}^n (1 - H_2(A_j^U))^{w_j}\right),$$

$$\left(\sum_{j=1}^n w_j a_{j1}^L, \sum_{j=1}^n w_j a_{j2}^L, \sum_{j=1}^n w_j a_{j3}^L, \sum_{j=1}^n w_j a_{j4}^L;\right.$$

$$\left.\left. 1 - \prod_{j=1}^n (1 - H_1(A_j^L))^{w_j}, 1 - \prod_{j=1}^n (1 - H_2(A_j^L))^{w_j}\right)\right)$$

$$(4\text{-}81)$$

步骤 3：利用区间梯形二型模糊数的可能度对各方案进行比较，构建出可能度矩阵 $\boldsymbol{P}$。

步骤 4：利用排序公式得到可能度矩阵 $\boldsymbol{P}$ 的排序向量，进而对各方案进行排序，得到最优方案。

第5章 金属矿产资源高效绿色开发决策支持系统

近年来,随着国际政治经济局势动荡的加剧和全球自然资源环境变化的加快,无论是在国内还是国外,无论是进行资源开发还是从事资源采购,都会面临极大的不确定性和众多复杂的决策问题。如何利用辅助决策工具来支持处理庞大信息和回答诸多相关的决策问题,已成为现实中迫切需要解决的难题。

但就目前而言,国内外能够提供这类决策支持的技术和软件工具还非常缺乏。国外一些大的矿业公司和矿产资源开发咨询公司虽然有一些决策分析工具,但多是针对某一金属品种或是针对某个具体的决策领域,而且相关的技术也实行严格的保密控制,难以满足我国政府和企业开发利用国内外金属矿产资源的决策需求。为此,本书研究开发具有自主知识产权的金属矿产资源高效绿色开发决策支持系统,为我国矿业企业提供相应的数据支持和有力的辅助决策工具。

5.1 工程管理与决策软件简介

5.1.1 工程管理软件

1. 工程管理软件的概念

工程管理软件是指以工程的实施过程为重点,对实施过程以及在实施环节所涉及的人力、费用、资源、时间进度进行综合管理的应用软件。从工程管理的过程分析,工程管理一般包括四个部分,即制订计划、实施管理、费用管理、分析和生成报告。将这四种模块有机地连贯起来,可形成一个完整的"利益循环"工作流程。从工程管理内容分析,其包括时间进度管理、成本管理、设备、人力和采购管理等方面。工程管理一般以控制项目的成本为核心,以时间进度控制为出发点,以最大限度提高客户满意度为目标。

工程企业管理软件包含两个主要方面:企业管理和项目管理。以项目管理为突破口,通过强调"循环式"工作流程,企业的整体管理水平得以逐步地提高。随着工程管理理论及实践的不断发展、计算机科学技术和信息技术的进步,工程管理软件也可以解决越来越多的问题。

2. 工程管理软件的特征

由于工程和工程管理自身的一些特点,工程项目管理软件具体特征[72]

如下。

（1）以工程为中心进行组织管理业务信息。从最早的单个工程进度计划管理软件到目前公司级的工程管理软件，都是以工程为中心实施管理的。

（2）将工作分解结构与组织分解结构（organization breakdown structure，OBS）相结合。工作分解结构与组织分解结构组合构成工程管理责任矩阵。通过工作分解结构将整个工程分解成多个便于管理实施的子工程，明确各实施方的工作范围。

（3）以各环节活动的时间计划安排为组织协同工作的基础。通过分析时间进度计划模型，选择优化的作业活动时间安排作为组织协同工作的基础。作业活动的时间要求增加作业活动相关业务流程的起始与终止时间。一般的业务管理信息系统基本上采用工作流作为协同处理事务的方法，该方法一般无法得出比较科学的工作流的起始与终止时间，而工程管理系统就是通过作业活动时间来安排协同工作的。

（4）以目标管理方法进行过程控制。美国管理大师彼得·德鲁克（Peter F. Drucker）于 1954 年在其著作《管理实践》中最先提出了"目标管理"的概念，目标管理的具体做法分三个阶段：第一阶段为目标的设置；第二阶段为实现目标过程的管理；第三阶段为测定与评价所取得的成果。工程管理软件均应以目标管理功能来实现过程控制。

（5）以工程资源管理为目标，以工程计划为核心，以任务结构为基础，对人员、资金、物资及时间进度进行统筹管理。

工程管理软件除了以上特征之外，还有图形化、可视化管理、动态报表等常见系统特征。

3. 工程管理软件的分类

1）从项目管理软件的适用阶段划分

（1）适用于某个阶段的特殊用途的管理软件。其有特定的使用对象和使用范围，有较高的实用性。例如，用于项目建议书和可行性研究工作项目评估与经济分析软件、房地产开发评估的软件，用于设计和招投标阶段的概预算软件、招投标管理软件、快速报价软件等。

（2）普遍适用于各个阶段的项目管理软件，如进度计划管理软件、费用控制软件及合同与办公事务管理软件等。

（3）对各个阶段进行集成管理的软件，工程建设的各个阶段是紧密联系的，每个阶段的工作都是对上一阶段工作的细化和补充，同时要受到上一阶段所确定的框架的制约，很多项目管理软件的应用过程就体现了这样一种阶段间的相互控制、相互补充的关系。

2）从工程项目管理软件提供的基本功能[72]划分

（1）时间进度计划管理软件：时间是工程项目建设最为重要的资源。基于网络技术的时间进度管理功能是工程项目管理中开发最早、应用最为广泛、技术上最成熟的功能，也是目前绝大多数面向工程管理的软件最为核心的部分。

（2）成本管理软件：成本管理确定工程项目的价格，这是现在大部分工程管理软件所具有的功能。成本管理包括实施投标报价、预算管理、费用管理、成本控制、绩效检测和差异分析等功能。

（3）资源管理软件：资源有狭义和广义之分。狭义资源一般是指工程实施过程中所要运用的各种资源，如人力资源、设备和材料等；广义资源包括工程量、影响因素等有助于提高工程管理效率的资源。资源管理应做到：拥有完善的资源库，能自动调配所有可行资源，通过不同的途径帮助用户解决问题。

（4）风险管理软件：工程的实施过程中，总是充满一些变化和不确定性，这也加剧了工程的风险。工程管理软件的风险管理模块大多采用成熟的风险管理技术，如因果分析法、三点估计法、多分布形式的概率分析法、综合权重的三点估计法等。

（5）过程管理软件：工程项目是由过程组成的，工程管理的工作就是将这些过程集中在一起，以保证工程顺利实施。过程管理的工具能够帮助工程项目的管理过程实现电子化和知识化，使管理团队在执行过程中可以对要完成的任务有深入的了解。

工程管理软件还可以按不同应用结构分为客户端/服务器结构（C/S 结构）和浏览器和服务器结构（B/S 结构）；按应用规模分为大型、中型、中小型和小型四种。

5.1.2　决策软件

1. 决策支持系统的概念

决策支持系统是在传统的管理信息系统的基础上发展起来的，辅助决策者通过数据、模型和知识，以人机交互方式进行半结构化或非结构化决策的计算机应用系统。

决策支持系统的基本概念最早于 1971 年由美国的 G. A. Gorry 和 M. M. Scott 提出，他们将决策活动分为结构化（structured）、非结构化（unstructured）和半结构化（semi-structured）三种类型，并将决策支持系统定义为："基于计算机的交互式系统，用以帮助决策者使用数据和模型去解决结构化较差的问题。"随后 Keen 和 Scott Morton 又将决策支持系统的定义修正为："决策支持系统把个人的智能资源和计算机的能力结合在一起以改善决策的质量，它是基于计算机的支持系统，用以帮助管理决策者处理半结构化问题。"[73]该定义在经过 Little、Alter、Moore、Bonczek、Keen 及 Turban 等的不断扩展和完善后，概括为：决策支持系统是以管理科学、运筹学、控制论和行为科学为基础，以计算机技术、模拟技术和信息技术为手段，面向半结构化的决策问题，支持决策活动的具有智能作用的人-机计算机系统。它能为决策者提供决策所需要的数据、信息和背景资料，帮助决策者明确决策目标并进行问题的识别，建立或修改决策模型，提供各种备选方案，并对各种方案进行评价和优选，通过人-机对话进行分析、比较和判断，为正确决策提供有益帮助[74]。

2. 决策支持系统的特征

虽然各种不同的决策支持系统具有不同的功能与结构特性，但一般而言，决策支持系统主要具有以下特征[74]。

（1）服务面向决策者。决策者是决策支持系统的最终用户，这种决策者可以是个体，也可以是团队或群体，对一个组织而言，通常是组织的中层或高层决策者。

（2）主要用于辅助解决半结构化或非结构化的决策问题。通常，结构化决策问题用作业信息系统或管理信息系统即可辅助解决，决策支持系统是专门开发出来帮助解决那些结构化程度不高的决策问题，虽然并不是所有的半结构化或非结构化的决策问题都可依赖决策支持系统来求解，但为许多更复杂的决策问题提供辅助决策支持一直是决策支持系统所追求的目标。

（3）以辅助决策过程为目标。决策支持系统只是以其计算、分析、查询、推理等功能帮助决策者找到问题的答案或制订决策的方案，本身并不能代替决策者来决策。

（4）强调处理问题的灵活性与适应性。决策过程是动态的，决策需求与决策环境也是不断变化的，对于结构化程度不高的决策问题而言，即使是同样的决策问题，在不同的时期和环境下也可能需要用到不同的方法来处理。这就需要决策支持系统既适应所处理的问题，又具有一定程度的灵活性以适应问题的变化。

（5）强调人与计算机的交互。由于决策支持系统的目标是辅助人决策而不是代替人决策，因此，它在决策过程中需要发挥人和计算机在处理问题中各自的优势，通过决策者与计算机软件系统的反复交互，以启发的方式帮助决策者找到问题的答案或制订出合理的决策方案。

3. 决策支持系统的类型

决策支持系统研究发展至今，已出现了多种类型，对于各种不同的决策支持系统，人们也从不同的角度来进行分类。目前，采用较为广泛的是 Alter[75]的方法，该方法按照系统的内在驱动力，将决策支持系统分为以下五种类型[74]。

（1）模型驱动的决策支持系统（model-driven DSS）。该类系统早期被称为面向计算的决策支持系统[76]，有时也称为面向模型或基于模型的决策支持系统。该类系统运用各种数学决策模型来帮助决策制定。系统强调对大量的模型进行访问和操纵，而模型库及其管理系统则成为决策支持系统中最主要的功能部件。模型驱动的决策支持系统通常不是数据密集型的，也就是说，模型驱动的决策支持系统通常不需要很大规模的数据库。

（2）数据驱动的决策支持系统（data-driven DSS）。该类系统通过对海量数据库进行访问、操纵和分析，来获取决策支持[77]。通常包括文件夹与管理报告系统（file drawer and management reporting system）、数据仓库与分析系统（data warehousing and analysis system）、主管信息系统（executive information system，EIS）、数据驱动的空间决策支持系统（data-driven spatial DSS）、商业智能系统（business intelligence system）等。

（3）知识驱动的决策支持系统（knowledge-driven DSS）：该类系统基于知识库中所存贮的知识，运用人工智能（artificial intelligence）或其他统计分析工具，如基于案例的推理（case-based reasoning）、规则（rule）、框架（frame）及贝叶斯网络（Bayesian network）等，向决策者提出行动建议。

（4）沟通驱动的决策支持系统（communication-driven DSS）。该类系统强调通信、协作及共享决策支持。群体工作软件（groupware）（简称群件）是其主要表现形式，如简单的公告板、电子邮件、视频会议等。沟通驱动的决策支持系统能够使两个或者更多的人互相通信、共享信息以及协调他们的行为，并共同完成决策方案的制订。

（5）文本驱动的决策支持系统（document-driven DSS）：该类系统集成了多种存贮与处理技术，通过对高级文本的提取与分析，来提供决策支持信息。

另外，我们根据决策支持系统是否直接支持决策问题的求解，又把决策支持系统分两类[74]。

（1）面向问题求解的决策支持系统。这类决策支持系统所支持的决策过程有明确的问题导向，通过决策支持系统的各种功能来帮助决策者找出问题的答案或制订出关于问题的决策方案，而不论问题是否以明确的形式提交给决策支持系统处理。通常模型驱动的决策支持系统和知识驱动的决策支持系统都属于这种类型。

（2）非面向问题求解的决策支持系统。这类决策支持系统并不直接帮助决策者给出问题的答案或方案，它只是提供决策所需的数据、信息或知识。或者，所支持的决策过程事先没有明确的问题，而是在使用系统的过程中帮助决策者发现问题、明确问题。部分数据驱动、沟通驱动或文本驱动的决策支持系统属于这种类型。

5.2　金属矿产资源高效绿色开发决策支持需求

金属矿产资源的开发利用需要大量的信息，这些信息是制订金属矿产资源高效绿色开发的各类决策方案的基础，为开发出符合实际需要的金属矿产资源高效绿色开发信息管理与决策支持系统，必须弄清楚这些信息的主要内容、类型、来源与相互关系。下面就此金属矿产资源高效绿色开发所涉及的各类基本信息进行需求分析。

5.2.1　矿产资源开发利用决策信息类型

从决策的服务对象划分，有关矿产资源开发利用的决策信息有两种，一种是相关政府部门行业管理和宏观调控所使用的宏观决策信息，另一种是为企业矿产资源投资而提供的微观决策信息。

从决策信息所依附的载体来划分，矿产资源开发利用的决策信息可分为文献信息和口头信息。文献信息是指公开刊物、网站等的矿产资源信息；口头信息是指存在于人脑记忆中，通过交谈、讨论、报告等方式交流传播的信息，如有关矿产资源的人脉信息。

从决策信息的特性来划分，矿产资源开发利用的决策信息可分为数字型信息、文本型信息和多媒体信息。

从决策信息的组织程度来划分，矿产资源开发利用的决策信息可分为结构化信息和非结构化信息。结构化信息即按照一定的数据关系组织好的信息，如各种统计数据信息、按照关系数据模型或其他数据模型存储的信息等。而非结构化的信息是指未按照一定的数据关系进行组织的信息，如分布在各种文章中但又没有进行分门别类整理的零散信息及口头信息等。决策所需的定量分析数据，更多地需要结构化的信息。

5.2.2　矿产资源开发利用基本信息需求的内容分析

通过对专家和有关机构的咨询，对国内外矿业企业、行业协会、政府部门和研究机构的调查及实地勘察，收集有关国内外金属矿产资源的分布状况、开发状况及开发条件等基本数据资料。基本掌握企业和政府部门制定和实施金属矿产资源高效绿色开发战略所需的信息内容和信息种类，以及他们对各类信息的关心、使用程度。

根据对目前金属矿产资源高效绿色开发状况的了解，一般来说，开发金属矿产资源需要的信息包括如下三种。

1. 战略决策信息

这种信息主要为政府及行业主管部门决策服务，通过查阅文献和对有关机构的调研，属于战略决策所需的信息，主要包括以下几种。

（1）矿产资源供需状况信息，包括矿产品产量、金属产品产量、制成品产量、金属产品消费量、金属产品进口量、金属产品出口量、金属产品总供给量、金属产品总需求量等。

（2）矿产资源行业发展信息，包括总产值、增加值、投资额、资本存量、就业量、出口额、进口额、行业产业链构成、行业平均利润率、行业竞争者数目和实力大小、行业集中度、行业战略群、行业进入壁垒构成等。

（3）矿产资源整体保障程度信息，包括金属产品的自给率、供需缺口量、储备量、储备周转率。

（4）废旧金属二次利用信息，主要包括可供二次回收利用的主要金属品种、各品种金属的二次回收率，废旧金属的来源、回收方式以及回收和二次利用的有关技术与成本等。

（5）低品位矿产综合利用信息，包括低品位矿产的分布状况、综合利用率等。

（6）矿产资源开发利用技术信息[77]，包括坑采技术经济指标、露采技术经济指标、冶炼技术经济指标、加工技术经济指标、科研投入、科技产出、科技成果、科技人员、科技政策等。

2. 战术决策信息

这种信息主要为企业投资决策服务，通过文献查询、企业调研及机构咨询等方式进行收集，属于战术决策所需的信息，主要包括以下几种。

（1）矿产资源信息，包括项目涉及的矿产资源规模量、储量、产量、类型，以及矿物品位、产地。

（2）项目所在国或地区的政治、经济、社会文化信息，包括政治体制、经济发展水平、经济环境变化趋势、社会文化、宗教信仰、气候条件等。

（3）项目所在国或地区的投资环境信息，包括投资政策、法律法规、市场经济体制、社会环境、外商投资的鼓励措施、交通等基础设施、开采技术条件、配套产业发展。

（4）资源开发利用风险信息，包括自然风险、勘探风险、资源风险、投资环境风险、技术风险、环保风险、财务风险、法律风险等。

（5）勘探开发技术信息，包括勘探开发技术名称、勘探开发技术内容、勘探开发技术适用范围。

(6) 资源开发利用经济评价信息，包括矿产资源的价格走势和预测、未来供需量的变化、价值评估、评估财务模式、现金流分析、可比成本比较、溢价折扣因素。

(7) 合作伙伴信息，包括所在国及合作公司发展概况、公司基本经营状况、组织结构、市场竞争地位、信誉、拥有政府背景、相关执照。

3. 环保信息

环保信息主要是指采矿业的不断发展对环境造成影响的相关信息，主要包括以下几种。

(1) 大气污染信息。在矿物开采的过程中会产生大量的粉尘和矿渣等污染大气的物质；采矿过程所产生的固体废弃物含有较多的碳、硫物质，在氧化的作用下，释放出大量的二氧化碳（CO_2）、一氧化碳（CO）、硫化氢（H_2S）等有害气体，造成大气污染。大气污染将直接影响动植物的生长发育，危害人类的身体健康，引发各种疾病[78]。

(2) 土地污染信息。在矿物开采过程中会对土地造成直接破坏，如露天开采直接破坏地表土层和植被；矿山开采过程中的废弃物（如尾矿、矸石等）需要大面积的放置场地，从而造成对土地的过量占用和对堆置场原有生态系统的破坏[79]。对土地造成的污染必须花费大量人力、物力、财力并耗费一定的时间才能修复，而且土地很难回到原有的状态。

战略决策与战术决策所需信息的划分也不是绝对的，有些战略信息（如资源的供需状况）在战术决策中也会使用，而战术信息（如资源的储量）在战略决策中也会用到，其关键取决于决策问题的内容和性质。环保类信息也为如何高效绿色地利用金属资源提供了参考信息，在开发的同时兼顾全体人民的利益，以不牺牲地球和人民的利益为前提，开发出金属矿产资源高效绿色开发决策支持平台。

5.2.3 矿产资源开发利用项目投资信息来源分析

根据调查分析，金属矿产资源高效绿色开发利用项目投资信息[80]包括以下来源。

1. 国内外公开的公共信息源

国内外公开的信息源包括国内外的信息发布和行业分析网站（如安泰科、中国经济信息网、metal-pages、CRU 等）、公开的数据库［如伦敦金属期货交易所数据库、上海期货交易所（Shanghai Futures Exchange，SFE）数据库、路透金属产量数据库（metal production database，MPD）（简称路透金属数据库）］、专业年鉴资料、报刊、行业会议、电子商务网站等。

2. 人脉信息

人脉信息包括从私人关系、驻外使馆经参处、企业驻外机构等相关关系中获得的关于矿产资源开发利用的项目投资信息。

3. 公司自己组织的实地考察

矿业企业为决定是否对矿产资源开发项目进行投资，通常会专门组织考察团对项目所在地进行实地考察，以获取和验证项目的资料。考察团成员包括公司地质、采矿、选矿等不同专业背景的技术人员、公司投资部门及相关领导成员等。

4. 矿业中介机构

这些中介机构包括国内外有一定资质和信誉级别的从事矿产资源开发的项目咨询公司、国内权威的矿产资源评价专业咨询公司、投资银行等金融服务机构、律师事务所等。这些机构长期从事矿产资源领域的信息咨询与服务业务，收集了大量的相关数据资料，而且很多是不公开的第一手资料。它们成为矿业企业从事矿产资源开发的重要信息来源。

5. 领域专家

从事矿产资源开发利用方面的地质、采矿、选矿、加工和经济管理领域的科学家和专业技术人员们掌握着本领域的大量专业技术知识和信息，通常企业在对矿产资源开发利用项目进行论证时都会聘请这些专家提供咨询服务，甚至会直接聘请这些专家制订项目的技术经济方案。

在项目决策的不同阶段，对信息源的需求是不同的。一般在项目构思或提议阶段，主要信息源是国内外公开的公共信息源、人脉信息和矿业中介机构。在项目的论证阶段，主要信息源是公司组织的实地考察、矿业中介机构和领域专家。在项目的最终决策阶段，主要信息源是领域专家。

5.3　现有金属矿产资源高效绿色开发决策支持工具及其问题

5.3.1　现有决策支持工具

1. 宏观经济决策支持系统

宏观经济决策支持系统是一个涉及多种因素、需要多人参与的复杂系统，其目标是把握经济发展趋势、预测经济发展中隐藏的问题、分析经济运行形势，以及为宏观经济调节与科学决策提供信息服务与辅助支持的软件系统。通过建立系统的决策体系和决策支持模型，对大量相关数据进行筛选、整理、归类、处理和分析，有利于决策者把握宏观经济的总体形势、关注经济的未来发展趋势，从而做出正确的经济决策[81]。

目前宏观经济决策支持系统的研究主要集中在预测、决策支持系统架构设计，模型管理方法研究，人工智能在预测、决策支持系统中的应用，以及预测、决策支持系统的应用这四个方面。当前大多数的预测、决策支持系统，在系统结构方面的研究，主要是"多库"结构的变化，即从"两库"变为"三库"结构；在模型管理方面主要包括模型的表示和对模型的操纵；将人工智能技术引入预测、决策支持系统的研究，主要集中在基于范例的推理、演化计算、神经计算、数据挖掘技术、Agent 技术、专家系统等方面，并且获得了一些成果，但因为人工智能技术本身还有待深入研究，所以基于人工智能的预测、决策支持系统还需要进一步的探索；另外，预测、决策支持系统主要应用在特定的地区、行业和部门，综合性的应用较为缺乏[75]。

2. 行业决策软件

行业决策软件可以辅助决策者分析行业趋势并制定发展规划和行业政策。按其功能可划分为两种：一是管理并提供与决策问题相关的组织内部信息，如订单需求、库存状况、生产能力等；二是可以收集、管理并提供与决策问题有关的组织外部信息，如政策法规、经济统计、市场行情、同行动态与科技进展，然后根据所搜集的信息制订发展规划和行业决策方案[82]。行业决策软件可以收集、管理并提供各项决策方案执行情况的反馈信息，如订单或合同执行进程、物料供应计划落实情况、生产计划完成情况等。例如，证券行业的决策软件可以通过分析股票趋势走向，为股民提供参考意见，制订方案；由 Capes 公司在 HP300 微机系统上实现的 AUTOAB-300 系统是一个财务决策支持系统，主要应用于财务工作中模型建立、计划、预测及报表生成等工作。该系统的特点是使用方便，对计算机系统资源要求低。

3. 投资项目决策支持系统

从对市场和环境的分析预测、技术工艺方案的设计，到财务、经济分析，不仅需要有严格、科学的工作程序、方法和评价指标体系，而且需要有较好的技术手段和工具，由此可见投资项目的可行性研究是一项十分复杂而又具有很大经济意义的工作。例如，投资项目决策支持系统（investment project decision support system，IPDSS），研究了数据仓库技术在决策支持系统中的应用，并在数据仓库、联机分析处理和数据挖掘理论的基础上，提出了基于数据仓库的决策支持系统的体系结构；然后，在此基础上建立了 IPDSS，并分析了 IPDSS 的主要模块和模型、C/S 体系的三层结构及数据仓库管理系统。IPDSS 的实际应用效果表明，将数据仓库技术运用到决策支持系统中，能够提高系统的性能和决策支持效果，是决策支持系统未来发展的新方向[83]。

项目投资决策者根据公司运营发展的需要，确定需要投资的项目，并拟订不同的投资方案，通过专用的决策支持系统，对多种投资方案进行详细的分析，充分了解其中隐含的风险和利益，权衡利弊之后选出最佳投资方案。如果发现每个方案都不够理想，即可对方案进行调整，不断分析，直至选出最佳方案。

然而，目前流行的投资项目专用决策支持系统在使用上面有一定的局限性。虽然投资专用决策支持系统的决策模型管理功能和海量数据分析功能较为良好，但其没有实现组件化，从而导致效率低下，其在问题管理方面的功能也有所欠缺。

金属矿产资源开发项目一般投资金额较大，投资周期较长，通常具有较为鲜明的战略投资特征，即这类投资项目通常与决策者的长远发展战略密切相关。然而，不同决策者（如政府部门、行业和企业）的发展目标具有较大的差异，这就决定了投资决策的目标函数具有较大的差异，从而进一步导致投资项目选择的优化目标会有所不同。我们将在这一部分的研究中，从两个决策主体的层面对其决策行为特征进行分析：一是政府部门和行业指导机构的金属矿产资源开发的决策层面（简称政府层面）；二是企业金属矿产资源开发的决策层面（简称企业层面）。根据以往的一些分析结果，从政府层面来看，决策分析更偏重于对我国整体金属矿产供需均衡的统一规划分析，更强调各类矿产品种的整体需求；而对于企业层面，决策分析通常与企业自身的产品特征与加工水平密切相关，更加强调企业保持自身的可持续发展的能力和竞争力，保证自身生产加工原料的稳定性。笔者从这样一个基本分析原则出发，通过深入的研究，提出不同层次的决策主体的信息需求与决策目标。

4. 矿山企业专用决策支持系统

目前，已有专门针对矿山企业开发设计的决策支持系统，并取得了较大的成果。矿山企业专用决策支持系统即是针对矿产资源开发提供决策支持的软件。例如，北京科技大学实现了矿山企业安全管理决策支持系统的智能化[84]，该智能系统是专家系统与决策支持系统两者的集成，可用于企业安全评价、事故统计分析与查询、事故动态预测与预报、故障树分析（fault tree analysis，FTA）的计算、安全措施计划的编制、安全投资的最优分配。以龙口矿业集团有限公司的决策支持信息系统为例，该系统详细介绍了煤炭企业决策支持信息系统的总体架构、系统数据来源及处理、关键指标信息、系统功能。该系统通过数据传输系统（data-transmission system，DTS）、中间件等技术获取数据；采用面向主题的数据仓库多维表结构和与业务系统对应的操作数据存储（operational data store, ODS）层表结构存储数据；通过分析各种数据指标的类型及属性，建立起一套共包含 45 个关键指标的企业关键指标体系结构；并采用同比分析、环比分析、趋势分析等数学模型对数据进行分析和展现，从而实现辅助决策。中南大学学者设计出动静脉矿业一体化发展空间决策支持系统（space decision support system, SDSS），该系统按照原型法进行设计，解决了传统发展模式中存在的问题，在动脉矿业的基础上发展静脉矿业，形成良性循环体系[85]。

5.3.2　现有软件存在的问题

1. 现有决策软件适用范围窄

从矿产企业专用决策支持系统的发展情况来看，其相对于其他行业已经取得了很大的成就，并且积累了比较丰富的经验，但仍普遍存在着缺乏对决策问题求解的自适应能力，缺乏对群决策的支持，决策模型、决策方案可重用性不高，功能的扩展性不强，适用范围受到限制等问题，专门针对矿产资源开发的决策支持软件在国内还很缺乏，国外虽然有一些矿业咨询公司有相关的软件，但也主要是针对资源评估分析系统，而且对大部分都进行了严格的技术保密，很难了解这些软件系统的全貌。

2. 开发信息不足和决策不准确、及时

金属矿产资源种类繁多，各国、各地区地理环境和矿产品位差异较大，加之国际政治经济环境复杂多变，各国对金属矿产资源的争夺日趋激烈，各国、各地区的具体开发环境千差万别，使得这一领域的决策异常困难，存在着很多风险和不确定因素，导致我国企业普遍存在开发信息不足和决策不够准确、及时的问题。一是信息的复杂多样性问题，即信息的种类、来源渠道和信息之间的关系复杂多样，它需要在广泛调查了解各类金属矿产资源开发决策的信息需求的基础上，对各种信息的类型、特征、关系和来源进行系统的分析整理，并以此设计出合理的数据库结构，而以往这方面的研究还很少。二是决策问题的复杂多样性，既有很宏观的战略性问题，也有很微观的战术性问题；既有很简单的判断问题，也有很复杂的预测、分析、评价问题；既有很抽象的问题，也有很具体的问题。因此，它要求在广泛了解政府、企业等各种决策主体在进行金属矿产资源开发相关决策时面临的决策问题的种类、内容、重要程度、解决方法和解决难度的基础上，对决策问题进行科学的分类，找出其中的关键问题加以分析，合理地确定系统的目标和功能结构，应用目前最先进的决策软件开发技术，解决这种面向问题的复杂决策支持系统开发过程中的诸多技术难题。通过何种辅助决策工具来支持

处理庞大信息和回答诸多相关的决策问题，已成为现实中迫切需要解决的难题。

3. 缺乏对高效绿色的支持

现有的决策支持工具对高效绿色开发利用缺少专门的模型、数据、知识支持，不能对金属矿产资源进行有效开发。高效绿色涉及多目标约束，目标之间存在冲突，缺少方法对冲突进行协调解决。此外，对决策问题的解决非常复杂，由于政策、开发技术、矿产价格变化导致问题是动态变化的，目标冲突导致决策者提出的方案冲突，因此需要有更好的根据实际问题开发的决策支持软件来帮助制订决策方案。

为了解决上述问题，我们研发出我国首个拥有自主知识产权的金属矿产资源高效绿色开发利用决策支持平台，其中需要运用问题分析技术、基于层次模型的复杂任务求解机制和冲突协调技术，下面将会对具体用到的技术进行介绍。

5.4　金属矿产资源高效绿色开发利用决策支持平台

5.4.1　平台基本思想

金属矿产资源高效绿色开发决策支持系统是一种专用于辅助解决金属矿产资源开发相关决策问题的专用决策支持系统，由于矿产资源开发涉及资源、技术、资金、市场、环境等多种因素，所以该系统研究和开发主要需解决三方面的难题：一是如何提高平台的适用范围；二是解决开发信息不足及决策不及时问题；三是要突出高效绿色的概念。该平台的主要目标是，政府有关部门和企业在制定金属矿产资源开发战略、规划和政策，选择金属矿产资源开发项目，确定开发的技术经济方案时，提供必要的数据信息和强有力的辅助决策工具，以及提高金属矿产资源的利用率、减少对环境的破坏。

金属矿产资源高效绿色决策支持平台是对传统矿山开发决策支持系统的功能的扩充和完善。为使本平台具备分布计算、易集成和易维护等特性，设计出面向互联网环境的平台架构，其包含决策资源层、决策服务层、决策前端层和硬件支撑层。其中，开发平台包含 6 大组件群，800 多个可重用组件，100 多个常用算法，通过该开发平台，可将各类专用决策支持系统开发周期缩短 80%。笔者及笔者的团队利用该平台，开发出"我国主要金属资源战略保障决策支持系统"等一系列决策支持系统，解决了宏观与微观决策缺乏有力支持工具支持的问题。

5.4.2　平台系统架构

决策支持系统的结构是由决策支持系统的定义、性质、任务和特点决定的。

了解系统的框架结构可以帮助我们了解系统的功能、运行机制，以及系统目标和系统内部各部分之间的相互联系，这对进一步研究或针对具体问题开发一个实用的决策支持系统是十分重要的。本决策支持平台是为了实现金属矿产资源的高效开发利用，因而合理地利用矿产资源的信息，对于决策支持平台尤为重要。本平台由决策资源层、决策服务层、决策前端层和硬件支撑层组成（图 5-1）。

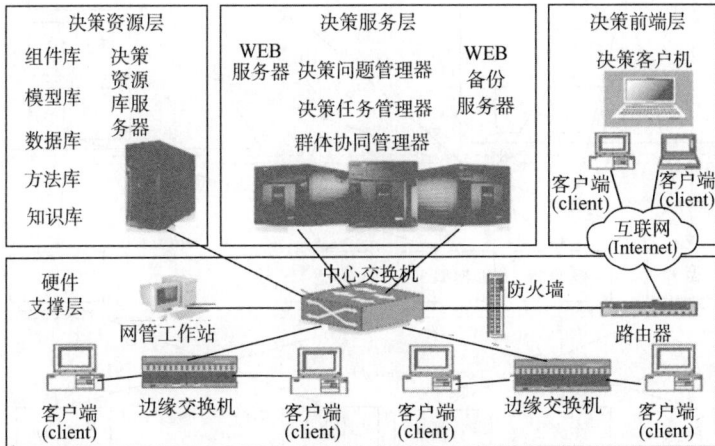

图 5-1　决策支持平台架构

下面将详细介绍本平台的主要组成部分。

（1）决策资源层。其包含组件库、模型库、数据库、方法库和知识库五个部分。决策资源一部分来自于外部系统，一部分来自于各业务决策系统的业务系统资源，其通过某种特定机制上传集成到决策资源层。其中，组件库的构成十分复杂，运用了一百多种决策算法并可由第三方进行扩充。并且组件群集成了资源开发工程管理决策所需资源与环境数据采集、决策方案对比筛选、决策冲突动态分析、动态决策过程模拟等常用功能，这可以大大地缩短决策支持系统的开发周期。决策资源层模型库的设计以标准算法参数作为不同算法的标准化外部接口，为各类模型的描述与存储提供了统一的模式，将解决方案、模型、算法与数据进行分离与管理，全面实现了在决策方案、模型和算法三个层次上的可重用性。方案库、模型库和算法库关系图如图 5-2 所示。

（2）决策服务层。其主要包括决策问题管理器、决策任务管理器和群体协同管理器三个部分。本平台设计的决策问题管理器，研发出基于自然语言理解的决策问题分析技术。在决策方案管理器中，提出并设计了基于层次模型的复杂求解任务控制方法，以及利用 Petri 网的求解任务控制机制，5.4.3 小节将对此做出详细解释。

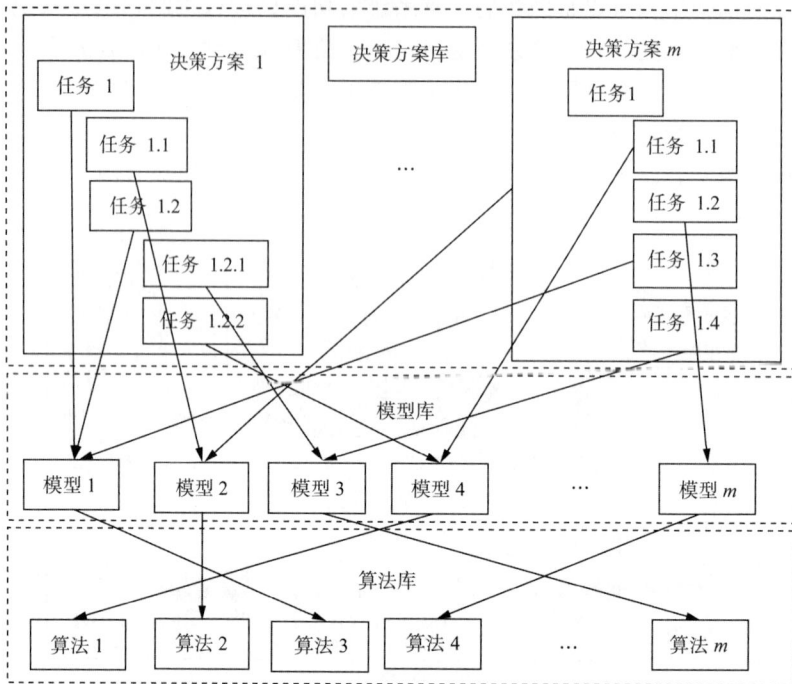

图 5-2　方案库、模型库和算法库关系图

（3）决策前端层。其基于协作的应用支撑层支持专家之间协同交互，通过决策客户机实现人-机交互，通过组装方式分别构成满足各业务需求的决策支持平台，为决策者提供辅助。

（4）硬件支撑层。其以辅助决策服务为中心，形成构造决策支持平台所需的基本功能模块，为决策平台的搭建打下良好的基础。

5.4.3　平台关键技术

1. 决策问题分析技术

决策问题分析是研究解决不确定性决策问题的一种系统分析技术，目的是从一系列备选方案中选出一个符合要求的合适方法，从而改进决策过程。为使所开发的信息管理与决策支持系统对金属矿产资源高效绿色开发的有关决策有较好的适应性，还需要对矿产资源开发所涉及的决策问题进行系统的分析，以便找出合适的决策方法，建立相关的决策模型和设计适用的功能结构。对此，我们主要从三方面获得分析的依据。第一，根据前面几个部分从对从事金属资源开发的矿业企业、有关政府部门和矿产资源开发领域专家的调查访谈所了解的基本信息需求和决策流程。第二，根据战略管理、技术经济评价、风险管理等与资源开发管理决策有关学科的一般原理和方法。第三，根据以前开发的类似决策支持系统的成果和对矿产资源开发专业知识的了解。以此为依据，深入分析和抽象出金属矿产资源高效绿色开发战略决策所涉及的主要问题。

按照政府部门、行业指导机构、矿业企业和矿业中介服务机构（包括研究机构）对金属矿产资源高效绿色开发相关决策问题的调研，从决策环境与条件的确定性与否的角度，把金属矿产资源高效绿色开发决策支持系统可辅助支持的决策问题分为两类，即确定性问题和非确定性问题。确定性问题是指系统在使用时就已经知道决策目标、条件和求解方法的问题；而非确定性问题是指系统在使用时并不知道问题的决策目标、条件和求解方法，需要用户自己输入决策问题，并通过系统的辅助分析，建立或找到问题的求解方法，获取问题的求解结果的问题。由于对决策支持系统而言，这两类决策问题的处理方法有着很大的不同，故在系统设计时必须分别对待。

1）确定性决策问题

在金属矿产资源高效绿色开发的战略决策和项目决策中，有一些问题是非常重要而且是必须解决的，因此对于金属矿产资源高效绿色开发决策支持系统而言，就需要通过已经建立的分析模型，提供这些问题的辅助决策功能，这就是确定性决策问题。在确定的客观条件下，每一种决策方案只有一个结局。决策者对决策问题的条件、性质、后果进行充分的了解之后，比较各决策方案结果的优劣，做出最优选择。当决策方案较少时可以运用穷举法，方案较多时可以使用一般最优化方法。

2）非确定性决策问题

除了上述确定性问题外，金属矿产资源高效绿色开发还涉及大量的决策问题，这些问题的内容、目标、决策环境和条件，对于不同的决策主体，在不同时期和不同背景下都是不同的。对于金属矿产资源高效绿色开发决策支持系统而言，不可能把所有的问题都考虑进去，从而事先建立起相应的决策方法。这些问题从决策支持系统的角度看，用户具体需要提供哪些支持都是不确定的。因此，如果要借助计算机软件系统帮助解决这些问题，就必须要有一套分析和求解问题的机制，针对不同的问题能灵活地选用或建立求解方法。这种情况可以使用不确定性决策——如拉普拉斯准则、乐观准则、悲观准则、遗憾准则等取舍方案进行分析。

虽然这些问题目标和条件都不确定，但根据我们的调查研究，这些决策问题大体可分为两个层次，即面向政府宏观管理部门、行业指导机构及矿业企业资源开发战略的战略层决策问题和面向具体开发项目方案的战术层决策问题。

根据对不确定性问题的层次和范畴的大体分析，可以建立金属矿产资源高效绿色开发决策的常用模型或方法，从而为用户在使用系统时，选择或建立自己的求解方法提供可靠依据和便捷途径。

除了上述在不同情况所运用的方法之外，还有对结局评价等对于模糊性决策问题采用的模糊决策方法和对决策分析阶段序贯采用的序贯决策方法等。

在实际运用中，采用不同的决策准则，得到的决策方案可能会不同，而方案的原则往往与决策者采用的决策准则、风险态度、决策环境密切相关。常见准则如下。

（1）乐观准则：争取一切可能以获得最好结果。决策步骤是选择每个方案的最大收益值，然后从这些最大收益值中选择一个最大值，其对应方案就是所选方案。

（2）悲观准则：从最坏结果出发进行考虑。决策步骤是选择每个方案的最小收益值，然后从这些最小收益值中选取一个最大收益值，其对应方案即是最优方案。

（3）等可能性准则：决策者对于状态信息毫不知情，所以对它们一视同仁，即认为他们出现的可能性大小相同。

（4）折中准则：不走极端，结果可能是介于最好和最坏之间。决策步骤是根据乐观指数计算出每个方案的折中值，从各个折中值中取一个最大值，其对应方案即是入选方案。

（5）遗憾原则：在自然状态下确保弥补没有采用最佳方案而带来的损失。决策步骤是计算各方案在每种条件下的遗憾值，然后找出各方案的最大遗憾值；在最大遗憾值中选取最小的，其对应方案就是这一准则的决策方案。

为了解决开发过程中遇到的一些问题，我们研发出基于自然语言理解[74]的问题分析技术。对于用中文自然语言表述的决策问题，要充分识别出包含在其中的问题条件和目标，就必须以中文自然语言理解为基础。鉴于汉语词法和句法的特殊性，目前常用的中文自然语言理解方法包括中文分词、句法分析、语义理解、语境生成四种[86-89]。该领域的相关研究近年来取得了比较大的进展[90-95]，很多有效的中文分词方法和句法分析方法已被开发出来并得到日益广泛的应用，因此，我们在金属矿产资源高效绿色开发决策支持系统的开发中主要是应用这些方法来构建所需的决策问题表层属性智能识别模型。它涉及分词方法的选择、句法分析方法在问题表层属性识别中的应用及识别模型本身的构建等问题。

汉语的书面表达方式以汉字作为最小单位，但自然语言的理解是以有明确意义的词为最小理解单位。中文与英文不同，其书面语句中的词是没有分割标记的，因此，对中文而言，自动分词成为机器自然语言理解的基础。汉语自动分词涉及分词规范、切分算法、歧义消除、未登录词识别等问题[95]，其中词句切分算法是自动分词的关键。基于句法分析的问题表层属性智能识别的基本过程

（图 5-3），是为了从用户以自然语言表述的决策问题中识别出决策目标和已知条件等表层属性，输入的决策问题通过分词处理后，根据自然语言理解的一般步骤，还需要经过句法分析，理清语句的结构，分析出其中各部分的语法成分。

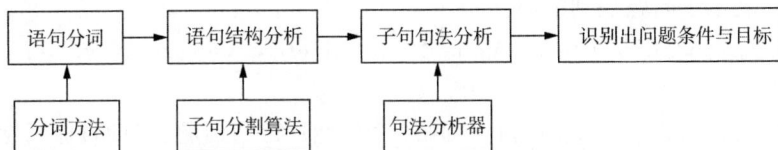

```
语句分词 ──→ 语句结构分析 ──→ 子句句法分析 ──→ 识别出问题条件与目标
  ↑              ↑                ↑
分词方法      子句分割算法       句法分析器
```

图 5-3　基于句法分析的问题表层属性智能识别的基本过程

　　根据上述问题表层属性识别的分析过程，我们可以建立问题表层属性识别的模型，该模型可表述为

$$P \rightarrow S[S_n][L_n], \ D[D_n][L_n] \tag{5-1}$$

$$S[S_n][L_n] \rightarrow \{(S[i][m], \ S[i][n], \ R)\}(i < S_n, \ m < L_n, \ n < L_n) \tag{5-2}$$

$$D[D_n][L_n] \rightarrow \{(D[j][m], \ D[j][n], \ R)\}(j < D_n, \ m < L_n, \ n < L_n) \tag{5-3}$$

其中，P 为输入的问题；$S[S_n][L_n]$、$D[D_n][L_n]$ 分别为条件子句和目标子句的词集合（词组数组）；$\{(S[i][m], \ S[i][n], \ R)\}$、$\{(D[j][m], \ D[j][n], \ R)\}$ 分别为条件子句和目标子句中各词组依存关系三元组表示。

　　在识别问题的表层属性后，问题的目标也就通过依存关系用三元组 $\{(D[j][m], \ D[j][n], \ R)\}$ 表示出来。根据基于问题的知识库和双关键词笛卡尔乘积的决策问题隐含属性识别方法，我们可以建立问题隐含属性识别的模型，该模型可表述为

$$\{(D[j][m], \ D[j][n], \ R)\} \rightarrow D[j][m] \& D[j][n] \tag{5-4}$$

$$D[j][m] \& D[j][n] \rightarrow T_i; \ \{T_i\} \tag{5-5}$$

$$T_i \rightarrow T_i(M_i); \ \{T_i\} \rightarrow \{T_i(M_i)\} \tag{5-6}$$

$$T_i(M_i) \rightarrow m_i, \ m_i \in T_i(M_i) \tag{5-7}$$

$$m_i \rightarrow m_i(S, \ \text{Value}) \tag{5-8}$$

其中，$D[j][m] \& D[j][n]$ 为双关键词；$\{T_i\}$ 为问题类型的大类；T_i 为具体的问题类型；$\{T_i(M_i)\}$ 为 $\{T_i\}$ 对应的求解方法集合；$T_i(M_i)$ 为 T_i 对应的求解方法集合；m_i 为求解方法集合 $T_i(M_i)$ 中的某一具体的求解方法；$m_i(S, \ \text{Value})$ 为该问题求解方法对应的求解条件及取值，Value 可缺省。

　　根据子问题产生机制，全部识别决策问题的所有属性后，还必须确认属性值的状态，当属性值不明时则产生子问题。问题的求解条件即是问题的关键属性，

问题识别的最终目标就是识别问题的求解条件和取值。若问题求解条件的值缺省，则必须考虑是否产生子问题。当问题的非目标属性值不明，并且不是大于或等于其分解层级子问题的目标属性时，便产生子问题。由此可得到用条件判断语句的形式表示子问题识别模型：

$$\forall \text{Value}A_i = \text{NULL}, \ i \neq j, \ \text{Value}A_l \leqslant \text{Value}B_t, \ \text{Value}A_i \neq \text{Value}B_t \rightarrow P_{Ai}$$
$$(5\text{-}9)$$

其中，A_i 为父问题 P 的子问题 P_A 的第 i 个属性；A_j 为问题 P_A 的目标属性；B_t 为父问题 P 的另一子问题 P_B 的目标属性；A_l 和 B_l 分别为问题 P_A 和 P_B 的层次属性；P_{Ai} 为由子问题 P_A 的属性 A_i 产生相应的下级子问题；i，j，t，$l \in N$。而 $\text{Value}A_i$ 的确定依据以下的规则判别：

$$\{(S[i][m], \ S[i][n], \ R)\}, \ \text{Data} \rightarrow m_i(S, \ \text{Value}) \qquad (5\text{-}10)$$

其中，$\{(S[i][m], \ S[i][n], \ R)\}$ 为问题条件子句的各依存关系三元组表示；Data 为用户指定的数据源，即在子问题未识别之前，求解方法所需的求解条件数据源或来源于问题给出的已知条件，或来源于用户手工设定。

对式（5-9）而言，它适应于各级子问题的产生，特别地，当 $\text{Value}A_l = 0$ 时，$P_A = P$，条件 $\text{Value}A_l \leqslant \text{Value}B_l$ 和 $\text{Value}A_i \neq \text{Value}B_t$ 自然成立。这种基于判断规则的子问题产生机制模型对于机内表示更容易实现。

从上述关于问题表层属性智能识别模型、隐含属性智能识别模型及子问题智能识别模型的构建研究可以看出，问题从识别到求解的过程始终是围绕这三个识别模型进行的。

基于这三个智能识别模型的问题识别和求解过程可描述如下：首先识别总问题 P 的表层属性——问题的条件和目标，并进行问题的相似性查找，若有相似性问题则直接调用该相似问题的求解方法；然后识别问题的隐含属性，即根据问题目标确定的双关键词来识别问题的类型，根据问题的类型由用户选择相应类型的问题的求解方法；再通过求解方法得出求解所需问题的求解条件；随后调用子问题产生规则，根据该规则判断是否需产生子问题，若产生子问题则调用子问题的构建规则，构建出新的子问题，并通过对子问题的进一步分析形成总问题分解树；最后，从分解树中最底层的子问题求解开始，以反向递推的方式得出总问题的求解结果。当用户选择的某一求解方法不能求解该问题或者问题分解层级大于一个事先设定的阈值时，由用户再选择其他的求解方法。

我们研发出的基于自然语言理解的问题分析技术，较好地解决了自然语言表达的金属资源决策问题的理解与分析难题，提高了处理决策问题的准确性，且具有广泛的适应能力。

2. 基于层次模型和 Petri 网的求解任务控制方法

由于不同的决策支持系统有不同的复杂求解任务控制方法，传统的决策支持系统缺少通用的系统架构，缺乏通用性，导致决策支持系统开发周期过长。在模型驱动的决策支持系统中需要考虑如何根据决策需求去集成各种模型，构建决策支持系统，并且调用和控制模型，求解决策问题[96]。本书利用基于层次模型和Petri网的求解任务控制方法，解决上述问题，设计出金属矿产资源高效绿色开发决策平台。

1）基于层次模型的复杂求解任务控制方法

近年来，模型管理已经取得了重大进展，尤其是在模型表示方面。其中，由 Bertalanffy 等于 1968 年创立的并由 Mesarovic 和 Takahara 等发展起来的通用系统理论（general system theory，GST）日臻完善，已经应用于各类组织管理系统。GST 的一个重要概念是：任何复杂系统均可以被视为一个多层模型系统。多层模型通常可以分为三层，即优化层、适应层和自组织层。常用的通用系统模型有三类，即输入/输出系统模型、目标搜索系统模型、层次系统模型。任何复杂的系统都可以用这三类模型来描述。因此，通用系统模型可以作为一类重要的模型描述和实现方式。为此，我们提出了使用层次模型法来开发面向问题求解的决策支持系统的思想。层次模型法就是基于 GST 的多层次模型集成方法，它采用分层结构，以多层模型作为决策支持系统概念模型，并将决策支持系统生成器（decision support system generator，DSSG）视为一个模型集成系统，形成各类决策支持系统应用系统的、真正意义上的决策支持系统生成器。

层次模型法提出的层次模型，将决策支持系统分为四个层次，即应用层、任务层、功能层和物理层（图 5-4）。为了实现这些层次，引入了四种具体方法，即用于应用层的控制论方法、用于任务层的任务框架法、用于功能层的模型集成法和用于物理层的决策支持系统描述语言法。

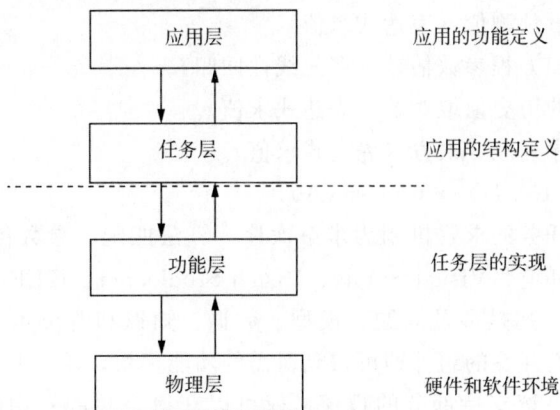

图 5-4　层次模型结构

　　基于层次模型理论的决策软件开发方法为决策支持系统的整个开发过程提供指导,一般架构为系统开发者建立具体的软件体系结构提供模板,组件群则为具体的软件开发提供便捷的工具。本书运用基于层次模型理论的决策支持开发方法,利用层次模型理论将决策问题求解分解为问题形式化描述、任务求解机制、决策软件一般架构、开发组件群四个层次(图5-5),这四个层次分别对应层次模型的应用层、任务层、逻辑层和物理层,这可以较好地控制求解的复杂性。通过设计可调用不同决策资源的求解器来适配不同的求解任务。

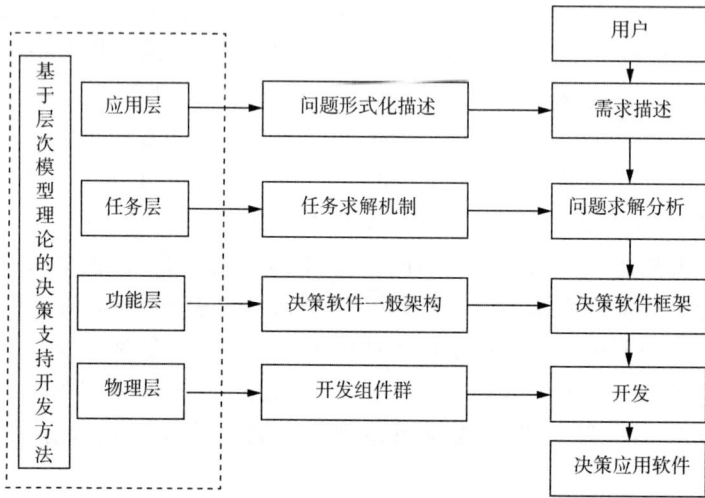

图 5-5　决策问题分析的层次模型

　　以具体问题为例,问题形式描述:某决策需求为对铝消费量(C)进行预测决策,任务分解如下。

　　(1)求消费量预测值(表达式求值)。

　　(2)线性回归方程参数估计(多元线性回归)。

　　(3)对消费的历史值取对数(表达式求值)。

　　(4)对时间序列取3次方(表达式求值)。

　　求解路径:(C、D)→(B)→(A)。

　　组件对决策任务的求解机制为求解次序、算法匹配、参数传递、结果返回。在通用软件开发环境(Visual Studio、Visual Studio.net、J2EE等)中开发专用决策应用软件时,凡是涉及问题、模型、数据、知识和群决策等方面的功能模块,只要添加我们开发的组件即可得到所需的功能模块,用户只需要补充开发界面程序和其他非决策支持部分的程序,就可以获得完整的专用决策应用系统软件,从而大大提高开发速度、降低开发难度。

2）基于 Petri 网的求解任务控制机制

Petri 网由模型和理论两部分组成。前者为专用网论，涵盖一套以有向网为基本结构的模型，由概念的抽象程度自低到高形成层次。后者为通用理论，包括并发论、同步论、网逻辑等内容。本平台利用 Petri 网设计求解器的内部控制机制。

（1）自动调节机模块处理的 Petri 网公式。图 5-6 用有色 Petri 网络表示了自动机模块的处理，图中用户命令均典型标明为模型执行，而问题模型被认为是子模型的合成，由于三个层次要协作工作，Petri 网络表示方法是最能表示这种行为的方法。

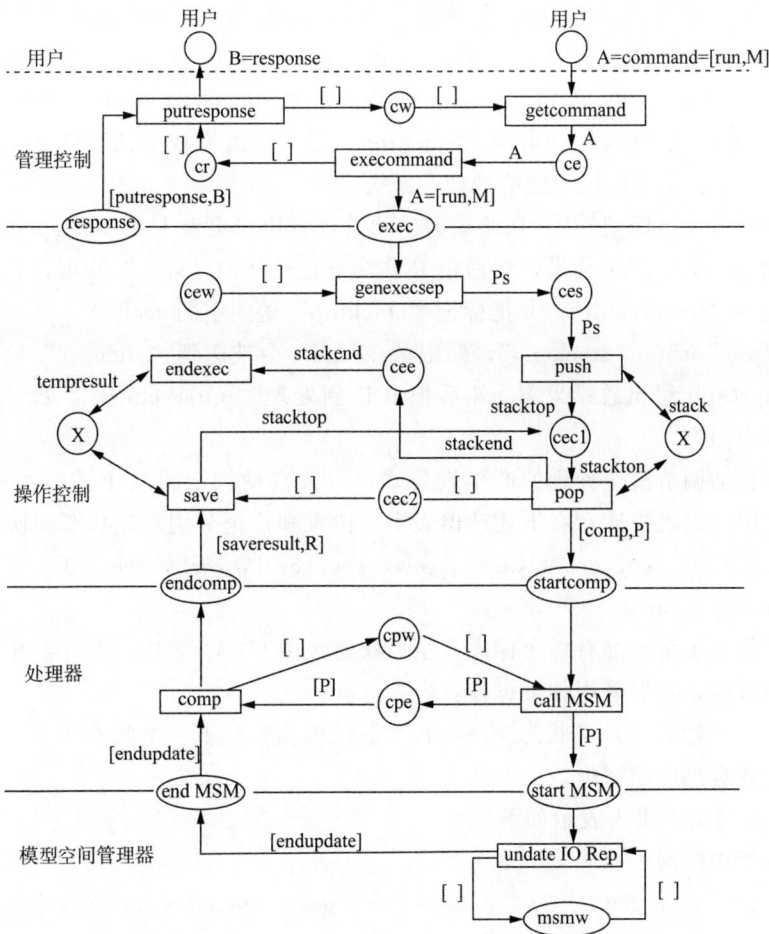

图 5-6　决策支持系统生成器自动机处理流程的 Petri 网络示意图

管理控制子系统有 cw、ce、cr 三个空间，以及 putresponse、getcemmand、

execommand 三种处理（变化）。

操作控制子系统是一个下推自动调节模型，有 cew、ces、cec1、cec2、cee 五个空间和 genexecseq、push、pop、save、endexec 五种处理，以及 stackt、tempresult 两个存储器。由于目标模型由子模型构成，有必要构造下推式自动调节。

处理器子系统有 cpw、cpe 两种空间以及 call MSM、comp 两种处理。

首先，cw、cew、cpw 和 msmw 四个空间每一处放上一个标记。设标记 A=command= ［run，M］是由用户产生到 "getcommand" 操作中，其中，M=m_1，m_2，…，m_n，则 "execommand" 处理由 A 激发，并将 A 送入 "genexecseq" 处理，同时也将 ［］送入 "putresponse" 处埋，它将等待从 "response" 送出的标记。

"genexecseq" 产生一个标志 Ps= ［P_1，P_2，…，P_n］，这是 M 输入输出函数的一个次序。将 Ps 送到 "push" 处理，它将 Ps 存入 stack，并产生标记 "stacktop"，处理 "pop" 接收到 "stacktop" 后，取出堆栈中的顶部元素 P，并将 ［comp，p］作为标记传送给处理子系统。

处理子系统将标记 ［P］送给模型空间管理者用来更新 P 的 IORep 并计算使用的 IORep (p)，产生结果，然后把 R 作为标记传送给 "save" 处理，它将把 R 存入存储器 "tempresult"，并把标记 "stacktop" 送到空间 cec1。

当 "pop" 产生 "stackend"，标记 "excend" 会被送到 "endexec" 处理，它将从 tempresult 得出总结果 B，然后把 B 送到处理 "putresponse"，最后，B 由处理器送给用户。

（2）自动调节模块处理的产生表公式。有关自动调节模块上述行为的 Petri 网形式能用产出表描述，在下述产出表中，位置和标记分别对应状态和输入。

令 C= {cw，ce，cr}，Ce= {cew，ces，cec1，cec2，cee}，Cp= {cpw，cpe}，Cm= {msmw}。

由于每个子系统都有一个标志，全局状态集由 C×Ce×Cp×Cm 给出。为了使产出表可读，我们采用如下标设：

　　　　　＜输入＞：＜状态＞→＜行动＞＜输出＞＜下一个状态＞

标记的意思应该清晰。

图 5-6 可由产出表表示如下。

（1）管理控制子系统。

命令：［cw，cew，cpw，msmw］→ ［getcommand（A）］A ［ce，cew，cpw，msmw］

设 A= ［run，M］

［run，M］：［ce，cew，cpw，msmw］→ ［intializestore（stack，tempresult）］

　　　　　　　　　　　［genexecseq，M］［cr，cew，cpw，msmw］

［response，B］：［cr，cew，cpw，msmw］→［putresponse（B）］command ［cw，cew，cpw，msmw］

（2）操作控制子系统。

［genexecseq，M］：　［cr，cew，cpw，msmw］→［execseq（M，Ps）Ps ［cr，ces，cpw，msmw］

Ps：［cr，ces，cpw，msmw］→［push（Ps）］stacktop［cr，cec1，cpw，msmw］

stacktop：［cr，cec1，cpw，msmw］→［pop（stackend）］stackend［cr，cee，cpw，msmw］

stacktop：［cr，cec1，cpw，msmw］→［pop（P）］［comp，P］［cr，cec2，cpw，msmw］

［saveresult，R］：［cr，cec2，cpw，msmw］→［saveresult（R）］stacktop ［cr，cec1，cpw，msmw］

stackend：［cr，cee，cpw，msmw］→［getresult（B）］［pupresponse，B］ ［cr，cew，cpw，msmw］

（3）处理子系统。

［comp，P］：［cr，cec2，cpw，msmw］→［callMSM（P）］［update，P］ ［cr，cec2，cpw，msmw］

［update，P］：［cr，cec2，cpw，msmw］→［comp（P，R）］［saveresult，R］ ［cr，cec2，cpw，msmw］

大写字母表示变量或可替换的任何值。

通过利用基于层次模型和 Petri 网的任务求解控制方法，很好地解决了模型调用之间的关系。

3. 决策方案形成与冲突协调技术

平台架构的生成是解决金属矿产资源高效绿色开发的首要任务和基础，它是对实际问题进行分解。决策问题的解决是一个复杂的过程，问题求解流程控制难度大，为了解决这个问题，我们研发了平台中决策方案形成的流程控制技术，保证了复杂决策问题能够形成有效的决策方案。

每种问题的选择方案都不止一个，用户在比较不同方案结果的基础上，从众多方案中选择一个作为金属矿产资源开发利用的最佳决策方案。

在制订决策方案的时候，由于决策成员存在差异，难以形成一致性的决策方案。为此，我们研发了群体决策冲突协调技术[97]，解决了决策意见存在差异时的最终决策方案形成问题。在程序化模型驱动运行的过程中，灵活地运用冲突消解机制可以使群体成员之间的冲突得到最大限度的消除，实现两者最大程度的耦合，获得最大满意一致性的整个群体偏好，即实现"和谐主题"的目标。

首先根据群体偏好聚类分析的结果，判断是否存在普遍性冲突、群体思维或少数人意见。假设出现以上各种情况，可考虑要求相关聚集中的成员进行沟通和协调，并由相应决策成员根据决策组织者提供的信息修正其偏好矢量，然后重新进行聚类；否则，组建聚集群体，并进行聚集群体冲突分析，计算聚集群体冲突指标值，如果聚集群体冲突指标超过了阈值δ，则说明聚集间存在较大的冲突，要求冲突较大的聚集中的决策成员进行沟通与协调，根据决策组织者提供的信息修正其决策偏好矢量，再重新进行群体决策，直到聚集群体冲突指标低于这个阈值为止。最后输出本次群体决策冲突协调的结果——接近一致的群体偏好矢量。

基于上述原理，复杂大群体决策偏好冲突协调过程如图5-7所示。

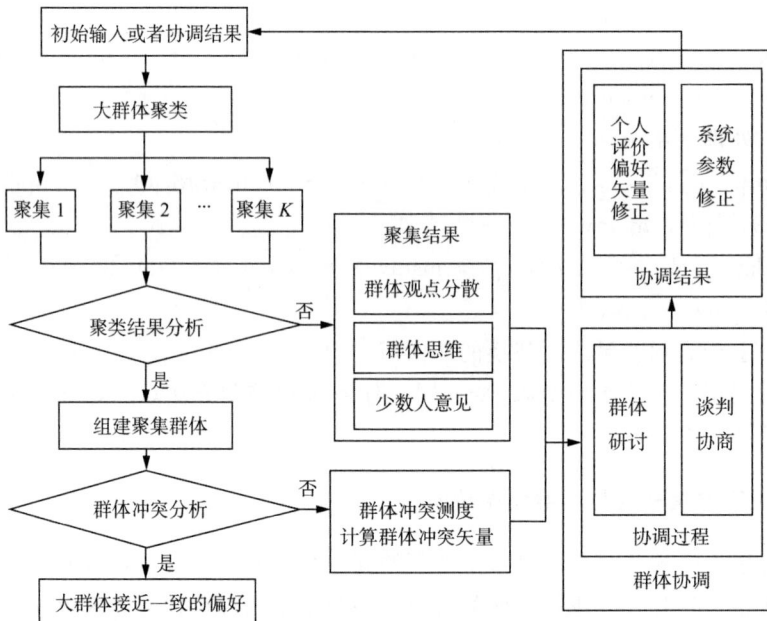

图 5-7　复杂大群体决策偏好冲突协调过程

相应的冲突消解机制与过程如下。

步骤1：协调过程参数初始化。确定聚类阈值（γ）、最大聚集数阈值（ξ）、聚集群体冲突程度指标阈值（δ）等。

步骤2：生成群体偏好矢量集。由决策成员根据决策问题属性（N个），提供决策偏好矢量，形成群体成员偏好矢量集 $\{V^i \mid i=1, 2, \cdots, M\}$。

步骤3：对决策群体偏好矢量集 $\{V^i\}$ 进行聚类。步骤1中的聚类阈值 γ 对决策群体偏好矢量集采用第 2 章中的复杂大群体聚类方法进行聚类，形成 K 个聚集。

步骤 4：对聚类结果进行分析。根据聚集的数量及聚集中成员的数量分析群体成员间的分歧是否较大，或者是否存在群体思维或者少数人意见，如果存在，则进入步骤 5，否则进入步骤 6。

步骤 5：启动群体协调。通过前续阶段的决策结果或者群体协调中的群体研讨或者谈判协商，发现冲突原因。若为系统参数误差，则修正系统参数误差；若为群体成员之间存在的冲突，分析冲突特点，在充分尊重相关冲突成员意愿及进行沟通的基础上，要求相关冲突人修正其决策偏好值，组织者根据各决策者提供的修正决策值偏好矢量，提供下一轮次的决策分析结果，转入步骤 2。

步骤 6：组建聚集群体并进行群体冲突程度测度。根据步骤 4 中的聚集组建聚集群体，并对聚集群体冲突进行测度，如果测度结果满足条件 $\varphi < \delta$，则转入步骤 8，否则转入步骤 7。

步骤 7：生成聚集与群体冲突矢量。计算聚集群体冲突矢量，按照聚集间协调成员选取规则组织协调成员，并转入步骤 5。

步骤 8：给出群体接近一致的偏好。计算群体接近一致的偏好。其中，选择过程与群体一致性的交互过程如图 5-8 所示。至此完成群体冲突协调过程。

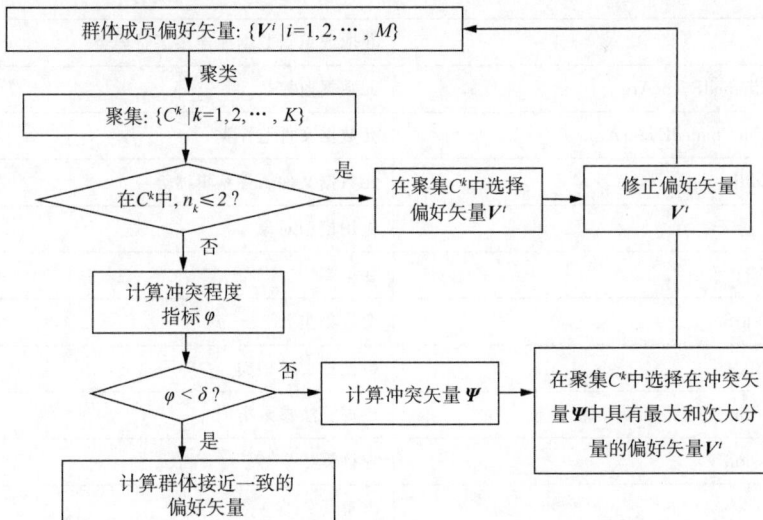

图 5-8　选择过程与群体一致性的交互过程

群体成员偏好冲突协调所达成的一致满意，不是一步就能实现的，而是在群体协调框架模型下反复多次协调的结果。而且由群体思维我们可知，决策一开始就取得的群体高度一致并不一定是正确的群体一致。

5.4.4　平台组件设计与开发

平台组件的设计遵守金属矿产资源高效绿色利用的原则进行开发，研制决策支持系统的开发组件群包括数据管理系统开发组件（data management system-developer components，DMS-DC）、知识管理系统开发组件（knowledge management system-developer components，KMS-DC）、模型管理系统开发组件（model management system-developer components，MMS-DC）、问题管理系统开发组件（problem management system-developer components，PMS-DC）、群决策管理系统开发组件等，其为用户开发专用决策应用软件提供了一种实用灵活的构建方式。

1. 数据管理系统开发组件

数据管理系统开发组件是一种专用于开发各类决策支持系统或含有决策支持功能软件中的数据管理系统/模块的软件工具。使用该开发组件，可以快速开发出用于创建、修改、删除决策模型的软件系统/功能模块。该组件运用的类和枚举如表 5-1～表 5-4 所示。

表 5-1　数据管理系统开发组件中的类

类	说明
Data	获取或编辑数据库连接字符串类
MetaDataChanedEventArgs	元数据监控类
MetaDataFileChanedEventArgs	元数据文件监控类
MetaFileEditor	元数据文件属性编辑器类
Model	应用模型对象
PreDefineVar	变量类
PreDefineVarSet	变量集类
DMModel	数据挖掘模型类
DMAlgorithm	挖掘算法参数类
AlgExpression	挖掘算法类
SolutionTask	求解任务类
TaskDataSource	挖掘任务数据源类
DMTask	挖掘任务类

表 5-2　数据管理系统开发组件中运用的枚举

枚举	说明
MetaDataEditTabStyle	指定 MetaDataEditTab 控件的样式
SQLType	指定 SQL 生成器类型
DWHModelType	指定 DWHModel 类型
DMType	挖掘类型
TaskType	挖掘任务类型
DataSourceType	数据源类型

举例说明：Data 类。

表 5-3　Data 类的公共构造函数

构造函数	说明
Data 构造函数	初始化 Data 类的一个新实例

表 5-4　Data 类的公共函数

公共函数	说明
EditConnectionString	获取或编辑数据库连接字符串
ReadMetaData	读取元数据文件到数据集
Exist	确定元数据中是否存在指定的数据库、数据表或者字段

1）类和枚举

（1）Data 构造函数。

描述：初始化 Data 类的一个新实例。

语法：

　　〔Visual Basic〕

　　 Public New Data（）

　　〔C#〕

　　 public Data（）；

　　〔C++〕

　　 public：Data（）；

　　〔JScript〕

　　 public function Data（）；

说明：该类用于获取或编辑数据库连接字符串。

（2）EditConnectionString 公共函数。

描述：获取或编辑数据库连接字符串。

语法：

　　〔Visual Basic〕

　　Public Shared Function EditConnectionString（）

　〔C＃〕

　　public EditConnectionString（）;

　〔C＋＋〕

　　public：EditConnectionString（）;

　〔JScript〕

　　public function EditConnectionString（）;

说明：该函数用于获取或编辑数据库连接字符串，返回数据库类型。

（3）MetaDataEditTabStyle 枚举。

描述：指定 MetaDataEditTab 控件的样式。

语法：

　〔Visual Basic〕

　　Public Enum MetaDataEditTabStyle

　〔C＃〕

　　public enum MetaDataEditTabStyle

　〔C＋＋〕

　　__value public enum MetaDataEditTabStyle

　〔JScript〕

　　public enum MetaDataEditTabStyle。

2）数据管理系统开发组件功能

　　数据管理系统开发组件主要实现金属矿产资源开发涉及的矿产资源数据、国民经济与行业发展数据、金属市场价格数据、投资环境数据等的管理，包括三个主要模块。

　　（1）数据输入与维护模块。该模块对系统所需的各类数据进行获取、输入、修改和删除，保证金属矿产资源开发决策所需的主要数据信息获取的及时性和正确性。

　　（2）数据查询模块。该模块提供用户查询数据所需的界面，使用户可根据自己的需要选择或自定义查询系统各数据库中的数据信息，并支持对任一选定数据的排序显示。

　　（3）数据表管理模块。该模块主要实现决策分析时所需的即时性数据表的创建、修改和删除。

2. 知识管理系统开发组件

　　知识管理系统开发组件是一种专用于开发各类决策支持系统或含有决策支持功能软件中的知识管理系统/模块的软件工具。通过该开发组件的使用，可以快速开发出用于创建、修改、删除和查询各类知识的软件系统/功能模块。该组件运用的类和枚举如表 5-5～表 5-9 所示。

表 5-5　知识管理系统开发组件中运用的类

类名	说明	作用
KnowledgeBrowser	知识内容浏览类	实现知识内容的浏览
KnowledgeManager	知识管理控件	控制知识管理系统的运行
CategoryContextMenuState	知识目录区上下文菜单交互状态类	管理知识目录上下文菜单的交互状态
ConnectionStateChanged EventArgs	知识管理连接状态变化事件数据提供类	管理知识管理的连接状态
KnowledgeListContextMenuState	知识列表区上下文菜单交互状态类	管理知识列表上下文菜单的交互状态
KnowledgeViewItemCollection	知识外部视图属性项目集合类	管理知识的所有外部视图属性
KnowledgeViewItem	知识外部视图属性项目类	管理知识的每个外部视图属性
SpecialCategorys	特殊知识目录类	管理特殊知识的基本信息

表 5-6　知识管理系统开发组件中运用的枚举

枚举	说明
CategoryEditType	目录编辑操作状态

举例说明：KnowledgeBrowser 类。

表 5-7　KnowledgeBrowser 类中公共构造函数

构造函数	说明
KnowledgeBrowser 构造函数	初始化 KnowledgeBrowser 类的一个新实例

表 5-8　KnowledgeBrowser 类中公共属性

公共属性	说明
Version	获取控件的版本号
Author	获取控件作者
Copyright	获取控件的版权
BorderStyle	获取或设置控件边框样式
Knowledge	获取或设置要显示的元知识
KnowledgeType	获取或设置元知识的类型定义
KnowledgeView	获取元知识的外部视图
［ReadOnly］	指示控件是否为只读
Preview	指示控件是否以预览方式显示元知识

表 5-9　KnowledgeBrowser 类中公共方法

公共方法	说明
ShowKnowledge	显示元知识

1）类和枚举

（1）KnowledgeBrowser 构造函数。

描述：初始化 KnowledgeBrowser 类的一个新实例。

语法：

　［Visual Basic］

　Public New KnowledgeBrowser（）

　［C#］

　public KnowledgeBrowser（）；

　［C++］

　public：KnowledgeBrowser（）；

　［JScript］

　public function KnowledgeBrowser（）；

说明：该类用于实现知识内容的浏览。

（2）Version 属性。

描述：

获取一个值，获取控件的版本号。

语法：

　［Visual Basic］

　Public ReadOnly Property Version（）As String

　［C#］

　public String Version｛get；｝

　［C++］

　public：__property String * get _ Version（）；

　［JScript］

　public function get Version（）：String；

属性值：表示获取控件的版本号的 String。

（3）枚举 CategoryEditType。

描述：指示目录编辑操作状态。

语法：

　［Visual Basic］

　Public EnumCategoryEditType

　　〔C#〕

　　public enumCategoryEditType

　　〔C++〕

　　__value public enumCategoryEditType

　　〔JScript〕

　　public enumCategoryEditType。

　2）知识管理系统开发组件功能

　　知识管理系统开发组件负责实现金属矿产资源开发决策和相关活动所需的专业知识以及非结构化信息的管理，包括三个主要模块。

　　（1）知识创建与维护模块。该模块对政府和行业指导机构制定和调整金属矿产资源绿色高效利用的战略与政策，以及企业进行金属矿产资源开发项目决策或从事相关管理所需的来自于书籍、网站、文献、专家等方面的各种知识及非结构化信息进行输入、修改、删除与存储。同时，实现专家用户对求解问题所需问题类型、求解方法等知识的创建与维护。

　　（2）知识查询管理模块。该模块提供用户查询知识所需的界面，使用户可根据知识的类型或输入的关键词查询知识库中所需知识。

　　（3）知识推送管理模块。该模块使用户可以建立自己的知识仓库，并将用户所关心领域中的最新知识推送给他们，实现用户所需知识的个性化管理。

3. 模型管理系统开发组件

　　模型管理系统开发组件是一种专用于开发各类决策支持系统或含有决策支持功能软件中的模型管理系统/模块的软件工具。通过该开发组件的使用，可以快速开发出用于创建、修改、删除决策模型的软件系统/功能模块。该组件的类和枚举如表 5-10～表 5-14 所示。

表 5-10　模型管理组件中的类

类	说明
Model	应用模型对象
ModelManager	模型管理控件
PreDefineVar	预定义变量对象
PreDefineVarCollection	预定义变量集合对象
SolutionParameter	求解参数对象
SolutionSchema	解决方案对象
SolutionTask	求解任务对象
SolutionTaskCollection	求解任务集合对象

表 5-11　模型管理系统开发组件中的枚举

枚举	说明
PMType	指定 ModelManager 的弹出菜单类型
SQLType	指定 SQL 生成器类型
TKType	指定任务类型

举例说明：Model 类。

表 5-12　Model 类中的公共构造函数

构造函数	说明
Model 构造函数	初始化 Model 类的一个新实例

表 5-13　Model 类中公共属性

公共属性	说明
Algorithm	获取或设置模型所使用的求解算法编号
Description	获取或设置模型的文字说明
InputVariables	获取或设置模型的输入变量
ModelExpressions	获取或设置模型的表达式
ModelName	获取或设置模型的名称
OutputVariables	获取或设置模型的输出变量

表 5-14　Model 类中的公共方法

公共方法	说明
DeleteModel	在模型库中删除模型
OpenModelBase	打开模型库
ReadModel	从模型库读取模型
New	构造模型对象
SaveModel	将模型保存到模型库

1）类和枚举

（1）Model 构造函数。

描述：初始化 Model 类的一个新实例。

语法：

　　〔Visual Basic〕

　　Public New Model（）；

　　〔C#〕

　　public Model ()；

　[C++]

　　public：Model ()；

　[JScript]

　　public function Model ()；

说明：该类用于对每个决策模型进行设置和管理。

(2) Algorithm 属性。

描述：获取或设置一个值，该值指示模型求解时所使用的求解算法的编号。

语法：

　[Visual Basic]

　　Public Property Algorithm () As String

　[C#]

　　publicstring Algorithm {get；set；}

　[C++]

　　public：__property String * get _ Algorithm ()；

　　public：__property void set _ Algorithm (String*)；

　[JScript]

　　public function get Algorithm ()：String；

　　public function set Algorithm (String)；

属性值表示算法编号的字符串。默认值为空字符串 ("")。

(3) DeleteModel 方法。

描述：在指定模型库中删除指定的模型。

语法：

　[Visual Basic]

　　Public Shared Sub DeleteModel (ByVal ModelBase As String，ByVal ModelName As String)

　[C#]

　　public Void DeleteModel (String ModelBase，String ModelName)；

　[C++]

　　public：Void DeleteModel (String* ModelBase，String* ModelName)；

　[JScript]

　　public function DeleteModel (ModelBase：String，ModelName：String)；

参数：

ModelBase 为已打开的模型库。

ModelName 为要读取的模型名称。

2）模型管理系统开发组件功能

使用该组件开发的软件系统/功能模块将具有决策方案管理、决策任务管理、决策模型管理、表达式生成、数据源管理和决策问题求解等一系列功能。

模型管理平台组件主要面向专家用户在决策分析与求解决策问题时所需的模型，平台组件可以对模型进行创建、查找、修改、试算和存储。

4. 问题管理系统开发组件

问题管理系统开发组件是一种专用于开发各类决策支持系统或含有决策支持功能软件中的问题管理系统/模块的软件工具。通过该开发组件的使用，可以快速开发出相应的软件系统功能模块，从而实现决策问题的录入、查询、分析理解，决策支持系统模型、数据、知识的调用，决策方案的生成与管理。该组件运用的类和枚举如表 5-15～表 5-19 所示。

表 5-15　问题管理组件中的类

类名	说明	作用
Problem	决策问题对象	管理每个决策问题
Problems	决策问题集合对象	管理决策问题及其子问题集合
PM-Property	决策问题属性对象	管理决策问题的各个属性
SolutionSchema	求解方案对象	管理决策问题的求解方案
SolutionTask	求解任务对象	管理决策问题的每个求解任务
ProblemManager	问题管理器	控制整个问题管理系统的运行
ProblemIdentificator	问题识别控件	识别决策问题属性、类型和子问题
ProblemSolver	问题求解控件	求解决策问题

表 5-16　问题管理系统开发组件运用的枚举

枚举	说明
PropertyValueType	问题属性取值状态

举例说明：Problem 类。

表 5-17　Problem 类中公共构造函数

构造函数	说明
Problem 构造函数	初始化 Problem 类的一个新实例

表 5-18　Problem 类中公共属性

公共属性	说明
ProblemID	决策问题编号
ProblemName	决策问题名称
Comment	决策问题详细表述
Parent	父问题对象
Properties	决策问题属性集合
SolutionSchema	指派的解决方案
UserID	问题提交人编号
Time	问题提交时间

表 5-19　Problem 类中公共方法

GetProperties	获取决策问题的属性集合
SetSolutionSchema	为决策问题指派一个求解方案

1）类和枚举

（1）Problem 构造函数。

描述：初始化 Problem 类的一个新实例。

语法：

　　［Visual Basic］
　　　Public New Problem（）
　　［C♯］
　　　public Problem（）；
　　［C++］
　　　public：Problem（）；
　　［JScript］
　　　public function Problem（）；

说明：该类用于管理每个决策问题。

（2）ProblemID 属性。

描述：获取一个值，获取决策问题编号。

语法：

　　［Visual Basic］
　　　Public ReadOnly Property ProblemID（）As String
　　［C♯］
　　　public String ProblemID｛get；｝

［C++］

public：__property String* get_ ProblemID ()；

［JScript］

public function get ProblemID ()：String；

属性值：表示决策问题编号的 String。

2）问题管理系统开发组件实现功能

问题管理系统开发组件用于开发决策支持系统中的问题管理子系统或人机交互子系统，所开发的 PMS 主要用于决策问题的录入、查询、分析理解决策问题，控制整个决策支持系统调用模型、数据、知识等资源求解决策问题，形成决策方案，并对决策方案进行管理。问题管理开发组件主要负责对金属矿产资源开发涉及的不确定性决策问题进行理解分析，找出问题求解的方法和所需信息，求解问题并对问题求解方案进行评价。该子系统的主要模块包括以下几种。

（1）问题基本信息管理模块。该模块负责对不确定性决策问题的录入、修改、查询，以及对问题编号、问题提交人等信息进行设置和对问题知识库进行管理。

（2）问题分析与理解管理模块。该模块主要负责中文自然语言表述的决策问题语句分词，问题决策目标、已知条件、关键词等显性属性的识别，问题类型、问题求解方法及方法所需求解条件等隐含属性的识别，以便找到求解问题的合适方法。同时，该模块还负责对决策问题进行子问题分解和创建，以便形成完整的问题求解方案。

（3）问题求解管理模块。该模块主要负责决策问题求解任务（即问题及其子问题的求解任务）的组织和维护，以及调用求解方法求解各级子问题直至总问题。

（4）问题求解方案群决策管理模块。该模块主要负责利用群决策机制对选用不同方法求解决策问题而形成的多求解方案进行评价和筛选，以帮助决策用户对问题形成最终的解决方案，并使问题求解方案能够作为一种知识供以后求解同类问题采用。

5. 群决策管理系统开发组件

群决策管理系统开发组件是一套用于开发各类群决策支持系统的类库。群决策过程是由一群具有相关领域知识、观点的专家（或参与者）对某个问题或任务广泛发表意见、协商讨论、投票表决，最终形成决策参考意见的过程。该组件所运用的类如表 5-20 所示。

表 5-20　群决策管理系统开发组件中运用的类

类	说明
DSS. Agent. Agent	agent 抽象类，定义 agent 的基本特征
DSS. Agent. AID	agent 标识符
DSS. Agent. MessageQueue	agent 消息队列
DSS. Agent. Container	agent 容器类
DSS. Agent. Behaviour	agent 行为
DSS. Agent. Platform	agent 平台
DSS. Agent. AMSService	agent 管理服务
DSS. Agent. DFService	目录服务
DSS. Agent. ACLMessage	agent 通信语言
...	...

运用该类库，用户可快速地定制相应的 agent 的行为、交流语言、合作方式和通讯协议，进而开发符合要求的群决策支持系统。头脑风暴（brainstorm）类库提供了开发电子头脑风暴（讨论区）的一些基本功能，如主题的定义、观点的发布及审批、投票、搜索、用户管理等，用户通过重用这些类库，可以很快地开发一个基于 Web 的 brainstorm 系统。

6. 决策分析组件

决策分析组件主要负责对金属矿产资源高效绿色开发涉及的重要确定性决策问题进行定量分析，通过调用相关的决策分析模型进行必要的预测和评价指标计算，并将分析结果以数据表格与图形方式呈现给用户，辅助他们制订相关的决策方案。该子系统的主要模块如下。

1）主要金属资源供需趋势分析模块

该模块主要用于预测我国今后一段时间国民经济发展对铁、铜、铝三种主要金属矿产的需求量，分析我国这些金属矿产资源的开发潜力、产量及变化趋势，为制定我国主要金属矿产资源高效绿色开发平台提供决策依据。

2）主要金属重点矿山经济储量评价分析模块

该模块主要用于对我国主要金属矿产资源的重点矿山相应资源的经济储量、边际经济储量、次边际经济资源量进行综合评价，分析资源的开发潜力，为我国这些金属矿产资源基地的中长期开发战略的制定和调整提供决策依据。

3）主要金属资源优化配置分析模块

该模块主要针对铁、铜、铝三种重要金属矿产资源的优化配置面临的不确定性，应用贝叶斯网络模型，从时间和空间两个层面来分析我国矿产资源的优化配置。

4）金属矿产资源投资环境风险评价分析模块

该模块主要针对指定的金属矿产资源开发项目，或指定资源区域的投资环境可能存在的政治、经济、资源、市场、财务、政策、自然等风险进行评价分析，为制订金属矿产资源高效绿色开发战略中的选区规划或开发项目的投资计划提供依据。

5）金属矿产资源开发项目最优投资决策分析模块

该模块主要用于对企业金属矿产资源开发项目进行投资价值的评估分析，为判断项目投资方案的实施时机提供决策依据。

本平台组件的设计与开发充分考虑了如何高效率地对金属矿产资源进行开发，同时兼顾了开发过程中会遇到的环境问题。真正做到了高效与绿色并行，为当今由矿产资源开发过程引发的环境问题提供了解决方案。

5.4.5　平台部署与应用

在整个 MD-DSS 中，决策问题管理、模型管理和数据管理是系统最核心的部分，根据上面提出的系统体系结构和开发环境配置，模型管理和数据管理都可以用已有的 SmartDecision 来开发，而问题管理部分需要另外开发新的组件，待组件开发完成并集成于已有的 SmartDecision 以后，就可以利用 VB. NET 平台在开发出系统的外壳程序（系统界面）的基础上，通过调用 SmartDecision 的各种组件来生成系统的核心程序。因此 MD-DSS 的开发顺序如图 5-9 所示。

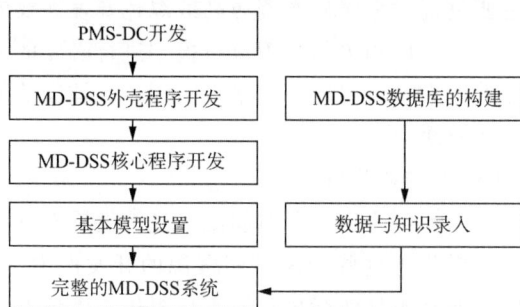

图 5-9　MD-DSS 的开发顺序

考虑到系统不同功能的用户使用环境和权限，MD-DSS 将采用 B/S 与 C/S 相结合的体系结构。其中，金属矿产资源投资环境风险评价分析部分主要是给企业用户使用，而相关的数据又多来自于不同的数据库，故该部分功能需做成一个相对独立的系统采用 B/S 结构，通过架设 Web 服务器，让需要使用该部分决策功能的用户通过浏览器对服务器端程序的访问就能实现相关的决策分析。而系统其他部分采用 C/S 结构，以保证决策分析所需复杂功能的实现，并可获得较高的系统处理效率及安全保密性。

5.4.6　平台特色

1. 功能丰富全面

MD-DSS 提供数据信息管理、知识管理、模型管理、问题管理和决策分析多方面的功能，为金属矿产资源高效绿色开发的相关决策提供了综合性的信息服务平台。尤其在决策分析方面，既提供了行业宏观决策所需的资源供需分析、资源有效配置分析等功能，也提供了企业微观决策所需的矿山经济储量分析、项目风险分析等功能；既支持个体决策，也支持群体决策。同时，系统还可以针对高效绿色利用方面提供方法，能较好地满足金属矿产资源开发各方面决策的需要。

2. 适应性好

MD-DSS 不仅仅是一个可提供评价与决策分析数据和知识的信息管理与决策支持系统，由于它采用了我们拥有自主知识产权的决策应用软件开发平台——SmartDecision 的模型管理、问题管理等组件，用户可以灵活自主地创建、设置各种模型，并能够利用这些模型对自己提交的各种与资源开发相关的决策问题进行分析，因此，它实际上是一种开放式的决策支持平台，具有很强的适应性和灵活性。

3. 算法可扩展性强

系统包含了各种预测、评价等决策所需的算法，算法包含在 SmartDecision 的组件中，而组件因其定义了算法的标准结构，因此非常便于扩展升级。组件不仅可以通过升级扩充算法，还支持第三方开发算法，甚至可以兼容用 MATLAB 等分析工具编写的算法，从而使 MD-DSS 可以支持更多类型的决策分析模型，使系统的分析功能不断增强。

4. 系统功能结构人性化

MD-DSS 的知识管理子系统以用户为中心，用户不仅可以建立自己的技术创新知识仓库，发布、查询和维护自己拥有或需要的知识，而且系统内置了我们自己开发的知识推送引擎，它可以将系统知识库中用户关注领域的最新知识及时推送给用户，从而为用户的知识管理提供个性化服务。此外，MD-DSS 的问题管理子系统和模型管理子系统都支持用户向导模式，方便用户对决策问题的分析和对决策模型的设置。

5. 安装使用简便

系统界面友好，使用方便，用户能迅速地掌握系统操作。系统采用 VB. NET 开发，编译后在. NET 框架支持下无须安装，可以直接使用。

6. 结果展示直观

系统以图形、表格、文字说明等形式将预测或分析的结果直接呈现给决策用户，同时可以及时提供决策建议，方便用户做进一步的决策分析。

实践篇

第6章 金属矿产资源开发利用科技发展战略工程

6.1 工程背景

金属矿产是关系到国家发展和社会经济的重要资源。随着我国经济持续快速发展，在未来，国家经济建设对金属矿产品的需求仍将持续、快速增长。随着我国工业化进程的加快以及经济总量的不断增加，矿产资源消费需求迅速增加，资源供应短缺日益加剧的趋势已被广泛关注。我国全面建成小康社会、实现工业化，究竟需要多少矿产资源？我国主要矿产资源的保障程度如何？制约我国矿业发展的主要因素是什么？在经济全球化形势下，如何保证我国矿产资源的安全供应？怎样以科学技术为支撑，促进资源、经济、社会、环境的协调发展？全面、综合、系统、科学地分析和认识这些问题，既是制定我国矿产资源安全供应战略的基本前提，也是矿产资源发展战略的主要内容。为提高我国金属矿产资源保障程度，更好地开发利用金属矿产资源，保障国民经济可持续发展，迫切需要提出适应发展形势的以及与我国主要金属矿产科技、经济、生态相协调的发展战略，为政府制定政策、进行决策提供依据。

科学技术是第一生产力。从根本上讲，资源问题的出现是科学技术促进生产力快速发展、推进人类不断进步的结果，也是工业化进程的基本特征。资源及环境问题也必须通过科学技术的发展来解决。为此，21世纪初，科学技术部（简称科技部）根据国家中长远发展战略及我国金属资源保障形势，组织了一系列科技攻关重大项目，研究和实施金属矿产资源开发利用科技发展战略工程，旨于对我国主要金属矿产资源保障程度、资源特性、开发利用现状及未来发展趋势等方面进行综合分析研究的基础上，结合决策支持系统软件的自主开发与应用，提出促进我国资源、经济、社会、环境协调发展的金属矿业科技发展战略。

6.2 工程实施过程

6.2.1 工程目标

在金属矿产资源绿色开发利用中，为了研究金属矿产资源的保障水平，有必要研究我国稀缺金属的储量及开发利用。2001年启动的"大型紧缺金属矿产资源基地综合勘查与高效开发技术研究"课题，是金属矿产资源开发利用科技发展战略工程的基础和重要组成部分。该课题由科技部立项，旨于在"十五"期间选择金属矿产资源勘查、采矿、选矿、冶炼和深加工等方面的共性技术和关键技术，开展产、学、研联合攻关，攻克一批制约我国金属矿产资源勘查与开发的技术难题，以形成既具有代表性又具有广泛推广意义的勘查、采矿、选矿和冶炼加工的系列新工艺、新技术和成套装备，切实保证资源供应，提高采、选、冶水平和资源综合利用率，降低能耗，减少环境污染，提供一批高效节能的无污染新工艺、新技术和成套装备，从而确保我国金属矿产业的可持续发展，满足国民经济建设对金属矿产资源日益增长的需求，促进产业升级和增强行业在国际上的竞争力。

　　金属矿产资源科技发展战略工程的目标是从科技、经济、生态协调发展的战略高度出发，通过对国内外金属矿产状况、发展趋势以及相关法律、政策、法规进行分析研究，提出在市场经济和全球经济一体化条件下，与我国主要金属矿业在科技、经济、生态方面相协调的发展战略及政策建议。解决我国金属矿业资源信息与决策系统的主要关键技术问题，通过数学建模和信息技术，开发出适合我国国情的金属资源科技发展战略决策支持系统，为政府部门决策提供科学依据，切实提高我国金属矿业可持续发展的决策能力。

6.2.2　工程实施阶段划分

　　工程分三个阶段来实施：第一阶段是方案制订工作，第二阶段是技术研发，第三阶段是成果的推广应用。以"我国主要金属矿产资源保障程度及开发利用科技发展战略研究"课题（2001BA609A-01）为例，该课题于 2001 年 1 月启动，在科技部农村与社会发展司的指导下，具体工作由中国有色金属工业技术开发交流中心、科技部、中南大学、中国有色金属工业协会、北京科技大学、北京钢铁研究总院、冶金科技发展中心、中国地科院矿床资源研究所等单位参与。

　　课题分为以下三个阶段。

　　第一阶段：主要进行课题可行性论证、签订合同、制订研究方案、进行总体设计、落实任务。

　　第二阶段：开展调研、收集资料、组织研讨，同时进行软件系统总体发展规划和有关规范标准制定，研究解决建立系统的关键技术问题，包括系统技术标准、模型研究、数据库及系统集成、预测与评价通用软件系统等，进行我国主要金属矿产资源保障程度和开发利用发展战略研究，组织专家研讨，编写报告。

　　第三阶段：解决建立系统的关键技术问题，形成一个完整的系统体系模型，并对前一阶段的技术成果进行评价和改进，同时研究成果在具体的开发工程中的推广应用。

6.3　工程决策方法与工具

金属矿产资源的科技发展需要一系列的科学决策支撑，工程决策方法是相应的方法工具，下面将介绍工程研究成果中的预测模型和决策支持系统。

6.3.1　分析预测模型

模型主要包括计量经济模型[98]、灰度预测模型和敏感性分析模型。

1. 计量经济模型

这类模型主要用于各种预测，包括行业经济预测与国内供需预测，主要模型如下。

(1) 有色工业总产值预测模型：
$$TVO = e^{8.458+0.389\ln K+0.07\ln L+0.639V}$$

(2) 有色工业劳动力人数预测模型：
$$L = e^{13.884+0.055t-0.003t^2} - 24\ 055.106$$

(3) 有色工业资本存量预测模型：
$$K = e^{-0.652+0.931\ln K_{t-1}+0.141\ln I}$$

(4) 有色工业投资预测模型：
$$I = -57\ 955.21 + 38.622GDP$$

(5) 有色工业出口额预测模型：
$$X = -16\ 808\ 032.166 + 106\ 460.972\ln(TVO) + 8\ 766.98t$$

(6) 有色工业进口额预测模型：
$$M = -286\ 245.245 + 67.018GDP - 58\ 451.036t$$

(7) 有色工业国内总产量预测模型：
$$NTO = e^{-1.816+0.567\ln k-0.133\ln l}$$

(8) 有色工业国内消费量预测模型：
$$NTC = -160.656 + 0.032GDP$$

(9) 有色工业世界总产量预测模型：
$$WTO = 4\ 132.304 + 18.286t + 5.479t^2$$

(10) 有色工业世界消费量预测模型：
$$WTC = 4\ 256.453 + 55.276t - 8.964t^2 + 0.707t^3$$

(11) 铜产量预测模型：
$$O = -6.414 + 0.360\ C + 0.207(X - M) + 0.694\ O_{t-1}$$

（12）铜消费量预测模型：

$$C = 39.796 + 0.004\text{GDP}$$

（13）铝产量预测模型：

$$O = -12.696 + 1.072C + 0.705(X - M)$$

（14）铝消费量预测模型：

$$C = -15.608 + 0.010\text{GDP}$$

（15）钢铁工业总产值预测模型：

$$\text{TVO} = e^{3.285 + 0.436\ln K + 0.796V}$$

（16）钢铁工业资本存量预测模型：

$$K = e^{-119 + 0.867\ln K_{t-1} + 0.187\ln I}$$

（17）钢铁工业投资预测模型：

$$I = -112.745 + 0.045\text{GDP}$$

（18）钢铁工业国内总产量预测模型：

$$\text{NTO} = e^{5.735 + 0.427\ln K}$$

（19）钢铁工业世界总产量预测模型：

$$\text{WTO} = 64\,810.538 + 3\,979.075t - 496.387t^2 + 19.584t^3$$

（20）稀土产品产量预测模型：

$$O = -0.170 + 1.937C + 0.659X$$

（21）稀土产品消费量预测模型：

$$C = -0.154 + 6.608\text{GDP}$$

（22）稀土矿产量预测模型：

$$O = -2.247 + 0.000\,3\text{GDP}$$

其中，GDP 为国内生产总值；GIP 为工业生产总值；TVO 为行业总产值；L 为劳动力人数；K 为资本存量；I 为投资；C 为消费量；O 为产量；X 为出口量；M 为进口量；NTO 为国内总产量；NTC 为国内总消费；WTO 为世界总产量；WTC 为世界总消费；t 为时间；$t-1$ 为滞后一期；V 为虚拟变量（政策变量）。

对于不同的行业与不同的金属品种将分别建立不同的计量经济模型。并且，这些模型的形式与参数，随着时间的变化，需要不断地调整，以保证拟合的精度。

在行业预测计量经济模型的基础上，可以进行敏感性分析，即通过改变投资额的大小，计算出其他宏观经济指标的相应大小，从而得到投资对这些指标影响的程度。

2. 灰度预测模型

对于在金属资源保障程度和开发利用水平科技发展战略决策中那些随时间波

动较大，而且又难以找到明显解释变量的指标。我们采用了 GM（1，1）灰度预测模型，其基本形式是

$$\sum_{i=1}^{n-1} b_i x_{i+1}^{(1)} = u$$

相应的微分方程为

$$\frac{\mathrm{d}x^{(1)}}{\mathrm{d}t} + ax^{(1)} = u$$

其中，$x_i^{(1)}$ 为由原始数据序列 $x_i^{(0)}$ 累加生成的序列，记系数向量 $a = [a，u]^T$，用最小二乘法对 a 求解：

$$a = [X(A，B)^T X(A，B)]^{-1} X(A，B)^T y_m$$

即可得预测方程：

$$X^{(1)}(t+1) = (X^{(0)}(1) - u/a)e^{-at} + u/a$$

模型的检验用方差比 $C = S_2/S_1$ 和小误差概率 $P = \{|\varepsilon^{(0)}(K) - \bar{\varepsilon}^{(0)}| < 0.674\,5S_1\}$ 来判断，即 $P > 0.95$、$C < 0.35$ 即认为预测精度好。其中，S_1、S_2 分别为原始数据列和残值 $\varepsilon^{(0)}$ 的均方差。

该模型需要通过编写程序来实现求解。在本研究中需要用灰色预测模型预测的指标有铜、铝、铅、锌、镍、锡、锑、汞、钛、钢、钢材、铁矿、生铁的进口量和出口量，镁的进口量，汞和钛的产量。

3. 敏感性分析模型

敏感性分析模型主要用来分析各金属产品的产量对其各自的技术经济指标变动的敏感程度，从而找出影响金属资源保障程度的主要技术因素。但由于各金属产品的技术经济指标数据与相应的产品产量关系比较复杂，难以简单地用代数函数描述它们的数量关系，因此，我们选择利用反向传播（back propagation，BP）神经网络模型来找出技术经济指标与产量的关系并进行敏感性分析，其基本思路如下。

1）BP 神经网络的构建

BP 神经网络示意图如图 6-1 所示。

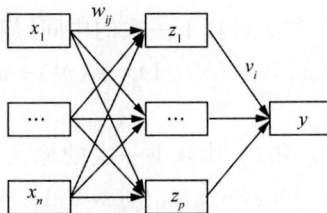

图 6-1　BP 神经网络示意图

输入层向量为 $\boldsymbol{X}_k = [x_1^k, \ x_2^k, \ \cdots, \ x_n^k](k=1, \ 2, \ \cdots, \ m)$，其中，$X$ 为金属产品生产的技术经济指标；n 为技术经济指标个数；m 为学习样本个数。

输出层向量为 $\boldsymbol{Y}_k = [y^k]$（$k=1, \ 2, \ \cdots, \ m$），其中，Y 为金属产出量；m 为学习样本个数。

中间层向量为 $\boldsymbol{Z}_k = [z_1^k, \ z_2^k, \ \cdots, \ z_p^k]$（$k=1, \ 2, \ \cdots, \ m$）；其中，$Z$ 为中间层；p 为中间层个数，我们建模时，经过多次模拟，最后中间层个数选为 5；m 为学习样本个数。

W_{ij}（$i=1, \ 2, \ \cdots, \ n$；$j=1, \ 2, \ \cdots, \ p$）为输入层到中间层的连接权；V_j（$j=1, \ 2, \ \cdots, \ p$）为中间层到输出层的连接权。

θ_j（$j=1, \ \cdots, \ p$）为中间层阈；γ 为输出层阈值。

2）BP 神经网络的学习

神经网络学习的步骤如下。

步骤 1：初始化，给各连接权 W_{ij}、V_j，阈值 θ_j、γ 赋予 $[-1, \ +1]$ 区间的随机值。

步骤 2：随机选取一输入输出模式对 $\boldsymbol{X}_k = [x_1^k, \ x_2^k, \ \cdots, \ x_n^k]$，$\boldsymbol{Y}_k = [y^k]$ 输入网络。

步骤 3：用输入模式 $\boldsymbol{X}_k = [x_1^k, \ x_2^k, \ \cdots, \ x_n^k]$，连接权 W_{ij} 和阈值 θ_j，计算中间层各神经元的输入激活值 s_j，然后用 s_j 通过激活函数 $f(u) = \dfrac{1}{1+e^{-u}}$ 计算中间层各单元的输出 $z_j^k = f(s_j^k)$，其中，$s_j^k = \sum\limits_{i=1}^{n} W_{ij} \cdot x_i^k - \theta_j$。

步骤 4：用中间层的输出 z_j^k、连接权 V_j 和阈值 γ，计算输出层各单元的输入激活值 l^k，然后用 l^k 通过激活函数计算输出层的响应 $c^k = f(l^k)$，其中，$l^k = \sum\limits_{j=1}^{p} V_j \cdot z_j^k - \gamma$，并累计全局误差：$E = E + c^k - y^k$。

步骤 5：用希望输出模式 $\boldsymbol{Y}_k = [y^k]$，网络实际输出 c^k，计算输出层各单元的校正误差：$d^k = (y^k - c^k) \cdot (1 - c^k)$。

步骤 6：用 V_j、d^k、z_j^k 计算中间层的校正误差：$e_j^k = [d^k \cdot V_j] \cdot z_j^k (1 - z_j^k)$，$j=1, \ 2, \ \cdots, \ p$。

步骤 7：用 d^k、V_j、z_j^k 和 γ 计算下一次的中间层和输出层之间的新连接权：$V_j(N+1) = V_j(N) + \alpha \cdot d^k \cdot z_j^k$，$\gamma(N+1) = \gamma(N) + \alpha \cdot d^k$，其中，$N$ 为学习次数；α 为学习因子。

步骤 8：由 e_j^k、x_i^k、W_{ij} 和 θ_j 计算下一次的输入层和中间层之间的新连接权：$W_{ij}(N+1) = W_{ij}(N) + \alpha \cdot e_j^k \cdot x_i^k$，$\theta_j(N+1) = \theta_j(N) + \alpha \cdot e_j^k$。

步骤 9：选取下一个学习模式输入网络，返回到第三步，直至全部 m 个学习模式训练完毕。

步骤 10：重新从 m 个学习模式组中随机选取一个模式，返回到第三步，直至网络全局误差函数 E 小于预先设定的限定值（网络收敛），或学习次数大于预先设定的数值（当网络无法收敛时）。

3）敏感性分析

首先，取最近一期的技术经济指标 x_1，x_2，$\cdots$，x_m，同时，取 $i=1$，然后令 x_i 上下波动不同的幅度，其他技术经济指标值不变，输入神经网络，计算出相应的产出值 y，并进一步计算出 y 随 x_i 变动的变动率 k_i。接下来取 $i=i+1$，重复上述步骤，直至 $i=m$，由 k_i 的大小，即可反映出指标经济指标对产出的影响程度。

6.3.2　决策支持系统

作为一种决策支持系统，中国金属矿产资源保障程度与开发利用决策支持系统（china metal mineral resources security and utilization decision support system，CMDSS）的主要目标是，通过各类经济技术指标的统计分析，为政府部门或智囊机构制定我国主要金属矿产资源保障程度和开发利用发展战略、提出相关政策建议，给予必要的数据与指标预测和分析上的支持。上面已经介绍了决策分析系统中的分析预测板块，下面对决策支持系统的功能和结构做简要介绍。

CMDSS 的功能结构主要根据系统的目标和要求制定。同时，根据我们对决策支持系统的最新研究成果，即使是专用决策支持系统，由于决策要求和环境的不断变化，要求系统在模型设置和数据抽取上都保持一定的灵活性，让用户能比较方便地自定义模型或数据来源。这就要求在系统功能结构上做出相应的安排。由此，我们设计的 CMDSS 的功能结构如图 6-2 所示。

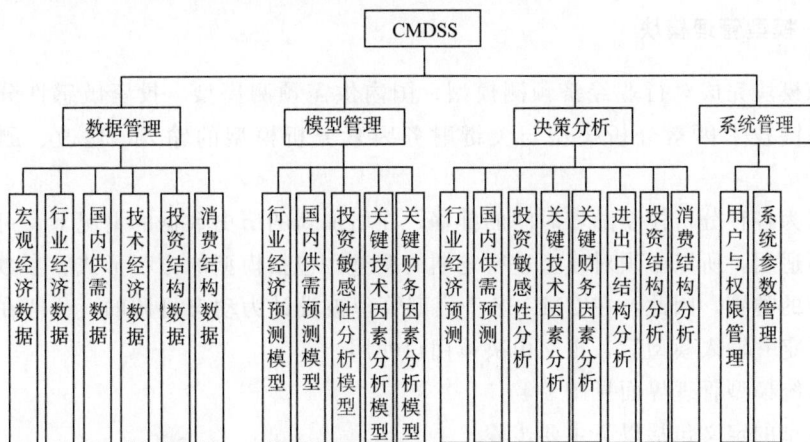

图 6-2　CMDSS 的功能结构

其中，CMDSS 共包括四个基本模块。

1. 数据管理模块

该模块对系统所需的各类数据进行获取、输入、修改、删除等操作，为分析决策提供数据源。这些数据主要包括：①行业宏观经济指标数据；②分品种金属供需数据；③行业技术经济指标数据；④行业财务指标数据。

系统数据录入界面如图6-3所示。

图 6-3　系统数据录入界面

2. 模型管理模块

该模块完成对行业经济预测模型、国内供需预测模型、投资敏感性分析模型、关键技术因素分析模型与关键财务因素分析模型的输入、修改、删除与存储。

因为各种分析模型随着时间的推移，在增加新的历史数据的情况下，可能会变得不适用，所以必须对模型进行定期的调整，包括模型的方程形式、参数，甚至模型的类别，因此，在 CMDSS 中模型管理被设计为动态可调的，一般在专家用户确定并输入模型后，再交由决策用户使用。

系统模型管理界面见图 6-4。

模型的定义包括以下主要步骤。

步骤 1：设置求解任务。每一个模型均由一系列求解任务构成，每一任务完成一个原子问题的求解（图 6-5）。

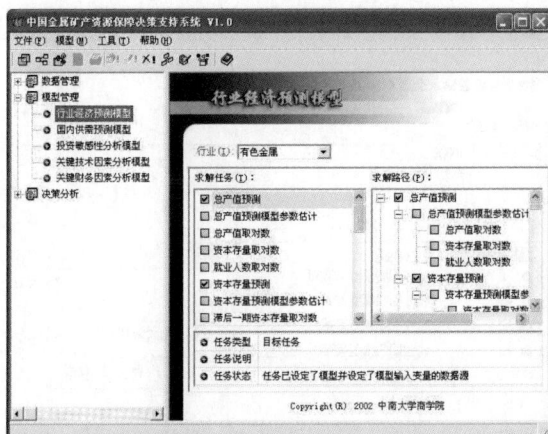

图 6-4　系统模型管理界面

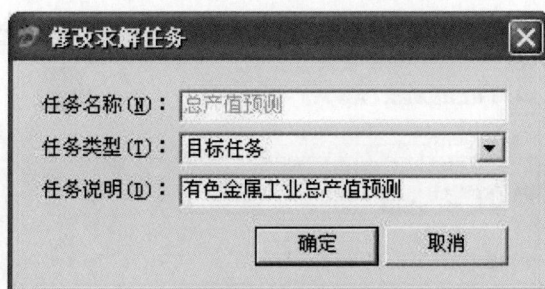

图 6-5　系统新建/修改求解任务界面

步骤 2：设置任务的模型描述。对每一个求解任务进行数学描述，这些任务包括选择算法、定义输入与输出变量、定义数学表达式（图 6-6～图 6-8）。

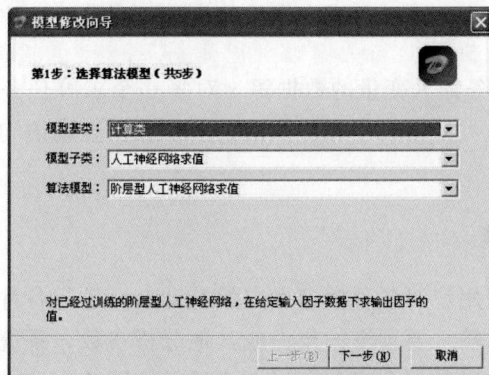

图 6-6　系统算法选择界面

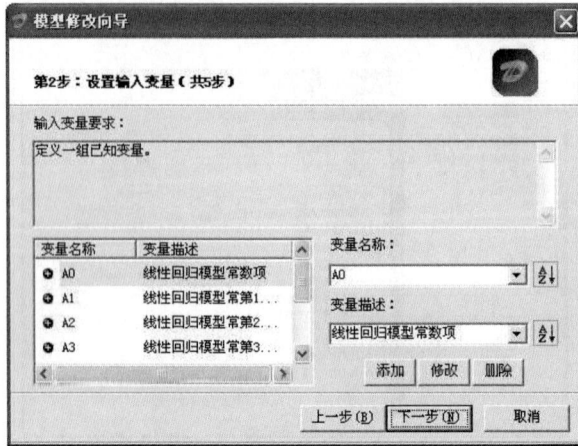

图 6-7　系统输入变量定义界面

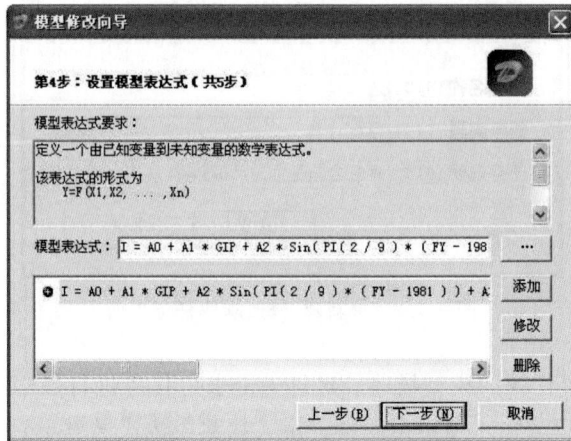

图 6-8　系统模型表达式定义界面

步骤 3：设置任务输入变量的数据源。对每一个求解任务的输入变量的数据源进行指定，数据源可以是一个具体数值、一个数据查询语句或是其他任务的输出值（图 6-9）。

3. 决策分析模块

该模型是在专家用户对各种模型设定的基础上，进行各种预测与分析。在预测与分析时，由用户输入要预测的年份或其他分析参数，系统根据相应的模型进行预测与分析，结果以数据表格与图形方式显示（图 6-10）。

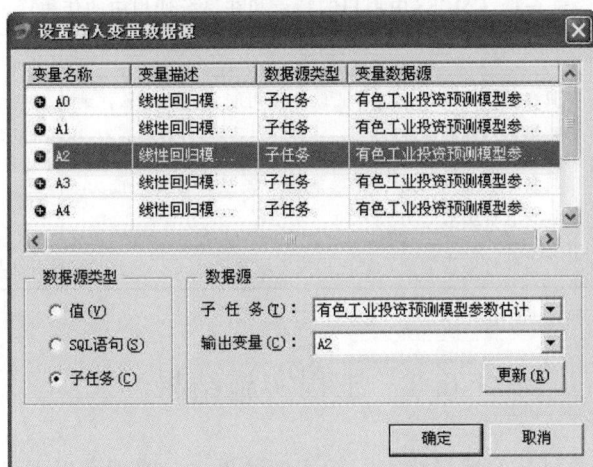

图 6-9　系统设置输入变量数据源界面

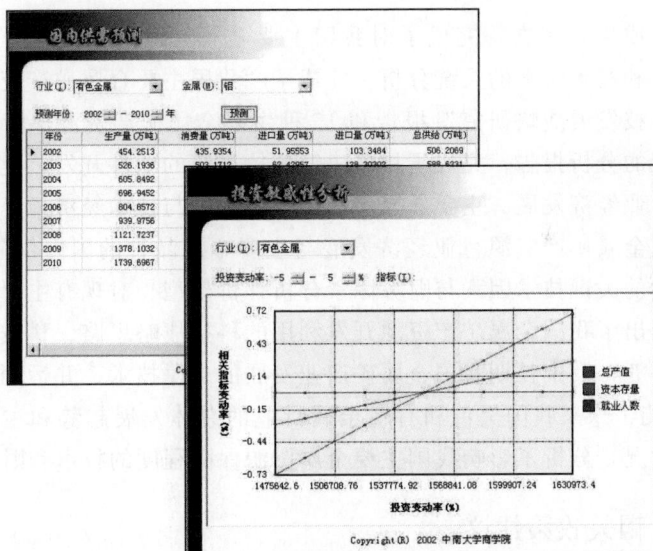

图 6-10　系统决策分析结果示例

4. 系统管理模块

该模块主要完成对用户身份与密码的管理。系统的用户分为三类，即决策用户、专家用户和系统管理员，其各自的特点和在系统使用中的作用见表 6-1。

表 6-1　CMDSS 中用户的特点和在系统使用中的作用

用户	知识构成特点	作用
决策用户	具备相关领域知识与一般软件应用能力，缺乏软件编程能力与建模能力	应用系统模型解决实际问题
专家用户	具备相关领域知识、建模能力与较强软件应用能力，缺乏软件编程能力	构造决策应用模型
系统管理员	具备软件编程能力，缺乏相关领域知识	设计与构造系统

6.4　工程实施结果

金属矿产资源科技发展战略工程的实施结果主要表现在以下三个方面。

6.4.1　工程主要成果

工程主要成果表现在：完成了对我国主要金属矿产的储量、开发、利用状况、供需矛盾和技术水平的系统分析，完成了"我国主要金属矿产资源保障程度及开发利用科技发展战略研究"报告和 15 种主要金属矿产资源保障程度及开发利用科技发展的分析报告；完成了战略决策支持系统的软件开发，建立了国家金属矿产资源行业经济发展、主要金属产品的国内供需与技术经济指标等十几个数据库；建立了金属矿产资源行业经济发展与主要金属品种的国内供需预测模型、主要金属品种的关键技术因素与财务因素分析评价模型。对现有主要金属资源提出了分类，提出了我国金属矿产资源开发利用的科技战略思路、科技发展对策与建议和"十一五"及中长期我国金属矿产业发展的支撑技术；并运用自主研发的 CMDSS，预测了未来我国黑色和有色金属行业的总体发展趋势和主要金属品种的国内供需状况，分析了影响我国主要金属资源保障程度的技术和财务因素。

6.4.2　相关政策建议

1. 促进矿业科技发展的法律政策保障措施

第一，完善法律和政策体系，将矿产资源合理开发和综合利用纳入法制化轨道。长期以来，我国矿产资源开发基本上处于利益驱动型粗放式开发状况。近年来，随着矿山开发环境治理力度的加强，矿山秩序有所好转，但并没有从根本上建立保护资源、节约资源和合理利用资源的矿业开发机制，从而在一定程度上制约了科技创新能力的提高。所以要建立完善的矿业开发法律和严格的准入制度，以形成与市场经济相联系的保护资源和合理、高效利用资源的新体制，并从法律政策上为矿业科技的全面发展和推广创造良好的社会环境。

第二，完善矿产资源法，制定矿业法。矿产资源不但要有偿使用，还必须有偿占用，使矿产资源的实际使用者能够珍惜资源，保护资源，最大限度地利用资源。建议将目前实施的按产量产后征收的矿产资源税和矿产资源补偿费改为按储量占用产前征收的国家资源权益金和资源保证金，实现矿产资源的有偿占用，并用经济手段促使实现矿产资源价值的最大利用；完善探矿权、采矿权流转办法；尽快制定我国的矿业法，从法律程序上保护和合理利用矿产资源，促进矿业良性发展。

第三，结合新型工业化进程中产业结构的重大调整，继续加大矿山开发秩序的治理力度。加强对中小矿山的引导和宏观管理，加快改革步伐，利用多种模式办矿，加快技术与装备的完善配套。关闭或改造技术装备落后、管理水平低的众多小矿山、小冶炼，尽快淘汰落后的生产流程、工艺和产品；全面组建规模化的矿业开发企业，为利用先进技术创造条件。

第四，制定矿业开发的环境生态标准和环境保护风险金。逐步按照矿业开发的环境生态标准规范矿业企业的生产经营活动，推动矿业环境科技的发展。制定矿山闭坑法，规范矿业开发中环境保护、环境恢复、社区可持续发展的相关标准。建立专门的或与资源保证金相结合的矿山环境保护风险金。

第五，鉴于我国人口、资源、环境的基本国情，建议将矿业列入第一产业，改变矿山企业总体税赋过高的状况，使之能低于一般加工业的平均水平。矿山的税赋宜向简单税制过渡，应借鉴国际矿业税制方面的经验，强化体现国家所有权益的收费，调减其他一些税种或转产资金（用于闭坑转产和富余人员安置）、设备加速折旧以及鼓励利用资源保护为目的的税费减免等优惠政策。

建议将目前矿业企业的增值税税率从目前的平均 13％下调到 8％，同时允许矿山固定资产加速折旧，实际降低企业所得税。

目前，我国对矿业企业实行的各项税收并没有起到利用经济杠杆调整矿产资源利用效率，促进资源合理利用的作用。建议将按产量产后征收的矿产资源税改为按储量占有产前征收的国家资源权益金，权益金不返还，可一次或分几次付清。权益金大小按矿产资源的价值大小和矿权评估结果执行。将矿产资源补偿费改为矿产资源保证金，用于保障资源的合理利用和环境保护。保证金的征收比例要在目前矿产开发的经济技术水平全面评估的基础上，按照一定的采收率标准参照执行，按照资源利用和环境保护标准的执行情况，保证金可部分或全部返还。保证金还可作为矿山环境恢复的基金使用。

事实上，减税后国家税收的减少部分可以通过矿产资源的有效利用得以弥补。例如，我国目前大量民采的金属矿回采率不足 30％，远低于大型企业 60％的回收率。如果通过降税和相应的法律和管理手段，使民采矿山的采收率达到大型企业的标准，国家相当于增加了一倍的资源和相应的税收，这样既调动了企业的积极性，也从根本上保护了国家利益。

第六，利用税收、政策等杠杆，鼓励采用先进技术，提高矿产资源开发利用的水平，保护、节约和合理利用资源。对利用低品位矿、等外矿、难选冶矿和综合利用水平高的企业，实行减税或奖励等政策。分类制定矿产资源利用水平的综合标准。

第七，积极帮助大中型矿山企业解决困难。对即将闭坑和已经闭坑的矿山给予转产贴息贷款和减免部分税收的扶持；对难以维继的矿山企业减免部分债务负担；对矿山新产品开发和有利于矿山发展的各种经营项目实行优惠政策，支持国有大中型矿山企业结构调整和转产分流，扭亏为盈。

2. 加大科技投入，持续稳定地实施矿业科技发展战略

近年来，日益增长的矿产需求和不断下降的矿产资源保障程度已成为制约我国社会经济发展的重大战略性问题。与此同时，地质和矿业科技开发的投入明显不足，难以形成持续稳定的矿业科技发展战略支撑。加大矿业科技投入，促进地质与矿业从一次资源到二次资源和新型资源，从国内资源到国外资源，从产业到产品，从资源、生产到环境等环节的全面、系统的科技进步，切实提高矿产资源的保障程度，保障我国新型工业化进程的顺利实现。

第一，加强矿产资源勘查与评价科研工作的支持力度。

重大地质理论和成矿规律研究是有效开发矿业的基础，要进一步加强对以矿产资源潜力评价为核心的地质成矿理论、技术和方法；目前我国矿产勘查市场机制尚未建立，地质矿产勘查还需要国家投入，而且矿产勘查效益主要得益于矿产开发企业，所以矿产勘查科技工作带有很强的公益性质，需要国家进一步提高支持力度。

第二，大力推进科技进步，降低矿山生产成本，提高矿业效益。

主要受资源条件的限制，我国矿山生产成本居高不下，已成为我国金属矿业发展的瓶颈。应以老矿山的挖潜改造为主，运用市场机制和各种经济手段促进先进、成熟的采选工艺、技术和装备的推广应用，加快科技成果转化为现实生产力的步伐，降低矿山生产成本，提高企业效益；选择性地新建一批矿山，采用新的市场经济下的建矿模式，增加矿石产量，保证国民经济对矿产资源的需求。

第三，大力加强对科技开发与科技攻关的支持力度，多渠道解决科研经费来源。

国家应当加大对矿业科研工作的支持力度。尤其对列入国家重点攻关等国家科技计划的重大关键、共性技术项目，长远开发研究项目，重大新技术推广项目，国家科技创新项目的课题，加大国家拨款支持力度；并规定矿山企业的重大工程技改项目，从基建和技改投资中安排 1.5%～2%用于前期科研或引进技术装备的消化吸收工作。

3. 促进矿业科技发展的组织保障措施

第一，加强科研开发平台建设。

在资源评价勘查、开发、综合利用、技术装备和环境保护等领域，继续加强并优化国家工程技术研究中心、国家重点实验室和示范基地的平台建设，充分利用和发挥它们在技术创新、成果转化、人才培养、国内外交流等方面的优势，促进科技成果尽快转化为生产力，逐渐形成一批集研究开发、工程转化于一体的有很强技术集成能力的创新基地。

科研开发平台建设应引入市场机制和竞争机制，制定可操作、可定量评价的具体详细的中长期发展规划与战略，并以稳定持续的科技投入予以支持。培养、造就和吸引一批具有创新意识和高业务素质的优秀人才参与工作，形成先进、系统的科研手段，专业完整、配套的高水平矿业开发技术平台，使其真正成为推动矿业不断进步的重大科技创新成果的孵化基地。

科研开发平台不仅承担着技术创新任务，还应该将科技推广作为重要的工作内容。要引入对企业职工技术培训的职能，提高全员职工的技术水平和文化素质；培养出一支具有现代化资源意识、环境意识、科学的经济管理能力和具有较高科技知识的企业科技骨干。

科研开发平台要做到既有竞争，又要集中优势力量持续攻坚，避免资金分散、人才分散、项目过多和重复等资源浪费现象，力争用较短的时间，集中优势力量形成科学技术系统成果。

第二，建立一支学科完整、具有战略眼光和实际工作能力强的国家级研发队伍。

国与国之间的竞争，说到底是人才的竞争。人才是最宝贵的资源。没有一支高素质、高水平的科技队伍，就不可能有持续的发展和国家的强盛。据资料显示，日本科学家、工程师人均占有科研开发经费达 45 万美元，美国 1999 年为 18 万美元，而我国 2001 年仅为 2.7 万美元（仅指中央级科研机构）。地质及矿产业是对国民经济发展举足轻重，而又不可能产生丰厚利润的行业。由于没有稳定的经费来源，科技人员不得不忙于跑市场、找经费，难免产生急功近利的浮躁心态，没有条件也不能安心开展难度大、研究周期较长的重大、长远、独创性的研究课题。这导致该行业人才流失相当严重，尤其是具有较深学术造诣的中青年高级人才严重缺乏。在这种环境条件下，不可能形成一支稳定的高水平队伍，更不可能培养造就出具有国际影响力的专家学者。这种状况已经严重影响到了我国金属矿产业的发展。对此，国家应给予高度重视，尽快采取措施改变不利局面。为此提出以下建议。

（1）确定一批国家级专门从事地质和矿产业科研开发的科研院所或院所中的某些专业领域，在科技事业费、实验室建设、国家重大项目安排和经费投入等方面给予倾斜扶持，以保证科技人员的稳定性和研究方向的持续性。

（2）对矿产业急需发展的技术领域，确定一批具有较高的综合素质、学术造诣较深的中青年专家（像当年国家确定十、百、千人才一样），在国家人事、科技、教育部门备案，由国家和单位共同支助，为他们创造良好工作条件，解除他们生活上的后顾之忧，让他们安心在某个领域进行持续深入的研究。

（3）建立开放的国家级研发中心和公共实验室。主要在国家的支持下，就某些具有前瞻性、共性的技术难题，吸引外国专家学者、海外归国人员、国内科技人员共同开展研究，以增强国内外学术交流与技术合作，促进人才流动，带动国内科研水平的提高。

第三，建立科学完备的地质矿产业科技项目评估评审体系。

目前，国家对地质矿产业重大科技项目的支持，主要体现在国家科技攻关、863计划、973计划、中小企业开发基金以及科技部、国家发展和改革委员会（简称国家发改委）的各种重大专项等计划（过去还有国家经济贸易委员会的技术创新计划）中。尽管这些计划的初衷，在目标、方向、支持对象等方面有所界定，各有侧重，但是由于管理体制、评审制度不完善，加上实际操作中技术上的复杂性，难免存在界面不清、多头立项支持，甚至低水平重复的情况。这不仅造成科技资源的浪费，同时，也从一个方面反映出我国科技管理体系尚缺乏科学性、规范性。为此提出以下建议。

（1）组成国家级学科领域完整、宏观管理与专业技术专家相结合、相对独立的专家咨询团。组成国家级地质、矿产业科技项目专家咨询团，建立专家人才数据库。专家咨询团成员由国家科技主管部门审定确认，根据具体项目，从专家咨询团选择相对独立的专家组成专家咨询组，对国家级重大科研计划项目立项进行科学评估和评审，为有关部门决策提供依据意见；为项目实施过程中的技术问题提供咨询服务；并进行项目完成后的目标审查。不断提高科研管理水平，使科研管理工作逐步科学化、民主化、规范化和制度化，尽快提高矿业科技水平。

对咨询专家咨询团成员的选择也要引入竞争机制，定期对其成员的资质、职业道德等进行考核，并进行定期的更换和补充，真正做到科学、民主决策。

（2）建立国家重大科技项目科学、规范的评价标准和体系。对国家重大科技项目的立项评估和评审应尽量采用统一的、先进的、可考量的、可比较的和可预测的标准体系。鉴于我国目前在此方面的工作基础较弱，因此，应组织力量，加强对国家重大科技项目科学、规范的评价标准和体系的研究。根据不同目标进行项目分类，按照类别分别制定出较全面、系统、量化的评价标准，以排除评审中的其他各种非主导和干扰因素，得出客观、公正的评估和评审意见。

6.4.3　实施效果

研究成果被国家发改委、科技部、国土资源部等部门和有色、冶金等行业，在制定"十一五"计划和"中长期发展规划"中采纳和应用，为国家有关部门决策提供依据。同时金属矿产资源开发决策支持系统也被云南铜业集团、江西铜业集团、湖南柿竹园有色金属公司等企业采用。

2012 年国家发改委发布了《中国资源综合利用年度报告（2012）》，我国资源利用情况及获得的一些成果可以简单从四个方面阐述，即再生资源、矿产资源、农林废物、产业废物。其具体包括 23 类废弃资源（如煤矸石、共伴生矿产等废弃资源）的综合利用情况，涵盖了矿产、电力、煤炭电子等多个领域。

从矿产资源综合利用来看，取得的成果十分显著。黑色金属矿共伴生中的有用组总量约 30 种，但是已经有 20 多种得到综合利用；而在有色金属矿的 45 种共伴生组分中，有 33 种得到综合利用；全国共伴生金属矿产的综合利用率已经达到 70% 左右。黄金、银、铂族综合利用的金属量分别占到全国金属总产量的 35%、90%、100%。一半以上的钒、碲、镓、铟等稀有金属来自于综合利用。

而在产业废物综合利用方面，工业固体废弃物年利用量近 20 亿吨，综合利用率将近 60%；每年约 450 万吨渣钢被从钢渣中提取出，如果折算成矿石产量，相当于开采铁矿石近 1 740 万吨。

在再生资源回收利用方面，据相关数据统计，全国再生资源回收企业约 10 万家，各类回收网点 30 万个，吸收了 1 800 多万人就业。回收的再生资源主要品种回收总量达 1.65 亿吨、价值达 5 763.9 亿元，不仅节约了资源，也促进了就业和社会经济增长。此外，部分再生资源回收率有显著提高，有些主要品种甚至提高到 70%[99]。

研究成果的推广应用有效地引领了有色金属矿产资源的高效开发与绿色发展。

第 7 章　固体矿产业持续技术创新工程

7.1　工程背景

固体矿产包括煤、钢铁、有色金属和其他固体非金属矿产，是国民经济赖以运行和发展的重要战略性资源，固体矿产业是我国重要的支柱性产业。然而，随着我国国民经济持续快速的发展，对固体矿产资源需求日益增长与资源储量有限性的矛盾日显突出，并直接影响到我国国民经济长期、稳定、安全的发展。为解决这一矛盾，我们需要不断地创新，不断地提高我国固体矿产资源的勘查与开发利用能力，将有限的资源以最有效的方式使用到最需要的地方，并以建立固体矿产业的科技创新保障体系为保证。目前，我国固体矿产业的科技事业虽经新中国成立六十余年来的发展取得了长足的进步，但其创新能力与国家、产业发展的需求和世界先进水平相比，还存在很大的差距，技术创新体系仍存在技术创新投入严重不足、技术创新主体错位、科技成果转化率低、缺乏有效的技术创新管理机制等诸多问题，如果不迅速改变这种状况，其必将制约固体矿产业的进一步发展，限制我国固体矿产资源保障程度和开发利用水平的提高，并最终严重阻碍我国国民经济和社会发展。

为促进我国固体矿产业的技术创新与科技进步，提高固体矿产业的科技实力与创新能力，实现依靠固体矿产资源的高效开发利用来提高资源的保障程度的目标，必须建立更为合理的持续技术创新支撑体系。持续技术创新是技术创新的一种，固体矿产业技术创新体系就是一定范围内（国家、地区、行业部门、创新主体内部）参与创新（从事知识、技能和新技术产品的创造、存储和转移活动）的部门或机构间相互作用而形成组织和制度网络。而持续技术创新更强调创新的连续性、政策、管理体制、资源配置，它更侧重于自身条件的建设。为此，21世纪初，科技部根据国家中长远发展战略及我国金属资源保障形势，组织了一系列科技攻关重大项目，研究和实施固体矿产业持续技术创新工程。该工程旨在完善我国固体矿产业的技术创新体系结构、合理配置科技资源、从根本上改变行业科技发展环境和制度机制、提高固体矿产业的技术创新能力和国际市场竞争力、提高我国固体矿产业的整体科技实力，从而进一步有效提高我国固体矿产资源保障程度和开发利用水平，保证国民经济的可持续发展。

7.2　工程实施过程

7.2.1　工程目标

中国固体矿产业持续技术创新支撑体系研究，是固体矿产业持续技术创新工程的重要基础和前提，该研究是国家科技攻关项目"矿产资源高效开发技术研究"的子课题之一。固体矿产业持续技术创新工程的目标是系统分析中国固体矿产业技术创新体系的现状，找出固体矿产业各创新主体、技术创新支撑体系各结构单元及各种技术创新资源和要素之间相互关联的内在规律。结合全球经济一体化、经济发展知识化的总体趋势和中国社会政治、经济和科技发展的要求，以及固体矿产业与相关产业的发展规律，提出我国固体矿产业持续技术创新体系建设的总体目标、指导方针、管理机制和政策措施。同时开发出中国固体矿产业技术创新支撑体系动态评价与决策支持系统（China's solid mining industry technological innovation supporting system and dynamic assessment decision support system，CMTIDSS），为政府部门科技决策提供有力工具和手段。

7.2.2　工程实施阶段划分

工程分三个阶段来实施：第一阶段是方案制订工作，第二阶段是技术研发，第三阶段是成果的推广应用。以"我国固体矿产业持续技术创新支撑体系研究"课题（2004BA615A-01）为例，该课题于 2001 年 1 月启动，在科技部农村与社会发展司的指导下，具体工作由中国有色金属工业技术开发交流中心、科技部、中南大学、中国有色金属工业协会、北京科技大学、北京钢铁研究总院、冶金科技发展中心、中国地科院矿床资源研究所等单位参与。

课题分为以下三个阶段。

第一阶段：主要进行课题可行性论证、签订合同、制订研究方案、进行总体设计、落实任务。

第二阶段：开展调研、收集资料、组织研讨。同时进行软件系统总体发展规划和有关规范标准制定，研究解决建立系统的关键技术问题，包括系统技术标准、模型研究、数据库及系统集成、预测与评价通用软件系统等；进行我国固体矿产业持续技术创新支撑体系研究，组织专家研讨，编写报告。

第三阶段：解决建立持续技术创新支撑体系动态评价与决策支持系统的关键技术问题，形成一个完整的系统体系模型，并对前一阶段的技术成果进行评价和改进，进一步完善报告和信息系统。对课题进行总结、鉴定并组织验收。

7.3　工程决策方法

固体矿产资源的持续技术创新体系是一个随内外环境变化而调整的动态体系，为考察该体系对环境的适应性和对技术创新推动的有效性，应开发出动态评价其整体效果的技术。技术创新支撑体系的评价结果将为政府部门或智囊机构进一步制定促进固体矿产业技术创新能力的宏观政策提供必要的决策依据。此外，在进行有效的政策制定时，除了对现有创新体系进行评价，找出不足与存在的问题之外，决策者还需要及时了解国内外技术创新方法与政策的最新动态，因此，构建一个固体矿产业技术创新方法与政策的知识库系统，提供一个综合信息平台，将为决策的制定提供有效的辅助支持。工程动态评价与决策方法是相应的方法工具，下面将介绍工程研究成果中的分析决策模型和决策支持系统。

7.3.1　分析决策模型

根据系统的目标和建立的动态评价指标体系，我们主要建立了两类决策模型，用于对我国固体矿产业持续技术创新体系的动态评价。

1. 基于全要素生产率的技术创新水平评价模型

1）全要素生产率的含义

在经济学上，生产率是指生产过程中投入品转化为产品的效率。以往研究中大多强调单要素生产率，如劳动生产率、资金产值率等。但是，生产过程通常需要同时使用劳动和资本两种生产要素。当用资本代替劳动（增加资本投入而减少劳动投入）并生产与原来一样的产品时，劳动生产率将会因为劳动投入的减少而提高，而资本生产率则相对降低。在这种情况下，单要素生产率无法很好地反映生产率变动的指标。因此，全要素生产率（total factor productivity，TFP）成为度量企业或行业生产率水平和生产率变化的一个好方法。

全要素生产率是指总产出与综合要素投入之比率。所谓综合要素投入是指所有要素投入的某种加权平均。

我们设某生产过程中投入的劳动和资本的数量分别为 L 和 K，则其综合要素投入可以写成如下的形式：

$$X = L^\alpha K^\beta \tag{7-1}$$

其中，α 和 β 分别为正规化后的劳动和资本产出弹性，即 $\alpha + \beta = 1$。若产出为 Y，则按照上述定义所得到的全要素生产率表示如下：

$$TFP = Y/X = Y/L^\alpha K^\beta \tag{7-2}$$

对式（7-2）求全微分并整理，得到

$$d(TFP)/TFP = dY/Y - \alpha dL/L - \beta dK/K \tag{7-3}$$

分别用 a、y、l 和 k 来代表 TFP、Y、L 和 K 的增长率，于是有

$$a = y - \alpha l - \beta k \tag{7-4}$$

根据定义，αl 和 βk 分别为劳动和资本的产出弹性，代表的是劳动和资本的增长所导致的产出增长，因此，全要素生产率的增长体现的是传统要素投入的增长不能解释的那部分产出的增长，人们通常把它解释为技术创新带来的增长。由于索洛在全要素生产率研究中的突出贡献，人们又把 a 称为索洛残差，这样全要素生产率的增长率 a 实际上可以用来衡量技术创新的效率，即技术创新的综合水平。

2）全要素生产率的计算

从全要素生产率的计算公式我们可以发现，产出、劳动投入和资本投入的增长率，我们可以通过对统计数据的处理直接得到，因此计算 a 的主要问题在于准确地估计出劳动和资本对产出增长的贡献的系数值 α 和 β。我们选择的方法如下。

假设企业或行业的生产函数为柯布-道格拉斯生产函数：

$$Y = AL^{\alpha_L} K^{\alpha_K} \tag{7-5}$$

对式（7-5）取对数形式得

$$\ln Y = \ln A + \alpha_{L\ln_L} + \alpha_K \ln_K \tag{7-6}$$

利用最小二乘法可以估计出劳动和资本的产出弹性。根据前面的定义，必须有 $\alpha_L + \alpha_K = 1$，所以有必要对 α_L 和 β_K 进行正规化处理。

令 $\alpha = \alpha_L/(\alpha_L + \alpha_K)$，$\beta = \alpha_K/(\alpha_L + \alpha_K)$。

显然，$\alpha + \beta = 1$，将 α 和 β 代入计算公式可得到全要素生产率的增长率。

如果假设企业的生产函数为超越对数函数：

$$\ln Y_t = \alpha_0 + \alpha_L \ln L_t + \alpha_K \ln L_K + 1/2\alpha_{LL} \ln^2 L_t + 1/2\alpha_{KK} \ln^2 K_t + \alpha_{LK} \ln L_t \ln K_t$$

此时该超越对数函数定义的劳动和资本产出弹性应该分别为

$$S_{L_t} = \alpha_{LL} \ln L_t + \alpha_{LK} \ln K_t \tag{7-7}$$

$$S_{K_t} = \alpha_K + \alpha_{KK} \ln K_t + \alpha_{LK} \ln L_t \tag{7-8}$$

正规化处理，得到

$$\alpha_t = S_{L_t}/(S_{L_t} + S_{K_t}) \tag{7-9}$$

$$\beta_t = S_{K_t}/(S_{L_t} + S_{K_t}) \tag{7-10}$$

由此计算出第 t 期的全要素生产率增长率。

由于全要素生产率的增长率 a 可以用来衡量技术创新的综合水平，因此，我们就用它来作为考察固体矿产业持续技术创新支撑体系技术创新综合水平的指标。

假设柯布-道格拉斯型的中国固体矿产行业的总量生产函数为

$$Y_t = A_0 e^{\alpha_T^t} K_t^{\alpha_K} L_t^{\alpha_L} \tag{7-11}$$

对式（7-11）两边取对数并引入虚拟变量（j 表示特殊时期），得

$$\ln Y_t = \ln A_0 + \alpha_T t + \alpha_K \ln K_t + \alpha_L \ln L_t + \sum \beta_j T_j \qquad (7\text{-}12)$$

当 $a_L + a_k = 1$，即规模报酬不变时，式（7-12）可以写成：

$$\ln(Y_t / L_t) = \ln A_0 + \alpha_T t + \alpha_K \ln(K_t / L_t) + \sum \beta_j T_j \qquad (7\text{-}13)$$

全要素生产率增长率的计算公式如下：

$$\text{TFP}_t = Y_t - \alpha_t K_t - \alpha_t L_t \qquad (7\text{-}14)$$

我们通过将固体矿产及其各行业的数据代入公式，可以得出历年来各个行业的全要素生产率指数，可以将这个指数当做技术创新评价体系中被解释变量的值，以此得出各影响因素对技术创新水平的影响。

2. 基于神经网络的技术创新影响因素评价模型

为考察技术创新体系各投入要素对产出要素（包括技术创新综合水平和技术创新体系效率）的影响，必须找出投入要素与产出要素之间的关系，而从技术创新动态评价指标体系可以看出，这些指标差异都比较大，而且涉及的方面也非常多，一般的关联分析模型很难描述它们之间的关系[100]，为此我们可参考 6.3.1 小节中的 BP 神经网络模型，配合敏感性分析来解释技术创新综合水平的技术创新体系效率的影响因素。

7.3.2　CMTIDSS

1. CMTIDSS 模型的设定

CMTIDSS 的功能结构主要根据系统的目标和要求来确定。同时，根据我们对决策支持系统的最新研究成果，即使是专用决策支持系统，由于决策要求和环境的不断变化，要求系统在模型设置和数据抽取上都应该保持一定的灵活性，让用户能比较方便地自定义模型或数据来源。这就要求在系统功能结构上做出相应的安排。由此，我们设计的 CMTIDSS 功能结构如图 7-1 所示，共包括四个基本模块。

1）数据管理

该模块对系统所需的各类数据进行获取、输入、修改、删除等操作，为分析决策提供数据源。这些数据主要包括行业整体经济数据、技术创新影响因素指标、技术创新绩效指标。

2）知识管理

该模块主要是对政府制定和调整技术创新体系建设和管理的政策措施，以及企业开展技术创新活动所需的来自于书籍、网站、文献、专家等方面的各种知识进行输入、修改、删除与存储，使用户可以建立自己的知识仓库，并将用户所关

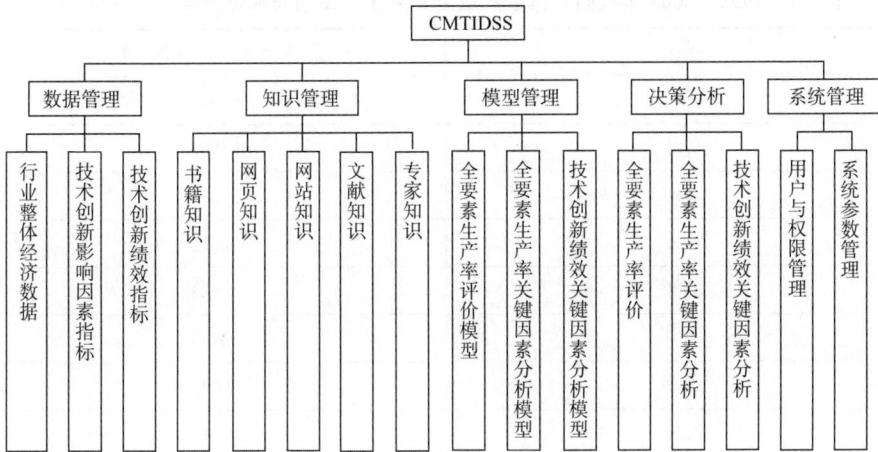

图 7-1　CMTIDSS 功能结构

心领域中的最新知识推送给他们。

3）模型管理

该模块主要对我国固体矿产业及各子行业的技术创新状况和影响因素进行分析，评价所需各种模型，包括对全要素生产率评价模型、全要素生产率关键因素分析模型、技术创新绩效关键因素分析模型进行创建和修改，并对模型的求解算法和数据源进行设置。同时，也可以根据实际决策问题分析的需要，在用户层面建立新模型。

4）决策分析

该模块是在专家用户对各种模型设定的基础上，进行各种评价与分析。在评价与分析时，由用户输入要评价的年份或其他分析参数，系统根据相应的模型进行评价与分析，结果以数据表格与图形方式显示。

5）系统管理

该模块主要完成对用户身份与密码的管理。

2. 系统分析结果

运用 CMTIDSS 我们对我国固体矿产业及其各个子行业从 1996 年至 2003 年的技术创新状况和影响因素进行了评价分析，下面以整个固体矿产业为例来进行说明。

1）技术创新综合水平

CMTIDSS 对 1996～2003 年我国固体矿产业全要素生产率增长率计算结果及其变化趋势如表 7-1 和图 7-2 所示。

表 7-1　1996～2003 年我国固体矿产业全要素生产率增长率计算结果（单位：%）

年份	全要素生产率增长率
1996	0.022 7
1997	−0.059 3
1998	−0.221 4
1999	−0.013 9
2000	0.021 7
2001	0.120 7
2002	0.062 6
2003	0.615 0
平均	0.068 5

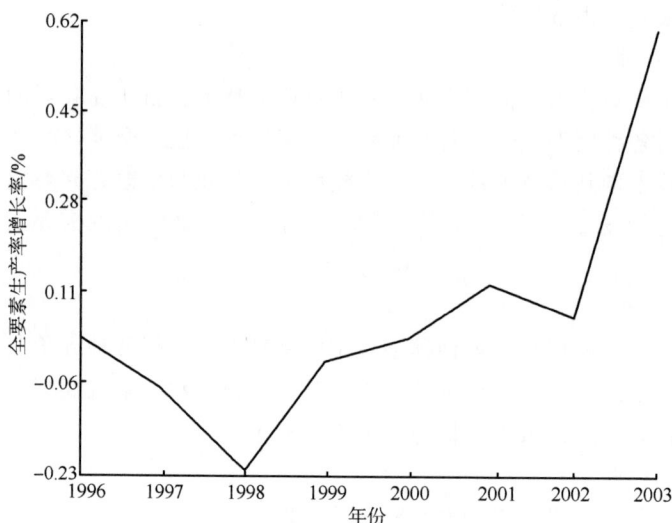

图 7-2　1996～2003 年我国固体矿产业全要素生产率增长率变化趋势

评价结果显示如下。

从 1996 年至 2003 年，我国固体矿产业技术创新综合水平总体上呈上升趋势，说明这些年来固体矿产业的技术创新总体而言取得一定成效，特别是 2000 年以来成效比较显著。

但是，我国固体矿产业技术创新综合水平的变化非常不稳定，起伏较为明显，特别是 1997～1999 年，全要素生产率增长率还为负数，表明技术进步非但没有对经济增长做出贡献，还阻碍了劳动和资本贡献率的增加。结合其他方面的分析可以发现，这主要是这几年资本增长过快造成的。这也从一个侧面说明我国固体矿产业技术创新体系还不完善，还不能对行业的经济增长给予持续性的有力支持。

1996～2003 年，我国固体矿产业技术创新带来的技术进步对行业经济增长（总产值增长）的贡献率平均只有 6.8%，说明我国固体矿产业经济增长仍然依靠资本和劳动的投入增长，尚未摆脱粗放的增长模式。虽然 2003 年技术进步的贡献率提升得很快，但由于没有后续数据，还很难说这是否是一种必然现象。

2）技术创新综合水平影响因素

CMTIDSS 对 1996～2003 年我国固体矿产业全要素生产率增长率影响因素的分析结果如表 7-2 和图 7-3 所示。

表 7-2　1996～2003 年我国固体矿产业全要素生产率增长率影响因素排序

影响因子	对全要素生产率指标的影响度
微电子控制设备占生产经营用设备原价比重	0.241 5
其他技术活动经费支出	0.198 3
科学家和工程师占科技活动人员比例	0.167 5
行业总产值增长率	0.161 4
活动经费筹集	0.152 7
科技活动经费内部支出总额	0.148 7
工程技术人员占从业人员比重	0.026 5
R&D 经费增长率	−0.042 0
科技人员人均 R&D 经费	−0.125 4
R&D 经费占销售收入比重	−0.174 9
科技活动人员占从业人员比例	−0.191 7
有科技活动的企业比例	−0.261 9
行业人均总产值	−0.509 9
GDP 增长率	−0.531 6
人均 GDP	−0.547 9
有科技机构企业占全部企业比例	−0.548 7
地矿专业毕业生数	−0.614 5

分析结果如下：对我国固体矿产业技术创新综合水平影响最大的技术创新体系条件和环境因素依次是微电子控制设备占生产经营用设备原价比重、其他技术

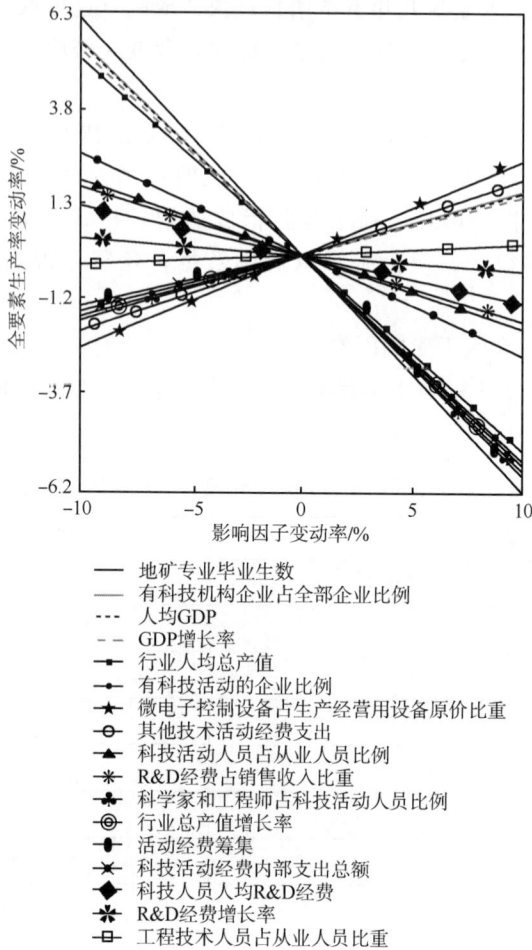

图 7-3　1996～2003 年我国固体矿产业全要素生产率增长率影响因素影响度

活动经费支出、科学家和工程师占科技活动人员比例、行业总产值增长率、活动经费筹集。这些因素主要是技术创新体系内部的条件因素，而且创新装备、经费投入、高素质人才比重是最主要的影响方面，未来应该重点从这些方面加强对创新体系的建设。这与我们前面对现状的分析是一致的，也与我们对技术创新体系建设的总体思路和重点政策建议是吻合的。

3）技术创新体系效率影响因素

CMTIDSS 对 1996～2003 年我国固体矿产业技术创新体系主要效率指标的影响因素的分析结果如表 7-3 所示。

由此可得到主要效率指标的关键影响因素（表 7-4），以及为实现技术创新体系建设某方面的改善目标而应重点加强的创新体系建设领域。

表 7-3　1996~2003 年我国固体矿产业技术创新体系主要效率指标的影响因素

影响因子	对技术创新效率指标的影响度									
	P01	P02	P03	P04	P05	P06	P07	P08	P09	P10
R&D经费占销售收入比重	0.152 7	0.079 8	0.018 3	0.031 8	0.030 3	0.111 9	−0.140 1	0.000 5	0.023 3	−0.010 1
科技人员人均R&D经费	0.364 5	0.207 8	0.053 3	0.071 6	0.068 9	0.212 5	−0.369 2	0.071 3	−0.230 4	0.030 4
R&D经费增长率	0.136 5	0.147 4	0.052 5	0.053 7	0.055 4	−0.191 8	−0.323 3	0.094 5	−0.649 1	0.140 9
活动经费筹集	0.381 6	0.280 2	0.085 4	0.084 8	0.084 4	−0.008 7	−0.500 3	0.153 3	−0.691	0.151 4
科技活动经费内部支出总额	0.639 6	0.412 1	0.112 4	0.132 7	0.129 3	0.232 8	−0.708 7	0.233 8	−0.930 6	0.123 4
其他技术活动经费支出	0.796 8	0.512 3	0.136 5	0.162 8	0.158 1	0.366 1	−0.919 0	0.225 9	−1.224 7	0.134 2
工程技术人员占从业人员比重	0.956 6	0.549 9	0.134 9	0.184 0	0.177 9	0.511 8	−1.043	0.302 8	−1.005 5	0.076 0
科技活动人员占从业人员比例	1.173 1	0.617 2	0.137 7	0.213 7	0.204 4	0.836 3	−1.099 1	0.431 7	−0.975 6	−0.064 5
科学家和工程师占科技活动人员比例	1.369 8	0.648 9	0.149 9	0.204 7	0.197 7	0.641 8	−1.345 8	0.428 6	−0.234 4	0.140 4
微电子控制设备占生产经营用设备原价比重	1.362 2	0.621 8	0.142 3	0.203 4	0.195 9	0.703 6	−1.358 0	0.529 9	−0.686 7	0.195 3
有科技活动的企业比例	1.167 2	0.605 9	0.126 9	0.227 8	0.218 8	0.796 8	−1.225 2	0.419 2	−0.838 5	−0.110 9
有科技机构企业占全部企业比例	0.832 9	0.514	0.107 8	0.217 2	0.209 7	0.589 5	−1.063 1	0.182 0	−0.936 7	−0.191 3
地矿专业毕业生数	0.550 8	0.456 9	0.105 1	0.209 0	0.202 3	0.443 9	−0.891 5	0.003 1	−1.515 9	−0.190 2
人均GDP	0.779 1	0.532 8	0.120 3	0.224 3	0.216 3	0.616 6	−1.045 5	0.074 0	−1.500 9	−0.161 7
GDP增长率	0.425 8	0.486 8	0.130 5	0.208 6	0.202 6	0.360 0	−0.882 1	0.226 1	−2.104 0	−0.097 1
行业人均总产值	0.633 5	0.543 5	0.144 7	0.217 3	0.210 7	0.433 1	−1.020 4	0.158 6	−2.114 1	0.010 1
行业总产值增长率	0.801 1	0.518 9	0.147 0	0.178 0	0.174 4	0.202 4	−1.113 8	0.112 3	−1.395 9	0.274 0

注：P01 为企业科技项目数；P02 为拥有发明专利数；P03 为科技人员人均拥有发明专利数；P04 为新产品产值值比例；P05 为新产品占工业总产值比例；P06 为新产品占产品销售收入比例；P07 为新产品销售利润比例；P08 为能源消耗指数；P09 为工业废水处理比例；P10 为工业固体废物综合利用率；例；P06 为新产品占产品销售收入比例；P08 为工业废气排放达标比例；P10 为工业固体废物综合利用率

表 7-4　1996～2003 年我国固体矿产业技术创新体系主要效率指标的关键影响因素

效率指标 ＼ 关键因素排序	1	2	3	4	5
企业科技项目数	有科技机构企业占全部企业比例	有科技活动的企业比例	行业总产值增长率	微电子控制设备占生产经营用设备原价比重	人均 GDP
拥有发明专利数	科学家和工程师占科技活动人员比例	微电子控制设备占生产经营用设备原价比重	科技活动人员占从业人员比例	有科技活动的企业比例	工程技术人员占从业人员比重
科技人员人均拥有发明专利数	科学家和工程师占科技活动人员比例	行业总产值增长率	行业人均总产值	微电子控制设备占生产经营用设备原价比重	科技活动人员占从业人员比例
新产品占工业总产值比例	有科技活动的企业比例	人均 GDP	行业人均总产值	有科技机构企业占全部企业比例	科技活动人员占从业人员比例
新产品占产品销售收入比例	有科技活动的企业比例	人均 GDP	行业人均总产值	有科技机构企业占全部企业比例	科技活动人员占从业人员比例
新产品占产品销售利润比例	科技活动人员占从业人员比例	有科技活动的企业比例	微电子控制设备占生产经营用设备原价比重	科学家和工程师占科技活动人员比例	人均 GDP
能源消耗指数	微电子控制设备占生产经营用设备原价比重	科学家和工程师占科技活动人员比例	有科技活动的企业比例	行业总产值增长率	科技活动人员占从业人员比例
工业废气处理比例	微电子控制设备占生产经营用设备原价比重	科技活动人员占从业人员比例	科学家和工程师占科技活动人员比例	有科技活动的企业比例	工程技术人员占从业人员比重

效率指标＼关键因素排序	1	2	3	4	5
工业废水排放达标比例	R&D 经费占销售收入比重	科技人员人均 R&D 经费	科学家和工程师占科技活动人员比例	R&D 经费增长率	微电子控制设备占生产经营用设备原价比重
工业固体废物综合利用率	行业总产值增长率	微电子控制设备占生产经营用设备原价比重	活动经费筹集	R&D 经费增长率	科学家和工程师占科技活动人员比例人员比例

7.4　工程实施结果

金属矿产资源产业技术创新工程的实施结果主要表现在以下几个方面。

7.4.1　工程主要成果

工程主要成果表现在：从技术创新体系的组成结构、R&D 投入状况、基础研究与实用技术研究的现状、科技成果状况、国外先进技术的引进消化与吸收情况、科技人才状况、矿业科技平台的建设情况及技术创新环境状况这八个方面，并从国内的实际状况、与国外的比较和存在的问题三个层面对我国固体矿产业技术创新及其支撑体系的现状进行了深入分析；完成了"我国固体矿产业持续技术创新支撑体系研究"课题；根据我国未来经济发展对金属矿产资源保障程度的要求、我国金属矿产业科技发展的规划及技术创新体系自身的运行规律，制定出了建设未来更合理高效的金属矿产业技术创新支撑体系建设的基本框架；研究并开发了 CMTIDSS。

7.4.2　相关政策建议

第一，开展战略性金属矿产资源勘查评价。

所谓战略性金属矿产，是指与国家利益存在不同程度的相关性的重要金属矿产，其战略性或反映在国家危急时期的战略需要，或体现在国家经济社会发展的重大战略实施时期减少潜在发展危机的战略需要上。在我国全力进行工业化建设的现阶段，稀土、钨、锡、锑、钛、钼、铟等金属资源都可以包含在我国战略性金属矿产的范畴之内。开展战略性金属矿产资源的勘查评价工作，具体包括发展战略性金属矿产资源的地球深部探测技术、完善战略性金属矿产资源的航空勘查技术、发展战略性金属矿产的高精度及大深度勘探技术、发展战略性金属矿产勘查的地球化学方法技术、发展战略性金属矿产地质钻探新技术、完善战略性金属矿产资源的信息处理及战略决策支持服务系统、建立战略性金属矿产的现代测试及分析技术体系等一系列内容。

第二，建立金属矿产资源高效开发和利用先进工艺技术系统。

涉及金属矿产高效开发和利用的先进工艺技术系统包括：大型深凹露天金属矿高效采矿综合技术，金属矿山露天转地下及露天与地下联合开采技术，大面积开采条件下应力转移及合理回采技术，金属矿产深部矿开发技术，地下金属矿山高效、低成本充填技术，提高金属矿产资源综合回收率的技术，复杂难处理伴生金属矿高效选别新技术，开发高选择性低毒（无毒）金属矿选矿药剂及低品位、难处理金属矿的高效、低成本、少污染提取技术等。

第三，发展大型高效节能金属矿山设备。

其具体包括：发展千万吨级露天金属矿山大型采、运成套设备，大型金属矿破、磨、分选设备，大型湿法冶金设备，大型高效选矿设备等。

第四，发展金属矿山自动化、信息化技术。

发展包括先进无线遥控、在线检测、模式识别、图像处理技术、具有通信（包括无线）功能、故障自动诊断功能、优化控制和智能化功能的数字化金属矿山系统，建立包括生产优化专家决策、安全预警管理、资源地质信息管理控制一体化的金属矿山网络信息系统，发展湿法冶金实时过程数据分析处理技术和信息化技术，发展综合工作面自动化技术和控制系统，发展基于数字信息网络的全矿井综合自动化监测监控技术，发展矿井数字信息与可视化技术，以及矿井三维地理网络技术。

第五，发展金属矿山生态环境保护技术。

发展金属矿山环境生态容量评价方法、环境污染累积效应分析技术；建立金属矿山开发环境生态评价标准体系；发展金属矿山废料生物处理技术，粗细粒尾矿砂分选、高浓度脱水技术，金属矿山固体废料大规模利用技术，废弃矿坑治理复用等金属矿石二次综合利用技术；发展采矿区固体废弃物充填复垦技术，采矿塌陷区景观生态再造技术，生态复垦污染防治技术；发展金属矿山塌陷坑尾砂固结排放技术，烟、尘、渣综合处理技术，矿山节水技术，金属矿山生态修复技术，废旧金属循环再生、再制造技术。

第六，完善金属矿山灾害控制和预防体系。

发展金属露天矿山边坡稳定性分析、治理及监测技术，金属矿山工程岩体破坏规律分析技术；发展金属尾矿坝安全技术；建立坝体安全预测预报系统；发展金属矿山灾害监控、防治与应急救援技术；发展金属矿山重大灾害应急救援装备及技术。

第七，发展基础及前瞻性应用技术。

发展大型金属矿集中区的综合立体探测技术，建立中国大陆重点金属成矿带（区）和矿集区的成矿地球动力学模型，发展完善金属矿产资源系统工程评价技术，发展铀矿勘探与开发新技术，发展大型全自动地下无轨设备应用技术，发展大型高效节能选矿设备，发展智能化、无人化采矿技术，发展金属矿山工业流程智能化技术，发展生物冶金技术，发展金属复合材料制备技术。

7.4.3　实施效果

2011 年 11 月 4 日，《"十二五"产业技术创新规划》颁布，同年 12 月 4 日，工业和信息化部印发《有色金属工业"十二五"发展规划》。在以上规划中，对我国在"十一五"期间工业和信息化重点领域（包括金属矿产资源加工利用领域）在技术创新、产业发展的成果进行了高度的概括和总结。其中，在金属矿产资源开发利用方面的技术创新成果、产业发展成果，都在一定程度上反映了矿业技术持续创新体系建设和矿业技术政策落实的成效：一是生产规模持续增长。以有色金属行业为例，2010 年 10 种有色金属产量 3 121 万吨，表观消费量约 3 430 万吨，"十一五"期间年均分别增长 13.7% 和 15.5%。其中，精炼铜、电解铝、铅、锌、镍、镁等主要金属产量分别为 458 万吨、1 577 万吨、426 万吨、516 万吨、17 万吨和 65 万吨，年均分别增长 12%、15.1%、12.2%、13.7%、12.5% 和 7.7%，分别占全球总产量的 24%、40%、45%、40%、25% 和 83%。二是装备水平显著提升。在金属矿产资源的加工利用领域，技术装备具有国际先进水平的铜、镍冶炼产能占 95%，大型预焙槽电解铝产能占 90% 以上，先进铅熔炼及锌冶炼产能分别占 50% 和 80%。多条具有国际先进水平的铜、铝加工生产线投入生产。大型冷连轧成套设备实现从工程策划到投产调试，从机组能力到品种、质量的全面集成创新。研制成功世界上槽容量最大的 40 万安培铝电解槽。三是重点行业关键和共性技术取得突破，技术创新能力进一步改善。例如，有色金属行业在铝板带热连轧技术、多金属矿底吹造锍捕集技术、低温低电压铝电解技术等方面取得了重大突破。国内自主开发的液态高铅渣直接还原、底吹炼铜、海绵钛大型还蒸炉等技术实现了产业化，新型阴极结构铝电解等技术居世界领先水平。钢铁行业高效复吹转炉技术、高速连铸技术等工艺技术取得重大进展。四是产品结构不断改善。铜、铝、铅、锌、镍等 10 种产品的 64 个品牌已先后在伦敦金属交易所注册。铝板带箔、大型工业铝型材、精密铜管箔、钛棒、镁压铸件等产品实物质量接近或达到国际先进水平，基本满足了电子信息、航空航天及国防科技工业等重点领域对高精尖产品的需要。五是节能减排取得初步成效。以有色金属行业为例,"十一五"期间,我国累计淘汰落后冶炼能力铜 50 万吨、电解铝 84 万吨、铅 40 万吨。2010 年综合能耗氧化铝 508 千克标煤/吨、铜 347 千克标煤/吨、铅 376 千克标煤/吨、镁 5 吨标煤/吨和精锡 1.5 吨标煤/吨,比 2005 年分别下降 41.6%、43.7%、15.1%、38% 和 60%,铝锭综合交流电耗为 14 013 千瓦时/吨,比 2005 年下降 620 千瓦时。二氧化硫回收率由 2005 年的 90% 提高到 2010 年的 95%[101,102]。

第8章　大型金属矿产资源基地可持续发展系统评价分析

大型金属矿产资源基地具有资源储量大、矿物种类多、主导产品产量大等特点，如甘肃金川是我国镍、铜、钴及铂族金属资源基地。攀枝花西昌地区蕴藏着极其丰富的钒钛磁铁矿资源。包头白云鄂博矿是世界罕见的铁、稀土、铌、锰、氟、钛、磷、钾、钡、钍等多金属共生矿，含71种元素，其中，铁储量居世界第一位，铌、钍的储量居世界第二位，是一个名副其实的聚宝盆。广西大厂锡、铅、锌、锑、铟、银、镉、铊等多种有色金属资源量十分丰富，其中，锡、锑储量居全国第一位，铅、锌亦居全国前列，铟的储量占世界已探明储量的一半以上，资源开发利用的潜力巨大。湖南柿竹园特大型钨钼铋多金属矿床，矿体集中厚大，有用矿物种类繁多，矿石储量2.17亿吨，其中，三氧化钨占世界已探明储量的20.7%，铋占世界已探明储量的42%，萤石占全国伴生萤石储量的76%。同时，矿体内还共生有丰富的锡、钼、铍、铟、硫铁、磁铁、石榴子石、长石等有价矿物，矿产资源的潜在经济价值达1 300亿元以上。

经过几十年的发展，这些基地已经建成在国内外矿业界中具有相当影响力的大型综合性企业，长期以来为国家经济建设、国防军事工业、高新技术产业提供了大量必需的工业原料和产品，为国民经济发展做出了重要贡献。同时由矿产基地建设发展形成了众多重要矿业城镇，有力地带动了地方，尤其是我国西部地区的经济、社会、教育的不断进步和人口素质的提高，对社会稳定起到了极其重要的作用。

但是，经过多年开发，大型矿产基地目前普遍面临着一些新的困难和问题：矿床向深部延伸，开采难度越来越大；富矿面临枯竭，低品位矿即将成为开发的主体，提取难度进一步加大；资源流失仍相当严重，如包头稀土的利用率不到10%，钍资源基本没有回收利用；攀枝花的钛资源利用率仅为14%，钒仅为42%，钨、钼、锡的综合回收率仅为60%左右，综合利用水平急待提高；二次资源利用程度低，生产过程造成的污染严重，区域环境恶化；长期以来，仅注重工业原料生产，导致产品品种单一，产品的附加值低，抗市场风险能力弱，缺乏国际竞争力等。这些问题已成为大型矿产基地可持续发展的严重阻碍。

因此，以金川集团有限公司、攀枝花钢铁（集团）公司、包头钢铁（集团）公司、柳州华锡集团有限责任公司、湖南柿竹园有色金属有限责任公司五个具有代表性的大型金属矿产基地为依托，通过开发我国大型金属矿产资源基地可持续发展能力评价方法和相应的决策支持系统软件，为我国大型金属矿产资源基地制定可持续发展战略和政府部门制定相关政策和措施提供必要的决策支持工具。

8.1　大型金属资源基地可持续发展系统评价问题的提出

系统评价是系统科学与工程中的一项重要的基础工作，同时也是一项非常困难和复杂的工作。从一般意义上看，评价是指"根据确定的目的来测定对象系统的属性，并将这种属性变为客观定量的计值或者主观效用的行为"。评价活动常常是抉择的前提，抉择又常常是决策者做出决定的明确表示。所以重视评价工作就是重视科学决策，而评价工作的质量也将直接影响到决策水平的发挥。

大型金属资源基地可持续发展评价是总体系统评价中的一个重要组成部分，是大型金属资源基地可持续发展从哲学理论进入操作与实践层面至关重要的环节，如果没有大型金属资源基地可持续发展的评价指标体系、评价方法和模型，可持续发展的思想和理论就只能停留在定义上，而无法付诸实践。此外，作为一种区域发展战略，大型金属资源基地的可持续发展行为必然涉及规划方案的论证与评估，尤其是对行动方案是否满足目标需要做出预测与判断，这本身就是评价工作的一部分。

系统评价是由评价对象、评价主体、评价目标、评价时期和评价地点等要素构成的一个综合性问题。对于复杂对象系统，评价需要建立评价模型和选择评价方法，而建立模型与方法选择是建立在对评价系统正确认识的基础之上的。通过评价指标体系建立过程及有关分析，我们认为大型金属资源基地可持续发展评价是一个在评价人员维、评价层次维、评价目标维、评价对象维、评价时间维五维空间中进行的，并涉及大量定性与定量因素的复杂过程。从评价问题的类型上可将其进一步归结为多目标（指标）、多层次综合评价问题。

目前，用于多目标综合评价的方法很多，如层次分析法、数据包络分析法、模糊综合评价法、数理统计方法等，这些方法各有其优缺点，而且都有使用的局限性。从实际应用看，研究案例大都表现为对单一方法的运用和对目标方案的静态评价，而较少采用方法组合、动静结合的应用研究，具体到大型金属资源基地可持续发展系统，其更是需要探索和填补的领地。

对于大型金属资源基地这类复杂大系统，为了全面反映可持续发展的目标要求，不仅需要对大型金属资源基地的总体可持续发展能力做出评价，还必须对大型金属资源基地的总体可持续发展能力及其各系统的协调状态做出评价；评价模型和方法的建立与选取，不仅应满足对大型金属资源基地某一时间断面上的可持续发展状态的分析与评价。综合以上分析，我们认为大型金属资源基地可持续发展评价应遵循从定性到定量综合集成的方法论原则，按照特有的评价流程

（图 8-1），针对问题的不同侧面，应用不同的方法，最终建立起可靠有效的多目标组合式综合评价模型。

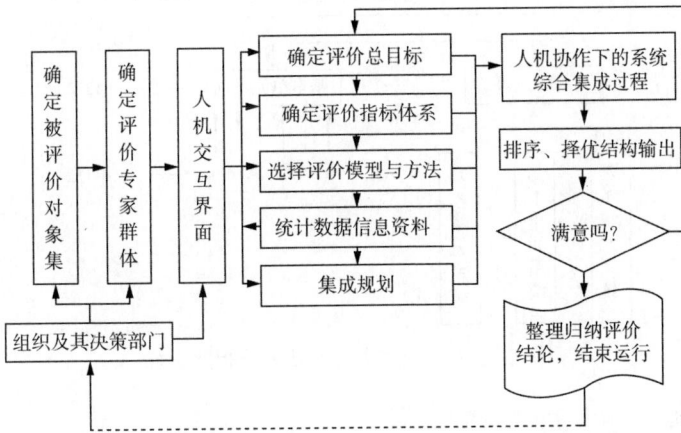

图 8-1　基于综合集成的复杂系统评价模型

8.2　大型金属资源基地 RESE 系统的"持续–协调"测度模型

8.2.1　基本原理分析

对大型金属资源基地可持续发展的评价，不仅需要在不同大型金属资源基地间进行可持续发展总体能力的横向比较，而且也需要对大型金属资源基地内部各子系统的发展状态进行纵向评判，以检测大型金属资源基地各子系统的综合发展水平和系统间的协调程度，以此来判断大型金属资源基地自身的发展水平属于"可持续发展"的程度。大型金属资源基地 RESE 系统发展状况评判的基本步骤如下。

步骤 1：建立反映大型金属资源基地发展状况的各子系统分类指标体系变量。

设大型金属资源基地评价指标系统（图 8-2）中基本单元系统的数目为 d，$n_i(i=1, 2, \cdots, d)$ 为基本单元系统的指标个数，于是，我们建立的评价指标体系可简记为

$$J_i \in G$$

其中，

$$G = \{J_1, J_2, \cdots, J_d\}$$
$$J_i = \{I_{i1}, I_{i2}, \cdots, I_{in_i}\}(i=1, 2, \cdots, d)$$

步骤 2：收集现场资料为各评价指标赋值并进行标准化处理。

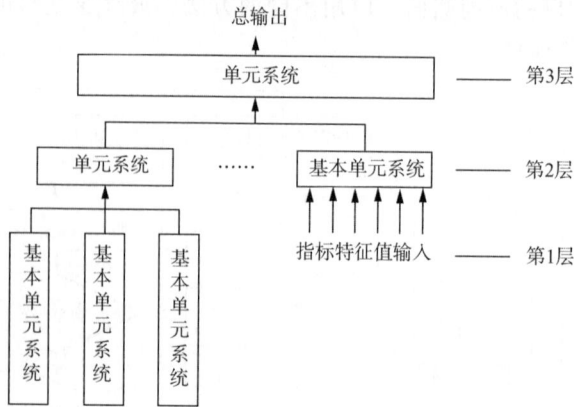

图 8-2　大型金属资源基地评价指标系统

相应地有

$$Y = \{Y_1^*,\ Y_2^*,\ \cdots,\ Y_d^*\},\ Y_i^* = \{y_{i1}^*,\ y_{i2}^*,\ \cdots,\ y_{in_1}^*\} \tag{8-1}$$

为原始指标数据标准化后的数据向量。

步骤 3：计算各子系统的发展水平分量值。

采用主分量分析法计算大型金属资源基地各子系统的发展水平分量值，进一步对各个系统加权，得出大型金属资源基地 RESE 系统的发展的总水平值。然后分别计算大型金属资源基地 RESE 系统及各个子系统的持续发展度，并对系统发展的持续性做出评价。

步骤 4：各子系统发展的协调性评价。

建立大型金属资源基地系统的可持续协调发展模型，并依据大型金属资源基地各子系统的发展水平分量，利用计量经济学中多元回归分析方法，确定各子系统间协调发展的比例关系。然后分别计算各子系统间的发展状态协调度，以此对系统发展的协调性做出评价。

步骤 5：基地可持续发展能力总体评价。

综合上述分析结果，对大型金属资源基地 RESE 系统发展状态做出总评价。

8.2.2　主分量分析法评估模型

1. 变量体系的建立

根据已建立起的大型金属资源基地可持续发展评价指标体系整理原始数据，记下列向量：

$$Z = (Z_1, Z_2, \cdots, Z_{p1})$$
$$J = (J_1, J_2, \cdots, J_{p2})$$
$$S = (S_1, S_2, \cdots, S_{p3})$$
$$H = (H_1, H_2, \cdots, H_{p4})$$
$$G = (G_1, G_2, \cdots, G_{p5})$$

Z、J、S、H、G 分别为资源子系统、经济子系统、社区子系统、环境子系统、智力子系统具体指标所组成的向量，分别表示各系统所选取的指标值。若对各样本（时间）进行评判，则有如下五个数据矩阵：

$$(Z_{ij}) = \begin{pmatrix} Z_{11} & \cdots & Z_{1p1} \\ \vdots & & \vdots \\ Z_{m1} & \cdots & Z_{mp1} \end{pmatrix} \tag{8-2}$$

$$(J_{ij}) = \begin{pmatrix} J_{11} & \cdots & J_{1p2} \\ \vdots & & \vdots \\ J_{m1} & \cdots & J_{mp2} \end{pmatrix} \tag{8-3}$$

$$(S_{ij}) = \begin{pmatrix} S_{11} & \cdots & S_{1p3} \\ \vdots & & \vdots \\ S_{m1} & \cdots & S_{mp3} \end{pmatrix} \tag{8-4}$$

$$(H_{ij}) = \begin{pmatrix} H_{11} & \cdots & H_{1p4} \\ \vdots & & \vdots \\ H_{m1} & \cdots & H_{mp4} \end{pmatrix} \tag{8-5}$$

$$(G_{ij}) = \begin{pmatrix} G_{11} & \cdots & G_{1p5} \\ \vdots & & \vdots \\ G_{m1} & \cdots & G_{mp5} \end{pmatrix} \tag{8-6}$$

2. 各系统的发展水平的评估

以 Z、J、S、H、G 为基础，分别采用主分量分析法评估各系统的发展水平，即令 F_1、F_2、F_3、F_4、F_5 分别代表资源、经济、社区、环境、智力五个子系统的发展水平。由于这五个子系统发展水平的确定方法完全相同，所以下面的讨论仅以经济子系统为例。

第一，对原始数据进行标准化处理，按式 8-7 和式 8-8 计算。

$$x_{ij} = \frac{X_{ij} - \overline{X}_j}{S_j} \tag{8-7}$$

$$S_j = \sqrt{\frac{1}{m-1} \sum_{i=1}^{m} (X_{ij} - \overline{X}_j)^2} \quad (j = 1, 2, \cdots, p_2) \tag{8-8}$$

其中，x_{ij} 为标准化后的数据；X_{ij} 为原始数据；$\overline{X}_j$ 为第 j 个指标的平均数，$\overline{X}_j = \dfrac{1}{m}\sum\limits_{i=1}^{m} X_{ij}$；$S_j$ 为第 j 个指标的标准差，$S_j = \sqrt{\dfrac{1}{m-1}\sum\limits_{i=1}^{m}(X_{ij}-\overline{X}_j)^2}$ $(j=1, 2, \cdots, p_2)$。

第二，计算标准化后的 p_2 个指标的两两相关矩阵：

$$(\boldsymbol{R}_{ij})_{p_2 \times p_2} = \begin{pmatrix} R_{11} & R_{12} & \cdots & R \\ R_{21} & 1 & \cdots & R_{2p_2} \\ \vdots & \vdots & & \vdots \\ R_{p_2 1} & R_{p_2 2} & \cdots & 1 \end{pmatrix} \tag{8-9}$$

其中，$\boldsymbol{R}_{ij} = \boldsymbol{R}_{ji}$。

第三，计算相关矩阵 $\boldsymbol{R}$ 的特征根 λ_j 和特征向量 $\boldsymbol{h}_j$，通常采用雅可比方法计算，$\boldsymbol{R}$ 的特征根为

$$\lambda_1 \geqslant \lambda_2 \geqslant \cdots \geqslant \lambda_{p_1} \geqslant 0$$

相应的标准正交特征向量为 $\boldsymbol{h}_1, \boldsymbol{h}_2, \cdots, \boldsymbol{h}_{p_2}$，其中，

$$\boldsymbol{h}_j = (h_{j1}, h_{j2}, \cdots, h_{jp_2})(j=1, 2, \cdots, p_2)$$

第四，计算各主分量的方差贡献率 a_j 及累计贡献率 $\sum\limits_{j=1}^{k} a_j$。

主分量 F_j^2 的方差贡献率 a_j 表示 F_j^2 的方差在总方差 $\sum \mathrm{var}(F_j^2)$ 中的比重，即第 j 个主分量所提取的原 p_2 个变量的信息在全部信息中的比重；累计贡献率 $\sum a_j$ 为前 k 个主分量提取信息累计量在信息总量中的比重。

同时，提取主分量个数。$\sum a_j$ 表示前 k 个主分量从原 p_2 个变量中提取的信息量，若该信息量已经达到全部信息的 85% 以上，表明前 k 个主分量已基本反映了原变量的主要信息，此时可以舍弃后 $p_2 - k$ 个主分量。于是，所得主分量为

$$F_1^2 = h_{11}X_1 + h_{12}X_2 + \cdots + h_{1p_2}X_{p_2}$$
$$F_2^2 = h_{21}X_1 + h_{22}X_2 + \cdots + h_{2p_2}X_{p_2}$$
$$F_3^2 = h_{31}X_1 + h_{32}X_2 + \cdots + h_{3p_2}X_{p_2} \tag{8-10}$$
$$\vdots$$
$$F_k^2 = h_{k1}X_1 + h_{k2}X_2 + \cdots + h_{kp_2}X_{p_2}$$

简写成 F^2。

第五，计算主分量的得分并计算综合得分，以表明经济子系统的综合发展水平。

将标准化的数据 $x_{i1}, x_{i2}, \cdots, x_{ip_2}(i=1, 2, \cdots, m)$，分别代入式 (8-10)，可得各评价对象的各主分量分值，然后在此基础上，按式 (8-11) 计算综合得分。

$$F^2 = \sum_{j=1}^{k} a_j F_j^2 \tag{8-11}$$

式（8-11）表明，F^2 是以各主分量的方差贡献率为权数 p_2 个主分量得分的加权平均数。该综合得分越高，说明该样本的经济子系统的可持续发展水平越高；反之，则越低。特别地，当 F^2 为正时，说明高于平均水平；当 F^2 为负时，说明低于平均水平；当 F^2 为零时，为平均水平。

3. 计算大型金属资源基地可持续发展的总水平

$$F = \sum_{i=1}^{5} w_i F^i (i = 1, 2, 3, 4, 5) \tag{8-12}$$

其中，F 为大型金属资源基地可持续发展总水平；w_i 为第 i 个子系统的评估权重，且有 $\sum w_1 = 1$；F^i 为第 i 个子系统的发展水平值。

8.3　系统结构与功能设计

BMBDSS 的功能结构主要是根据系统的目标和要求。同时，根据我们对决策支持系统的最新研究成果，即使是专用决策支持系统，由于决策要求和环境的不断变化，要求系统在模型设置和数据抽取上都应该保持一定的灵活性，让用户能比较方便地自定义模型或数据来源。这就要求在系统功能结构上做出相应的安排。由此，我们设计的 BMBDSS 的功能结构如图 8-3 所示，共包括四个基本模块。

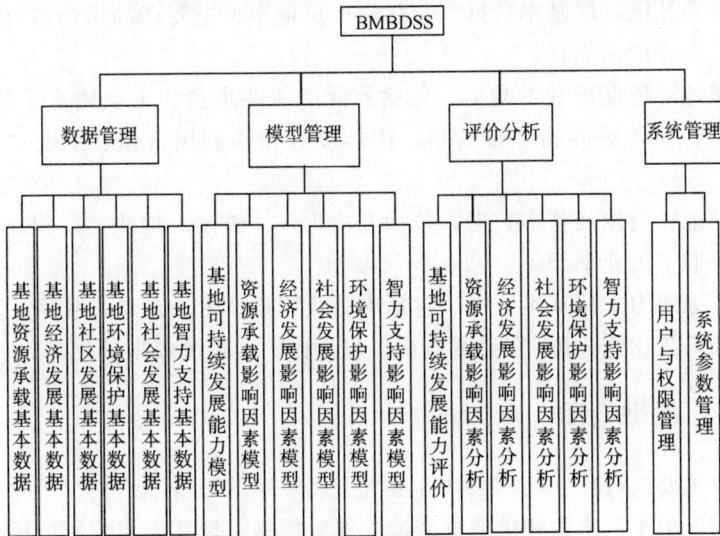

图 8-3　BMBDSS 的功能结构

8.3.1　数据管理

该模块对系统所需的各类数据进行获取、输入、修改、删除等操作，为分析决策提供数据源（图 8-4）。这些数据主要包括以下几种。

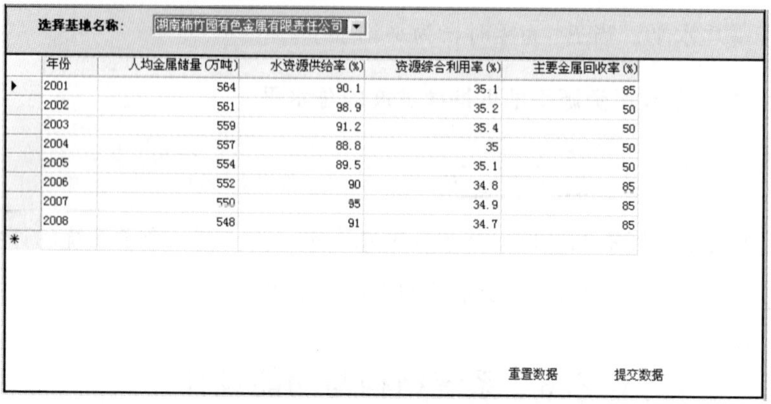

年份	人均金属储量(万吨)	水资源供给率(%)	资源综合利用率(%)	主要金属回收率(%)
2001	564	90.1	35.1	85
2002	561	98.9	35.2	50
2003	559	91.2	35.4	50
2004	557	88.8	35	50
2005	554	89.5	35.1	50
2006	552	90	34.8	85
2007	550	95	34.9	85
2008	548	91	34.7	85

图 8-4　基地（湖南柿竹园）资源子系统数据管理

（1）基地资源承载基本数据，包括人均金属储量、水资源供给率、资源利用率、主要金属回收率。

（2）基地经济发展基本数据，包括年采矿能力、人均工业总产值、人均销售收入。

（3）基地社区发展基本数据，包括资产负债率、主要产品市场占有率、总资产报酬率、万元产值能耗。

（4）基地环境保护基本数据，包括万元产值耗水量、工业用水重复利用率、尾矿利用率、固体废弃物年排放量、固体废弃物年利用价值、工业“三废”回收率。

（5）基地社会发展基本数据，包括人均收入、矿区人均住宅面积、每千人医生数、矿区职工失业率。

（6）基地智力支持基本数据，包括中高级职称技术人员所占比例、科研经费投入、科技人员比例、R&D 经费占销售收入比例、科研成果转化率。

8.3.2　模型管理

该模块主要通过建立模型来计算五大金属基地的可持续发展潜力水平，也通过各基地的五个子系统的相关数据来建立评价模型，计算出主要影响因素并进行评价分析。

8.3.3　评价分析

该模块是在专家用户对各种模型设定的基础上，进行各种评价与分析。在评价与分析时，由用户输入要评价的年份或其他分析参数，系统根据相应的模型进行评价与分析，结果以数据表格形式显示，由专家用户给出分析评价。

8.3.4　系统管理

该模块主要完成对用户身份与密码的管理（图 8-5）。

图 8-5　系统用户管理界面

8.4　系统运用与结果分析

该系统开发采用我们自己研发并拥有自主知识产权的通用决策软件开发平台——SmartDecision。它具有技术先进、功能全面、使用简便、灵活性强、可扩展程度高、可跨开发工具平台等特点。运用 SmartDecision，我们迅速开发出 BMBDSS，从而对五大金属基地及其各个子系统从 2000 年至 2008 年的可持续发展潜力水平和影响因素进行评价分析，下面以湖南柿竹园有色金属有限公司为例来说明该系统的运用情况。

8.4.1　数据管理模块使用

BMBDSS 的数据库中记录着 2000～2005 年湖南柿竹园有色金属矿产资源基地的资源、经济、环保、社区发展和智力支持方面的数据。用户一方面可以通过友好界面读取相关数据（图 8-4），另一方面也能对敏感数据进行修改，操作简易。

8.4.2　模型管理模块的使用

BMBDSS 系统已经对基地可持续发展能力模型和子系统主要影响因素模型建立了相应的解决方案，提供了主要的解决方案。此外，专家用户也可以对相应的方案和模型进行修改，建立自己个性化的解决方案（图 8-6）。

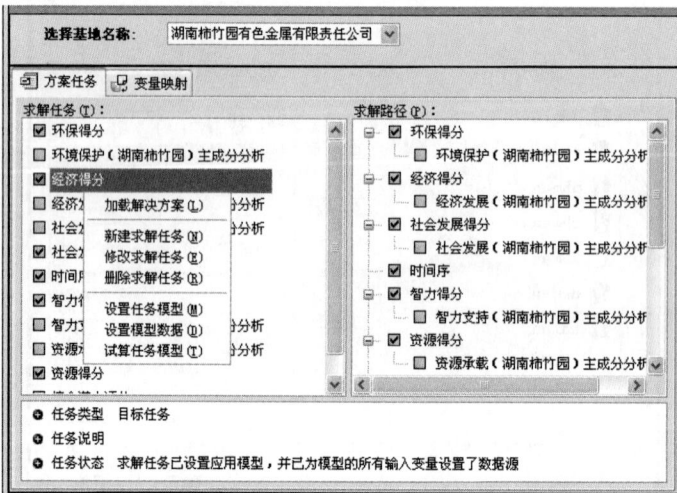

图 8-6　基地（湖南柿竹园）可持续发展能力模型

8.4.3　评价分析模块的使用

BMBDSS 通过对模型的计算将分析结果显示在该模块中，用户点击"分析"按钮就能显示相应的结算结果，其主要包括两个方面，即基地（湖南柿竹园）可持续发展能力评价（图 8-7）和资源承载（湖南柿竹园）子系统主要影响因素分析评价（图 8-8）。

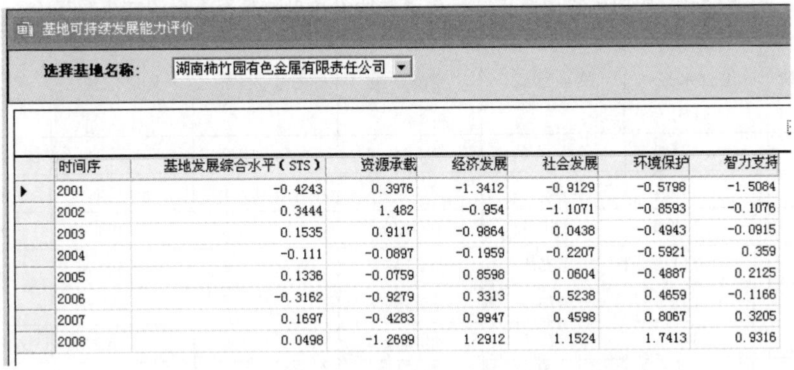

图 8-7　基地（湖南柿竹园）可持续发展能力评价

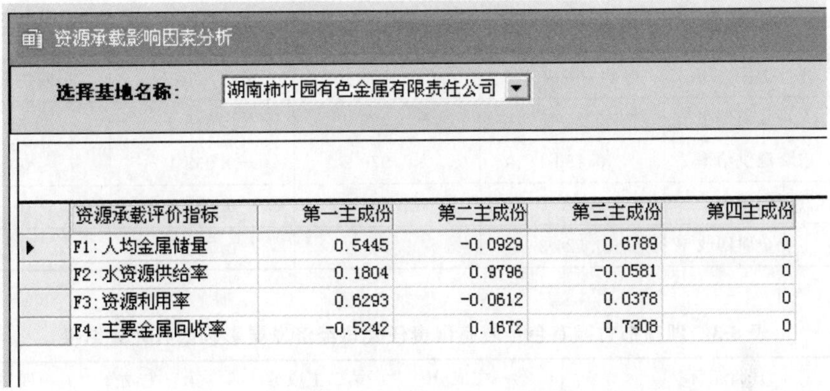

图 8-8　资源承载（湖南柿竹园）子系统主要影响因素分析评价

在上述界面中，对于输出的时间序列，可以是最近这一年的，也可以是五年的，这取决于建模的设定年限。这个模块能显示该基地的五个子系统的相应得分情况，从而使子系统之间有横向的比较。

8.4.4　系统评价分析结果

1. 湖南柿竹园有色金属有限责任公司可持续发展能力评价结果分析

根据收集湖南柿竹园有色金属有限责任公司的数据，运用所建立的模型系统计算结果如表 8-1～表 8-6 所示。

表 8-1　湖南柿竹园有色金属有限责任公司可持续发展能力计算结果

时间序列	基地发展综合水平（STS）	资源承载	经济发展	社会发展	环境保护	智力支持
2001	−0.424 3	0.397 6	−1.341 2	−0.912 9	−0.579 8	−1.508 4
2002	0.344 4	1.48 2	−0.95 4	−1.107 1	−0.859 3	−0.107 6
2003	0.153 5	0.911 7	−0.986 4	0.043 8	−0.494 3	−0.091 5
2004	−0.111 0	−0.089 7	−0.195 9	−0.220 7	−0.592 1	0.359 0
2005	0.133 6	−0.075 9	0.859 8	0.060 4	−0.488 7	0.212 5
2006	−0.316 2	−0.927 9	0.331 3	0.523 8	0.465 9	−0.116 6
2007	0.169 7	−0.428 1	0.994 7	0.459 8	0.806 7	0.320 5
2008	0.049 8	−1.269 9	1.291 2	1.152 4	1.741 3	0.931 6

表 8-2　湖南柿竹园有色金属有限责任公司资源承载影响计算结果

评价指标	第一主成分	第二主成分	第三主成分	第四主成分
F1：人均金属储量	0.544 5	−0.092 9	0.678 9	0
F2：水资源供给率	0.180 4	0.979 6	−0.058 1	0
F3：资源利用率	0.629 3	−0.061 2	0.037 8	0
F4：主要金属回收率	−0.524 2	0.167 2	0.730 8	0

表 8-3　湖南柿竹园有色金属有限责任公司经济发展影响因素计算结果

评价指标	第一主成分	第二主成分	第三主成分	第四主成分
F5：年采矿能力	−0.117 0	0.699 5	−0.281 4	0
F6：人均工业总产值	0.518 6	0.080 7	−0.043 1	0
F7：人均销售收入	0.254 5	0.599 4	0.349 4	0
F8：资产负债率	0.504 8	0.155 2	−0.059 5	0
F9：主要产品市场占有率	−0.448 0	0.116 1	−0.149 4	0
F10：总资产报酬率	0.437 7	−0.324 7	−0.166 8	0
F11：万元产值能耗	−0.073 6	−0.042 7	0.862 1	0

表 8-4　湖南柿竹园有色金属有限责任公司社区发展影响因素计算结果

评价指标	第一主成分	第二主成分	第三主成分	第四主成分
F12：矿区人均收入	0.649 8	0.168 7	0	0
F13：矿区人均住宅面积	0.486 4	0.524 5	0	0
F14：每千人医生数	−0.205 3	0.737 5	0	0
F15：矿区职工失业率	0.546 7	−0.390 4	0	0

表 8-5　湖南柿竹园有色金属有限责任公司环境保护影响因素计算结果

评价指标	第一主成分	第二主成分	第三主成分	第四主成分
F16：万元产值耗水量	−0.212 9	−0.573 5	−0.273 6	0
F17：工业用水重复利用率	−0.500 0	0.346 3	0.006 8	0
F18：尾矿利用率	−0.028 0	−0.518 5	0.818 4	0
F19：固体废弃物年排放量	0.579 9	0.117 2	0.067 6	0
F20：固体废弃物年利用价值	0.564 6	0.139 7	0.068 0	0
F21：工业废渣回收率	−0.221 0	0.499 1	0.496 0	0

表 8-6　湖南柿竹园有色金属有限责任公司智力支持影响因素计算结果

评价指标	第一主成分	第二主成分	第三主成分	第四主成分
F22：中高级职称技术人员所占比例	0.026 6	−0.681 6	0.588 7	0
F23：科研经费投入	0.587 7	−0.111 5	−0.146 6	0
F24：科技人员比例	0.562 4	0.058 9	0.474 9	0
F25：科研经费占销售收入比例	0.080 4	0.720 7	0.487 8	0
F26：科研成果转化率	0.575 3	−0.013 1	−0.410 2	0

　　由表 8-1 可以看出，湖南柿竹园有色金属有限责任公司综合可持续发展能力总体上呈起伏波动状态，究其原因主要是资源承载波动所致，此外经济发展、社会发展、环境保护、智力支持也有起伏，但起伏程度没有资源承载起伏大。由表 8-2～表 8-6 计算结果分析得出，湖南柿竹园有色金属有限责任公司人均金属储量和资源利用率是影响资源承载能力的重要因素；人均工业总产值、资产负债率、主要产品市场占有率及总资产报酬率是影响经济发展水平的关键要素；人均收入及矿区职工失业率是影响该公司社会发展水平的重要原因；科研经费投入、科技人员比例及科研成果转化率是影响该公司发展智力保证的重要因素。

2. 金川集团有限公司可持续发展能力评价结果分析

　　根据收集金川集团有限公司的数据，运用所建立的模型系统计算结果如表 8-7～表 8-12 所示。

表 8-7　金川集团有限公司可持续发展能力计算结果

时间序列	基地发展综合水平（STS）	资源承载	经济发展	社会发展	环境保护	智力支持
2005	−1.509 3	−1.010 9	−2.646 2	−1.331 0	−1.012 0	−1.857 0
2004	−0.831 8	−1.040 6	−0.198 5	−1.133 1	−1.785 6	−0.282 9
2003	0.213 8	0.355 3	0.222 5	0.140 9	−0.548 0	0.336 6
2002	0.850 6	0.740 5	1.096 2	1.094 0	1.080 8	0.586 7
2001	1.276 5	0.955 5	1.525 7	1.229 0	2.264 5	1.216 3

表 8-8　金川集团有限公司资源承载影响因素计算结果

评价指标	第一主成分	第二主成分	第三主成分	第四主成分
F1：人均金属储量	−0.249 4	0.944 2	0.184 6	0
F2：水资源供给率	0.479 5	0.251 1	−0.797 1	0
F3：资源利用率	0.576 2	−0.025 5	0.543 4	0
F4：主要金属回收率	0.613 0	0.211 5	0.187 7	0

表 8-9　金川集团有限公司经济发展影响因素计算结果

评价指标	第一主成分	第二主成分	第三主成分	第四主成分
F5：年采矿能力	0.435 5	−0.052 0	0	0
F6：人均工业总产值	0.381 2	0.449 9	0	0
F7：人均销售收入	−0.147 3	0.795 2	0	0
F8：资产负债率	0.434 2	0.109 3	0	0
F9：主要产品市场占有率	0.427 7	−0.237 3	0	0
F10：总资产报酬率	0.409 8	0.221 3	0	0
F11：万元产值能耗	−0.322 1	0.212 7	0	0

表 8-10　金川集团有限公司社区发展影响因素计算结果

评价指标	第一主成分	第二主成分	第三主成分	第四主成分
F12：矿区人均收入	0.480 6	−0.467 3	0	0
F13：矿区人均住宅面积	0.454 7	−0.586 2	0	0
F14：每千人医生数	0.517 3	0.520 5	0	0
F15：矿区职工失业率	0.542 7	0.408 7	0	0

表 8-11　金川集团有限公司环境保护影响因素计算结果

评价指标	第一主成分	第二主成分	第三主成分	第四主成分
F16：万元产值耗水量	0.422 7	0.159 2	0	0
F17：工业用水重复利用率	0.459 9	−0.062 9	0	0
F18：尾矿利用率	0.458 9	−0.007 9	0	0
F19：固体废弃物年排放量	0.404 6	−0.311 9	0	0
F20：固体废弃物年利用价值	0.457 4	−0.127 3	0	0
F21：工业废渣回收率	0.161 5	0.925 8	0	0

表 8-12　金川集团有限公司智力支持影响因素计算结果

评价指标	第一主成分	第二主成分	第三主成分	第四主成分
F22：中高级职称技术人员所占比例	0.269 9	0.672 0	0	0
F23：科研经费投入	0.513 0	−0.331 9	0	0
F24：科技人员比例	0.418 2	0.410 6	0	0
F25：科研经费占销售收入比例	0.432 0	−0.514 4	0	0
F26：科研成果转化率	0.549 8	0.071 5	0	0

由表 8-7 可以看出，金川集团有限公司综合可持续发展能力总体上呈逐年下滑态势，这与资源承载、经济发展、社会发展、环境保护、智力支持总体上呈逐年下滑趋势有关。

根据对表 8-8～表 8-12 计算结果的分析得出，金川集团有限公司资源承载能力逐年下滑主要是由人均金属储量引起的；人均销售收入和万元产值能耗是导致金川集团有限公司经济发展水平逐年下滑的关键因素；矿区人均收入与人均住宅面积是影响矿区社会发展的关键要素；固体废弃物年排放量与年利用价值是影响其环境保护程度的重要因子；科研经费投入与其占销售收入比例是智力支持发展的瓶颈。

3. 攀枝花钢铁集团可持续发展能力评价结果分析

根据收集攀枝花钢铁集团的数据，运用所建立的模型系统计算结果如表 8-13～表 8-18 所示。

表 8-13　攀枝花钢铁集团可持续发展能力计算结果

时间序列	基地发展综合水平（STS）	资源承载	经济发展	社会发展	环境保护	智力支持
2001	−1.875 6	−1.842 9	−2.621 5	−0.887 9	−1.348 1	−1.519 6
2002	−0.138 1	−0.089 7	0.239 5	−1.283 6	−0.112 4	−0.577 0
2003	0.193 3	−0.060 9	1.209 5	0.098 7	−0.621 8	0.125 4
2004	1.000 1	1.299 0	0.809 3	0.071 9	1.164 3	0.431 6
2005	0.820 0	0.694 2	0.362 9	2.000 7	0.917 8	1.539 3

表 8-14　攀枝花钢铁集团资源承载影响因素计算结果

评价指标	第一主成分	第二主成分	第三主成分	第四主成分
F1：人均金属储量	−0.519 5	0.256 8	0	0
F2：水资源供给率	0.417 1	0.904 8	0	0
F3：资源利用率	0.534 9	−0.297 6	0	0
F4：主要金属回收率	0.519 5	−0.163 4	0	0

表 8-15　攀枝花钢铁集团经济发展影响因素计算结果

评价指标	第一主成分	第二主成分	第三主成分	第四主成分
F5：年采矿能力	0.225 5	−0.611 8	0	0
F6：人均工业总产值	0.428 6	0.244 5	0	0
F7：人均销售收入	0.032 3	0.686 8	0	0
F8：资产负债率	0.455 5	−0.094 3	0	0
F9：主要产品市场占有率	−0.422 4	0.153 2	0	0
F10：总资产报酬率	0.452 5	0.035 4	0	0
F11：万元产值能耗	0.416 6	0.246 2	0	0

表 8-16　攀枝花钢铁集团社区发展影响因素计算结果

评价指标	第一主成分	第二主成分	第三主成分	第四主成分
F12：矿区人均收入	0.573 4	−0.135 6	0	0
F13：矿区人均住宅面积	0.560 2	−0.005 1	0	0
F14：每千人医生数	0.490 9	−0.449 0	0	0
F15：矿区职工失业率	0.340 8	0.883 2	0	0

表 8-17　攀枝花钢铁集团环境保护影响因素计算结果

评价指标	第一主成分	第二主成分	第三主成分	第四主成分
F16：万元产值耗水量	0.489 9	−0.297 2	−0.263 9	0
F17：工业用水重复利用率	0.362 1	0.009 1	0.791 6	0
F18：尾矿利用率	0.543 9	−0.002 2	0.216 3	0
F19：固体废弃物年排放量	−0.360 6	−0.540 9	0.171 9	0
F20：固体废弃物年利用价值	0.140 1	0.704 1	−0.203 9	0
F21：工业废渣回收率	0.428 0	−0.351 0	−0.431 1	0

表 8-18　攀枝花钢铁集团智力支持影响因素计算结果

评价指标	第一主成分	第二主成分	第三主成分	第四主成分
F22：中高级职称技术人员所占比例	0.486 1	−0.163 2	0	0
F23：科研经费投入	0.560 6	0.009 3	0	0
F24：科技人员比例	0.486 3	−0.275 7	0	0
F25：科研经费占销售收入比例	−0.008 6	0.824 3	0	0
F26：科研成果转化率	0.461 2	0.466 6	0	0

由表 8-13 可以看出，攀枝花钢铁集团综合可持续发展能力总体上呈上升趋势，只是第五年略有下滑，这与资源承载能力、经济发展水平基本一致，而社会发展水平、环境保护水平呈起伏状态，智力支持则呈逐年上升趋势。

根据对表 8-14～表 8-18 计算结果的分析得出，攀枝花钢铁集团资源承载能力主要受人均金属储量与资源利用率及主要金属回收率影响；人均工业总产值与资产负债率、总资产报酬率是影响攀枝花钢铁集团经济发展水平的关键因素；矿区人均收入与人均住宅面积及每千人医生数对矿区社会发展有关键影响；万元产值耗水量、尾矿利用率及工业废渣回收率是影响其环境保护程度的主要指标；中高级职称技术人员所占比例、科研经费投入、科研成果转化率是攀枝花钢铁集团智力支持程度的关键要素。

4. 包头钢铁集团可持续发展能力评价结果分析

根据收集包头钢铁集团的数据，运用所建立的模型系统计算结果如表 8-19～表 8-24 所示。

表 8-19　包头钢铁集团可持续发展能力计算结果

时间序列	基地发展综合水平（STS）	资源承载	经济发展	社会发展	环境保护	智力支持
2001	−1.838 3	−1.815 5	−2.658 8	−0.887 9	−0.790 4	−1.727 2
2002	−0.662 6	−0.805 7	−0.214 8	−1.283 6	−0.709 7	−0.659 3
2003	−0.191 5	−0.243 8	−0.626 5	0.098 7	0.350 6	0.159 2
2004	0.689 1	0.893 2	1.537 1	0.071 9	−1.141 0	0.278 0
2005	2.003 0	1.971 6	1.962 7	2.000 7	2.290 3	1.949 1

表 8-20　包头钢铁集团资源承载影响因素计算结果

评价指标	第一主成分	第二主成分	第三主成分	第四主成分
F1：人均金属储量	−0.519 5	0.256 8	0	0
F2：水资源供给率	0.417 1	0.904 8	0	0
F3：资源利用率	0.534 9	−0.297 6	0	0
F4：主要金属回收率	0.519 5	−0.163 4	0	0

表 8-21　包头钢铁集团经济发展影响因素计算结果

评价指标	第一主成分	第二主成分	第三主成分	第四主成分
F5：年采矿能力	−0.404 0	0.104 4	0	0
F6：人均工业总产值	0.400 2	−0.267 8	0	0
F7：人均销售收入	0.406 6	0.143 6	0	0
F8：资产负债率	0.324 3	0.556 4	0	0
F9：主要产品市场占有率	−0.379 9	0.295 5	0	0
F10：总资产报酬率	0.338 9	0.557 9	0	0
F11：万元产值能耗	0.383 2	−0.434 2	0	0

表 8-22　包头钢铁集团社区发展影响因素计算结果

评价指标	第一主成分	第二主成分	第三主成分	第四主成分
F12：矿区人均收入	0.573 4	−0.135 6	0	0
F13：矿区人均住宅面积	0.560 2	−0.005 1	0	0
F14：每千人医生数	0.490 9	−0.449 0	0	0
F15：矿区职工失业率	0.340 8	0.883 2	0	0

表 8-23　包头钢铁集团环境保护影响因素计算结果

评价指标	第一主成分	第二主成分	第三主成分	第四主成分
F16：万元产值耗水量	0.418 6	0.130 9	0	0
F17：工业用水重复利用率	0.475 2	−0.191 5	0	0
F18：尾矿利用率	0.323 6	−0.643 9	0	0
F19：固体废弃物年排放量	0.318 0	0.585 4	0	0
F20：固体废弃物年利用价值	−0.430 4	−0.372 6	0	0
F21：工业废渣回收率	0.455 7	−0.223 9	0	0

表 8-24　包头钢铁集团智力支持影响因素计算结果

评价指标	第一主成分	第二主成分	第三主成分	第四主成分
F22：中高级职称技术人员所占比例	0.492 5	−0.324 4	0	0
F23：科研经费投入	0.528 0	−0.070 1	0	0
F24：科技人员比例	0.520 0	−0.095 1	0	0
F25：科研经费占销售收入比例	0.114 1	0.878 4	0	0
F26：科研成果转化率	0.441 7	0.330 2	0	0

　　由表 8-19 可以看出，包头钢铁集团综合可持续发展能力总体上呈上升趋势，这与资源承载、经济发展、社会发展、智力支持总体上逐年上升有关，而环境保护水平则呈波动状态，尤其 2004 年波动最为明显。

　　由表 8-20～表 8-24 的计算结果可知，包头钢铁集团资源承载能力主要影响因素是人均金属储量与资源利用率及主要金属回收率；人均工业总产值与人均销售收入、万元产值能耗是影响包头钢铁集团经济发展水平的关键因素；矿区人均收入与人均住宅面积及每千人医生数对包头钢铁集团的社会发展有重大影响；工业用水重复利用率、固体废弃物年利用价值、工业废渣回收率是影响其环境保护程度的关键要素；中高级职称技术人员所占比例、科研经费投入、科技人员比例是包头钢铁集团智力支持程度的主要因子。

5. 柳州华锡集团有限责任公司可持续发展能力评价结果分析

　　根据收集的柳州华锡集团有限责任公司的数据，运用所建立的模型系统得到的计算结果如表 8-25～表 8-30 所示。

表 8-25　柳州华锡集团有限责任公司可持续发展能力计算结果

时间序列	基地发展综合水平（STS）	资源承载	经济发展	社会发展	环境保护	智力支持
2001	−1.408 2	−0.732 5	−2.284 3	−2.234 1	−1.860 6	−1.728 2
2002	−0.965 8	−0.671 9	−1.708	−0.824 7	−1.428 3	−0.478 3
2003	−0.482 2	−0.686 1	−0.544 3	−0.204 9	−0.745 9	−0.310 3
2004	−0.411 4	−0.625 1	−0.297 3	−0.048 6	−0.267 3	−0.503 3
2005	0.309 5	−0.092 2	0.537 9	1.001 4	1.237 9	0.383 6
2006	0.462 7	0.304 1	1.075 6	0.361 8	0.506 0	0.034 6
2007	1.325 4	1.540 3	1.561 2	0.604 0	0.877 3	0.789 4
2008	1.169 7	0.962 9	1.658 7	0.934 8	1.146 0	1.191 5

表 8-26　柳州华锡集团有限责任公司资源承载影响因素计算结果

评价指标	第一主成分	第二主成分	第三主成分	第四主成分
F1：人均金属储量	−0.571 1	0.033 6	0.499 7	0
F2：水资源供给率	0.298 7	0.913 4	−0.276 3	0
F3：资源利用率	0.583 4	0.102 3	−0.299 8	0
F4：主要金属回收率	0.494 2	0.392 3	0.764 2	0

表 8-27　柳州华锡集团有限责任公司经济发展影响因素计算结果

评价指标	第一主成分	第二主成分	第三主成分	第四主成分
F5：年采矿能力	0.422 4	0.231 3	−0.243 5	0
F6：人均工业总产值	0.386 6	−0.471 8	−0.265 8	0
F7：人均销售收入	0.385 0	−0.472 0	−0.270 1	0
F8：资产负债率	0.383 5	−0.330 7	−0.385 2	0
F9：主要产品市场占有率	0.400 3	−0.318 4	0.247 4	0
F10：总资产报酬率	0.291 5	−0.403 2	0.672 5	0
F11：万元产值能耗	0.362 4	0.357 6	−0.367 8	0

表 8-28　柳州华锡集团有限责任公司社区发展影响因素计算结果

评价指标	第一主成分	第二主成分	第三主成分	第四主成分
F12：人均收入	0.417 5	−0.708 6	0	0
F13：矿区人均住宅面积	0.505 1	−0.298 3	0	0
F14：每千人医生数	0.504 0	0.576 0	0	0
F15：矿区职工失业率	0.562 4	0.277 6	0	0

表 8-29　柳州华锡集团有限责任公司环境保护影响因素计算结果

评价指标	第一主成分	第二主成分	第三主成分	第四主成分
F16：万元产值耗水量	0.501 7	0.066 1	0.354 1	0
F17：工业用水重复利用率	0.410 6	0.208 6	−0.452 1	0
F18：尾矿利用率	0.452 0	0.363 7	−0.156 6	0
F19：固体废弃物年排放量	0.442 9	−0.213 3	0.639 0	0
F20：固体废弃物年利用价值	0.417 3	−0.314 2	−0.465 5	0
F21：工业废渣回收率	−0.070 2	0.821 9	0.143 4	0

表 8-30　柳州华锡集团有限责任公司智力支持影响因素计算结果

评价指标	第一主成分	第二主成分	第三主成分	第四主成分
F22：中高级职称技术人员所占比例	0.515 7	0.241 1	0.123 3	0
F23：科研经费投入	0.575 2	−0.267 0	−0.158 0	0
F24：科技人员比例	0.122 1	0.657 4	−0.721 8	0
F25：科研经费占销售收入比例	0.530 3	−0.414 6	−0.176 1	0
F26：科研成果转化率	0.326 8	0.516 2	0.638 6	0

由表 8-26 可以看出，柳州华锡集团有限责任公司综合可持续发展能力总体上逐年上升，其中以 2007 年发展最为显著，这与经济发展水平、资源承载能力的强势发展息息相关，而社会发展水平、环境保护水平发展、智力支持略为平缓。

根据对表 8-27～表 8-30 计算结果的分析得出，柳州华锡集团有限责任公司资源承载能力主要受人均金属储量与资源利用率及主要金属回收率影响；年采矿能力、人均工业总产值与总资产负债率、主要产品市场占有率是影响柳州华锡集团有限责任公司经济发展水平的重要因素；公司人均住宅面积、每千人医生数及矿区职工失业率对矿区社会发展影响显著；万元产值耗水量、尾矿利用率及固体废弃物年排放量是影响环境保护程度的主要指标；中高级职称技术人员所占比例、科研经费投入、科研经费占销售收入比例是影响柳州华锡集团有限责任公司智力支持程度的重要因子。

8.4.5　系统特色

1. 可扩展性好

BMBDSS 不仅仅是一个可提供评价与决策分析数据的决策支持系统，由于它采用了我们自己拥有自主知识产权的决策应用软件开发平台 SmartDecision 的模型管理组件，用户可以灵活自主地创建、设置各种模型。因此，它实际上是一种开放式的决策支持平台，具有很强的功能扩展性和灵活性。

2. 模型算法丰富

系统功能全面，包含了各种预测和决策所需的算法，算法包含在面向决策的通用智能应用软件的组件中，而组件由于定义了算法的标准结构，因此非常便于扩展升级。对组件的版本升级，可以使组件包含更多的算法，从而使 BMBDSS 可以支持更多类型的决策分析模型，使系统的分析功能不断增强。

3. 模型管理功能人性化

系统的模型管理以用户为中心，用户可以建立自己的个性化方案库，从而为解决实际中遇到的其他一些问题提供个性化的服务。

4. 安装使用简便

系统界面友好、使用方便，用户能迅速地掌握系统操作。系统采用 VB. NET 开发，编译后在 . NET 框架支持下无须安装可以直接使用。

5. 结果展示直观

系统以表格、文字说明等形式将预测或分析的结果直接呈现给决策用户。

第9章 海外金属矿产资源开发

矿产资源是有赖于全球配置和市场配置的经济资源。我国金属矿产资源总量并不丰富，资源禀赋较差。随着国民经济和金属矿产资源开发工业持续快速的发展，矿产资源消费迅速增长，金属资源瓶颈矛盾日益凸显，资源不足已成为制约有色工业发展的主要瓶颈。2006 年的两会提出：要加大国内矿产资源的勘查力度，增加储量并进行合理的开发利用，做到有效节约资源；要充分利用"两个市场、两种资源"。在资源全球化日益发展的今天，实施海外矿产资源风险勘探开发的战略，对于我国社会经济的可持续发展具有极为重要的意义。

目前我国在海外金属矿产资源开发方面投资起步晚并且在国外规模较小，因而总体上仍处于企业国际化经营的初级阶段。虽然其取得了一些进展，但是也遇到了不少困难和问题，如投资结构尚待完善，分散化经营向联盟型经营发展，核心竞争力不足，机制不健全和缺乏跨国经营的管理队伍，外放阻力大，资源开发门槛高，融投资数额和风险大，等等。

针对上述我国在海外金属矿产资源开发方面的困难和问题，本章以湖南有色金属控股集团有限公司、金川集团国际资源有限公司（简称金川国际）和俄罗斯有色金属矿产资源投资等海外金属矿产资源开发公司为实例介绍第 4 章中所述决策分析方法的应用。

9.1 湖南有色金属控股集团有限公司投资决策实例

9.1.1 工程背景

湖南有色金属控股集团有限公司成立于 2004 年 8 月 20 日，注册资本为 28 亿元，是以有色金属生产、销售为主业的省属大型国有独资公司，是中国企业 500 强、中国制造业 500 强企业之一。公司拥有湖南省铅、锌、钨、锑、铋、萤石等主要矿产资源的开采权，集勘探、采矿、选矿、冶炼、研发、加工和深加工、科工贸为一体，是中国知名的多品种有色金属及其深加工产品和技术服务提供商。

公司近年来大力推行全球化战略，积极拓展海外矿产资源开发与投资业务，先后在澳大利亚、巴基斯坦、加拿大、马来西亚等国家和地区收购矿权与矿山，与国外矿业公司合资合作开发铅、锌、铜、钨等金属矿产资源，以提高自身的资源保障程度，增强国际竞争力和在资源定价方面的话语权。

　　但湖南有色控股集团有限公司在国外矿产资源开发与投资过程中，也不可避免地遇到各种各样的风险问题，为有效地规避国外矿产资源开发与投资项目的风险，迫切需要采用科学的风险评估方法与风险决策工具。为此，我们将国外金属矿产资源战略选区信息与风险管理系统应用于该公司的国外矿产资源开发项目的风险评价中。以下是一个具体应用项目的资料介绍。

　　湖南有色金属控股集团有限公司为了提高资源供给的保障率，拟在东南亚投资开发铅、锌等矿产资源，现企业面临两个可供选择的方案。其一是在缅甸东部地区与当地政府合作开发铅、锌、钨等有色金属资源，其二是在越南西北部地区收购铅、锌等资源的采矿权，项目具体资料详见该公司这两个项目的投资建议书和相关的资源调查报告与财务分析报告。

　　其中一个在缅甸东部的项目在资源方面颇具优势，在矿石的平均品位及矿石储量等方面都极具诱惑力；同时，交通运输便利，基础设施到位，有利于资源的开采和运输；并且矿区劳动者素质较高，他们在宗教信仰、风俗习惯、受教育水平等方面与我国基本上无冲突；然而，该矿区财税环境和矿区经济环境却不容乐观，如相应的矿业开采法律条文限制较多，矿产开采税收也很重，矿区经济稳定性及经济活力不高等。这是风险和机遇并存，所以该公司需要对该项目进行综合评价，同时根据决策者的风险偏好来计算出相应风险值的大小，从而为战略决策提供相应的数据参考。

　　另外一个在越南西北部地区收购铅、锌等资源的采矿权的项目，其基本情况与上述项目有很大差别。该项目在资源方面虽不及上一个项目优势那么明显，但也是资源储量极其丰富的一个地区。不仅如此，其在经济获利能力、债务偿还能力、政府监管及费税水平等方面都极具吸引力。然而，该项目也存在开采技术水平不高、合作伙伴相对信誉不高及公司组织结构不合理等不利于开采的因素。所以湖南有色金属控股集团有限公司为了进一步明确决策方案，规避项目风险，需要对两个可供选择的投资方案可能遇到的风险进行评估。

9.1.2　数据收集及预处理

　　通过对湖南有色金属控股集团有限公司的矿产资源部及国际事业部的多次调研，同时结合多位矿产资源开采方面专家的意见，我们收集到该公司目前在周边国家已经投入开发的两个项目的评价数据，这些数据是我们与该公司相关部门多次讨论的结果，具有很强的客观性，能真实反映该项目的情况。

　　我们根据该项目所建立的国外金属矿产资源开发项目投资环境风险数据，对这些数据进行整理和预处理，重点介绍对三类数据的预处理，即对语言值数据、效益型指标、成本型指标的预处理。其中，项目风险评价指标体系见表 9-1。数据预处理的目的就是消除指标值的量纲，然后将其标准化到 0～5 分，0 分表示非常不具有优势，不具有投资的价值；5 分表示非常好，投资回报价值会很高。

表 9-1　项目风险评价指标体系

国外矿产资源开发项目投资环境风险数据	资源条件	矿石平均品位及稳定性 不同比例尺地址填土覆盖率 矿区探明储量 远景储量
	财税环境	获利能力 债务偿还能力
	政治法律及人文因素	该国政权更迭风险指数 政府监管及费税水平 人文环境
	市场风险	预计矿产品市场条件 所需其他生产资料的价格波幅 产业工人劳动者素质
	经济环境	人均收入水平 就业率/失业率 矿区 GDP 水平
	基础设施	铁路里程 公路里程
	生态环境风险	环境保护支出 水文地质条件 洪水、滑坡等的发生频率
	技术水平	仪器设备的投入成本 选矿、分矿及信息化技术的使用情况
	合作伙伴	公司组织结构、基本经营状况及信誉 拥有的政府背景

1）语言值数据预处理

由于在实际数据收集过程中，有一些指标无法用确定的数值来进行衡量，或者由于公司方面对某些敏感数据持保密态度，我们无法获取确定的数据值，如上述指标体系中市场风险的衡量（预计矿产品的市场条件、矿产品市场的价格波幅）这样一些数据。那么，我们设计调查问卷时就会引入语言值，将评价指标的强度分为五等。即好、较好、一般、较差、差，这些语言值相对应的得分分别为 5 分、4 分、3 分、2 分、1 分。对这些语言值赋值之后，再按照如下的成本型指标和效益型指标的标准化处理方法来进行预处理。

2）效益型指标预处理

效益型指标为指标值越大越好的指标，如矿石的平均品位及稳定性、矿区探明储量等。常用的评价指标的无量纲化的方法一般有线性变换、标准 0-1 变换、Zsocer 变换、向量规范化、功效系数法等。本节我们使用线性变换，变换公式如下：

$$x(i, j) = X(i, j)/X_{\max}(i, j) \qquad (9\text{-}1)$$

3）成本型指标预处理

成本型指标为指标值越小越好的指标，如环境成本、洪水滑坡等发生的频率这些指标。这种指标与效益型指标正好相反，所以处理方法也不一样。

$$x(i, j) = X_{\min}(i, j)/X(i, j) \qquad (9\text{-}2)$$

式（9-1）和式（9-2）中，$x(i, j)$ 为标注化后的第 i 个样本中的第 j 个指标值；$X(i, j)$ 为原始指标值；$X_{\max}(i, j)$ 和 $X_{\min}(i, j)$ 分别为所有样本的原始数据第 j 项指标最大值、最小值。

9.1.3　评价结果

用户根据自己的不同风险偏好来决定是否开采某一个项目。根据第 4 章的评价计算方法，具体的计算结果如图 9-1 所示。从图 9-1 中我们可以看出，湖南有色金属控股集团有限公司的这两个项目最后的风险得分差不多，只相差 0.005 1 分，处于忠告水平，都有比较好的投资潜力，它们在资源条件、政治法律环境等方面都占据着绝对的优势，但在其他一些方面却又有很大的差别，决策者可以根据自己的风险偏好来做决策。然而，企业是否会对其中的一个或者两个做投资，则需要综合考虑更多方面的因素。

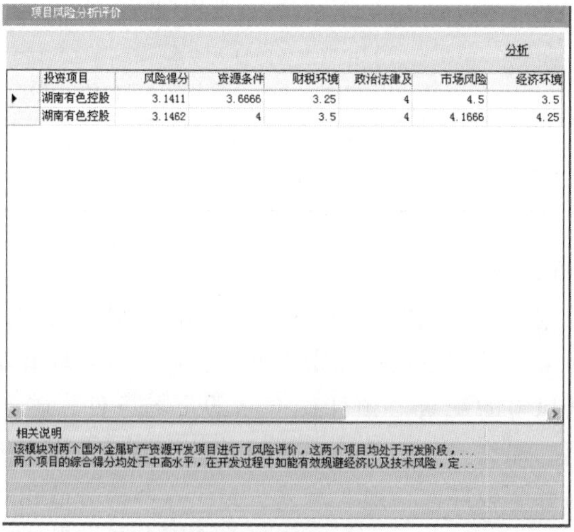

投资项目	风险得分	资源条件	财税环境	政治法律及	市场风险	经济环境
湖南有色控股	3.1411	3.6666	3.25	4	4.5	3.5
湖南有色控股	3.1462	4	3.5	4	4.1666	4.25

相关说明
该模块对两个国外金属矿产资源开发项目进行了风险评价，这两个项目均处于开发阶段，……
两个项目的综合得分均处于中高水平，在开发过程中如能有效规避经济以及技术风险，定……

图 9-1　项目风险结果

　　通过对这两个投资项目的风险进行分析可以发现，这两个项目风险分数都处于中高水平，这个评价结果也得到了湖南有色金属控股集团有限公司矿产资源部和国际事业部的相关决策者的认可。同时，实践证明这两个项目从开发到现在，都取得了较好的投资回报，所以该评价系统对于实践具有一定的指导作用。

　　该评价系统可以应用到企业面临多个待开发投资项目选择的情况，我们不仅可以得出综合的项目风险分数，还可以计算出每个一级指标的风险分数，为决策者的最终决策提供一些数据支持。

9.2　金川国际投资决策实例

　　金川国际是香港的上市公司，2010 年年底，金川国际在 24 个国家开展了矿产资源方面的合作，成为 17 家境外矿业公司的股东，并完成了 19 个项目的投资，投资总额达 5 亿美元，同时拥有 13 个海外控股子公司和驻外机构。集团在全球获得 64 个探矿许可证，地质勘查面积达 5 061 平方千米，在境外拥有资源含镍量超过 100 万吨、含铜量超过 300 万吨、含钴量超过 6 万吨。

　　作为勘探、开采矿产及相关贸易的海外业务旗舰公司，金川国际凭借其专业知识及经验，积极考虑有关镍、铜及钴项目的投资、合作与收购机会，并特别着眼于拥有丰富有色金属资源的澳洲、美洲及欧亚等地区，为外国投资者提供了有利的矿产资源投资环境。而其在投资过程中存在很多风险，所以需要对各个项目备选方案进行评估。现有四个风险投资备选方案，分别为 a_1、a_2、a_3 和 a_4，需要对这四个备选方案进行排序。决策者需要同时考虑以下四项准则，即 c_1-成长性、c_2-收益、c_3-社会效益、c_4-环境影响。上述四项准则中，环境影响属于成本型指标，其余均属于效益型指标，所有准则均采用打分法，效益型指标的分值范围为 1 分（效益最低）到 7 分（效益最高），成本型指标的分值范围为 1 分（损失最小）到 7 分（损失最大），准则值为离散型随机变量，各个时期的准则值的分布函数如表 9-2～表 9-4 所示，试确定投资方案排序。

表 9-2　初始随机决策矩阵 D (t_1)

准则	方案	得分/分						
		1	2	3	4	5	6	7
c_1	a_1	0	0.1	0.1	0.3	0.35	0.15	0
	a_2	0	0	0.1	0.4	0.3	0.2	0
	a_3	0	0.1	0.25	0.4	0.1	0.15	0
	a_4	0	0.05	0.3	0.4	0.2	0.05	0

续表

准则	方案	得分/分						
		1	2	3	4	5	6	7
c_2	a_1	0	0	0	0.2	0.3	0.2	0.3
	a_2	0	0	0.1	0.1	0.3	0.4	0.1
	a_3	0	0	0	0.15	0.35	0.35	0.15
	a_4	0	0	0	0.1	0.4	0.5	0
c_3	a_1	0	0	0.2	0.3	0.4	0.1	0
	a_2	0	0	0.2	0.5	0.2	0.1	0
	a_3	0	0	0.15	0.3	0.5	0.05	0
	a_4	0	0	0.05	0.5	0.3	0.1	0.05
c_4	a_1	0.05	0.2	0.4	0.2	0.1	0.05	0
	a_2	0	0.2	0.4	0.3	0.1	0	0
	a_3	0	0.3	0.3	0.3	0.1	0	0
	a_4	0	0	0.6	0.2	0.2	0	0

表 9-3　初始随机决策矩阵 $D(t_2)$

准则	方案	得分/分						
		1	2	3	4	5	6	7
c_1	a_1	0.1	0.1	0.2	0.3	0.2	0.1	0
	a_2	0	0.2	0.3	0.3	0.2	0	0
	a_3	0	0.15	0.35	0.35	0.15	0	0
	a_4	0	0.2	0.2	0.3	0.3	0	0
c_2	a_1	0	0	0.1	0.2	0.3	0.4	0
	a_2	0	0	0.05	0.2	0.25	0.4	0.1
	a_3	0	0	0.15	0.15	0.2	0.3	0.2
	a_4	0	0	0.1	0.2	0.25	0.35	0.1
c_3	a_1	0	0.1	0.1	0.3	0.4	0.1	0
	a_2	0	0.05	0.1	0.4	0.35	0.1	0
	a_3	0	0.05	0.15	0.25	0.35	0.2	0
	a_4	0	0.1	0.15	0.15	0.5	0.1	0
c_4	a_1	0	0.3	0.4	0.2	0.1	0	0
	a_2	0	0.25	0.45	0.2	0.1	0	0
	a_3	0.05	0.2	0.45	0.1	0.2	0	0
	a_4	0	0.25	0.5	0.15	0.1	0	0

表 9-4　初始随机决策矩阵 $D(t_3)$

准则	方案	得分/分						
		1	2	3	4	5	6	7
c_1	a_1	0	0.2	0.25	0.3	0.25	0	0
	a_2	0	0.15	0.2	0.4	0.25	0	0
	a_3	0	0.1	0.3	0.4	0.2	0	0
	a_4	0	0.1	0.2	0.4	0.3	0	0
c_2	a_1	0	0	0.05	0.15	0.25	0.45	0.1
	a_2	0	0	0.1	0.1	0.35	0.35	0.1
	a_3	0	0.05	0.05	0.1	0.5	0.2	0.1
	a_4	0	0	0.2	0.1	0.2	0.3	0.2
c_3	a_1	0	0	0.15	0.35	0.3	0.1	0.1
	a_2	0	0	0.1	0.3	0.4	0.1	0.1
	a_3	0	0.05	0.15	0.2	0.3	0.2	0.1
	a_4	0	0.05	0.1	0.25	0.4	0.15	0.05
c_4	a_1	0	0.35	0.45	0.15	0.05	0	0
	a_2	0.1	0.2	0.2	0.4	0.1	0	0
	a_3	0	0.3	0.45	0.2	0.05	0	0
	a_4	0	0.3	0.4	0.3	0	0	0

决策步骤如下。

步骤 1：投资者认为成长性、收益、社会效益和环境影响的参照点分别为 4、6、5 和 3，计算不同时期各方案在各准则下的前景值 V_{ij}^b（计算公式见 4.3.3 小节），得到各个时期的前景值矩阵 $V(t_b) = (V_{ij}^b)_{4 \times 4}(b = 1, 2, 3)$，不同时期各方案在各准则下的前景值如表 9-5 所示。对于价值函数中的参数，取 $\alpha = \beta = 0.88$，$\lambda = 2.25$[103]。而对于权重函数中的参数 γ^+、γ^- 和 φ[104]，取 $\gamma^+ = 0.8$、$\gamma^- = 0.8$、$\varphi = 1.0$。

表 9-5　不同时期各方案在各准则下的前景值

方案	t_1			
	c_1	c_2	c_3	c_4
a_1	2.362 4	2.150 0	1.823 1	2.230 3
a_2	2.758 9	1.466 5	1.570 0	2.196 2
a_3	1.867 1	1.953 6	1.825 6	2.351 2
a_4	1.764 3	1.673 5	2.117 5	1.709 3

方案	t_2			
	c_1	c_2	c_3	c_4
a_1	1.264 8	1.026 2	1.466 5	2.465 7
a_2	1.130 8	1.576 1	1.598 8	2.389 8
a_3	1.132 4	1.417 1	1.850 1	2.450 4
a_4	1.386 8	1.320 7	1.542 8	2.445 8

方案	t_3			
	c_1	c_2	c_3	c_4
a_1	1.260 8	1.678 0	2.286 0	2.691 0
a_2	1.448 2	1.405 5	2.445 6	2.482 0
a_3	1.405 2	1.972 7	2.313 0	2.562 4
a_4	1.657 6	1.289 5	2.093 6	2.546 5

步骤 2：时间序列权重可以由等差数列法、等比数列法、正态分布法、二项分布法和指数分布法等来确定，决策者可根据需要选择合适的方法。本节考虑由二项分布方法得到时间序列权重[105]：

$$\boldsymbol{w}(t) = (w(t_1), \ w(t_2), \ \cdots, \ w(t_p))^{\mathrm{T}}$$
$$w(t_b) = C_{p-1}^{b-1} u^{(b-1)} \ (1-u)^{p-1-(b-1)} \tag{9-3}$$

其中，$b = 1, 2, \cdots, p$；$u \in (0, 1)$；$w(t_b) \in [0, 1] (b = 1, 2, \cdots, p)$；$\sum\limits_{b=1}^{p} w(t_b) = 1$，投资者认为成功的概率 u 为 0.6。

从而，求得时间权重为 $\boldsymbol{w}(t) = (0.16, \ 0.48, \ 0.36)^{\mathrm{T}}$

步骤 3：将不同时期的前景值矩阵进行规范化处理，得到规范化矩阵，再根据动态加权几何平均算子集结不同时期的规范化矩阵：

$$\mathrm{DWGA}_{w(t)}(V(t_1), \ V(t_2), \ \cdots, \ V(t_p)) = \prod_{b=1}^{p} (V_{ij}^b)^{w(t_b)} \tag{9-4}$$

从而得到方案 $a_i (i = 1, 2, \cdots, m)$ 在各个准则 $c_j (j = 1, 2, \cdots, n)$ 下的前景值矩阵 $\boldsymbol{V} = (v_{ij})_{m \times n}$，根据离差最大化思想，建立式如下优化模型：

$$\begin{cases} \max \boldsymbol{V}(w) = \sum\limits_{j=1}^{n} \sum\limits_{i=1}^{m} \sum\limits_{k-1}^{m} |v_{ij} - v_{kj}| \cdot \omega_j \\ \mathrm{s.\,t.} \quad \omega_j \geqslant 0, \ \sum\limits_{j=1}^{n} \omega_j^2 = 1 \end{cases} \tag{9-5}$$

从而确定各准则 c_j 的权重 $\boldsymbol{\omega} = (0.347\,2,\ 0.346\,7,\ 0.151\,2,\ 0.154\,9)^{\mathrm{T}}$。

步骤 4：按公式 $\mathrm{shi}_i(t_b) = \sum\limits_{k=1,\ k\neq i}^{m} \mathrm{shi}_{ik}(t_b)$ 计算方案 $a_i(i=1,\ 2,\ 3,\ 4)$ 在各时期 $t_b(b=1,\ 2,\ 3)$ 的集对势（表 9-6）。

表 9-6　方案在不同时期的集对势

方案	t_1	t_2	t_3
a_1	3.962 0	2.709 2	2.756 5
a_2	3.644 3	2.938 0	3.489 0
a_3	2.345 6	3.165 0	2.367 1
a_4	2.521 0	3.230 7	3.673 7

步骤 5：按公式 $\mathrm{shi}_i(t_b) = \sum\limits_{k\neq i} \mathrm{shi}_{ik}(t_b)$ 计算方案 a_i 的综合集对势，计算得到 $\mathrm{shi}_1 = 2.897\,1$、$\mathrm{shi}_2 = 3.235\,2$、$\mathrm{shi}_3 = 2.717\,3$、$\mathrm{shi}_4 = 3.252\,0$，按综合集对势从大到小的顺序对方案进行排序，得到方案的排序：$a_4 \succ a_2 \succ a_1 \succ a_3$。

9.3　俄罗斯有色金属资源投资决策实例

在世界矿产资源体系当中，俄罗斯有色金属矿物原料基地起着举足轻重的作用，它对带动俄罗斯国内经济的发展，特别是其作为俄罗斯工业与出口领域的重要原料，具有十分重要的意义。俄罗斯的镍、锌储量世界排名第一，铜、钴和铅的储量全球排名第二；然而，其在资源开采方面却不尽如人意，仅镍和钴的矿产开采量位居前列，而铜、铅、锌的开采量甚至还落后于美国、印度尼西亚、澳大利亚、加拿大和中国，世界排名在第 6～10 位。

现需要对铜、铅、锌三种金属矿产的开发方案 d_1、d_2、d_3 分别进行评估，首先制定了四项评估准则，分别为资源条件（c_1）、基础设施（c_2）和经济条件（c_3），试确定最佳方案。

应用前述决策方法，对俄罗斯在投资海外金属开发的决策方案进行评价并选出最优方案，具体的决策步骤如下。

步骤 1：每个方案在各准则下的评价值都是一个区间数，即方案收益在该准则值下未来可能的波动区间。为简单起见，表 9-7 中的准则值都是经过标准化处理后的数据，在 [0, 1] 内。

表 9-7　区间数决策矩阵

方案	资源条件（c_1）	基础设施（c_2）	经济条件（c_3）
d_1	[0.8, 1]	[0.4, 0.6]	[0.4, 0.6]
d_2	[0.2, 0.5]	[0.3, 0.6]	[0.4, 0.7]
d_3	[0.6, 0.8]	[0.4, 0.5]	[0.8, 1]

步骤 2：假定投资开发设定的决策准则参考点如表 9-8 所示。根据准则参考点的取值和各准则前景值的计算方法，将区间数看成 N 个离散数据的集合，N 取值 100，计算方案在各准则下的前景值（表 9-9），其中，正值表示获得，鱼值表示损失。

表 9-8　决策准则参考点

资源条件（c_1）	基础设施（c_2）	经济条件（c_3）
0.4	0.6	0.5

表 9-9　$N=100$ 时方案在各准则下的前景值

方案	资源条件（c_1）	基础设施（c_2）	经济条件（c_3）
d_1	0.437 7	−0.231 8	−0.029 8
d_2	−0.135 2	−0.350 5	0.022 0
d_3	0.238 3	−0.332 9	0.335 4

步骤 3：选定各准则的参考点，z_{j0} 为准则 c_j 的参考点，$j \in \{1, 2, \cdots, n\}$；根据方案在准则中的取值及参考点，计算各方案在各准则下的结果。依据前景理论，可能存在的获得和损失结果集为 X，$x_{ijk} \in X$ 表示可能的收益或者损失。$x_{ijk} = z_{ijk} - z_{j0}$，$z_{ijk} \in Z_{ij}$，$0 < k < N$。

步骤 4：方案 a_i 在准则 c_j 下的前景值：

$$V(f_{ij}) = \sum_{k=1}^{q} v(x_{ijk})\pi_{ijk} \tag{9-6}$$

其中，

$$v(x_{ijk}) = \begin{cases} x_{ijk}^{a}, & x_{ijk} \geqslant 0 \\ -\lambda(-x_{ijk})^{\beta}, & x_{ijk} < 0 \end{cases}$$

则决策权重函数为

$$\pi_{ijk}^{+} = w^{+}\left(\sum_{l=k}^{q} p_{ijl}\right) - w^{+}\left(\sum_{l=k+1}^{q} p_{ijl}\right) \tag{9-7}$$

$$\pi_{ijk}^- = w^- \Big(\sum_{l=1}^{k} p_{ijl} \Big) - w^- \Big(\sum_{l=1}^{k-1} p_{ijl} \Big) \tag{9-8}$$

$$w^+ \Big(\sum_{l=k}^{q} p_{ijl} \Big) = \exp\Big(-\gamma^+ \Big(-\ln\Big(\sum_{l=k}^{q} p_{ijl} \Big) \Big)^{\varphi} \Big) \tag{9-9}$$

$$w^- \Big(\sum_{l=1}^{k} p_{ijl} \Big) = \exp\Big(-\gamma^- \Big(-\ln\Big(\sum_{l=1}^{k} p_{ijl} \Big) \Big)^{\varphi} \Big) \tag{9-10}$$

其中，$\pi_n^+ = w^+ (p_n)$；$\pi_1^- = w^- (p_1)$。

对于前景理论中计算价值函数的参数 α、β 和 λ 的取值，这里采用曾建敏[106] 的建议值，即 $\alpha = 1.21$、$\beta = 1.02$、$\lambda = 2.25$。而对于权重函数中的参数 γ^+、 γ^-、φ[104]，取 $\gamma^+ = 0.8$、$\gamma^- = 0.8$、$\varphi = 1.0$。根据式（9-6）～式（9-10）计算各 个方案的前景值 $V(f_i)$，其中，$V(f_i) = \sum_{j=1}^{n} w_j \cdot V(f_{ij})$ 为方案 a_i 在准则 c_j 下的 前景值，$i \in \{1, 2, 3\}$，$j = \{1, 2, 3\}$。

步骤 5：根据前景值对各方案进行排序，选择前景值最大的方案为最优 方案。

方案在各准则下的前景值乘以准则的权重，得到方案总的前景值，结果见 表 9-10。可以看出，三个方案的排序结果为 $a_1 > a_3 > a_2$。

表 9-10　$N = 100$ 时方案的前景值

方案	方案 a_1	方案 a_2	方案 a_3
前景值	0.055 7	−0.187 3	0.026 4

从表 9-11～表 9-14 中可以看出，在 N 的取值足够大的情况下，根据前景理 论所得出的方案总前景值的排序结果均为 $a_1 > a_3 > a_2$。

表 9-11　$N = 50$ 时方案在各准则下的前景值

方案	资源条件（c_1）	基础设施（c_2）	经济条件（c_3）
d_1	0.436 6	−0.234 0	−0.031 3
d_2	−0.138 3	−0.353 8	0.020 4
d_3	0.237 4	−0.334 0	0.334 4

表 9-12　$N = 50$ 时方案的前景值

方案	方案 a_1	方案 a_2	方案 a_3
前景值	0.054 0	−0.190 2	0.025 4

表 9-13　N＝500 时方案在准则下的前景值

方案	资源条件（c_1）	基础设施（c_2）	经济条件（c_3）
d_1	0.438 5	−0.230 0	−0.028 6
d_2	−0.132 8	−0.347 9	0.023 3
d_3	0.239 1	−0.332 0	0.336 2

表 9-14　N＝500 时方案的前景值

方案	方案 a_1	方案 a_2	方案 a_3
前景值	0.057 0	−0.185 1	0.027 3

展望篇

第10章 金属矿产资源高效绿色开发发展趋势

根据我国金属矿产资源的自然禀赋、资源特点和开发现状,结合国际上金属矿产资源开发利用的发展经验,我国未来金属矿产资源高效绿色开发的发展趋势表现为:①从开发利用对象来看,城市矿产成为金属矿产资源高效绿色开发利用的一个重点领域;②从开发利用技术来看,技术水平不断提升,逐步实现金属矿产资源开发的数字化、智能化甚至是无人化;③从金属矿产资源高效绿色开发的工程管理来看,日益体现集成化和模块化的特征。

10.1 对城市矿产的开发利用成为重点领域

城市矿产这一概念最初起源于日本。在中国,城市矿产是指工业化和城镇化过程中产生和蕴藏于废旧机电设备、电线电缆、通信工具、汽车、家电、电子产品等废料中,可循环利用的钢铁、有色金属、贵金属等资源[107]。左铁镛院士指出,在自然资源逐渐枯竭的今天,城市矿产社会存量却以废弃物的形态在不断增加,城市将是未来最大的资源集中地。有数据显示,工业革命发生之后,经过三百多年的开采和利用,全球80%的可工业化利用的矿产资源已经从地下转移到地上。它们以电子废弃物、报废汽车、建筑垃圾、报废船舶、金属废料等垃圾的形式聚集在大都市圈、中小城镇及工业园区,总量已达数千亿吨,并继续以每年一百亿吨以上的惊人速度快速增长[108]。2013年,中国人民政治协商会议全国委员会人口资源环境委员会的调查报告显示,随着工业化、城镇化和消费的持续升级,中国的报废钢铁、电子废弃物、报废汽车和设备等各种废弃物每年以10%的平均速度增长,年产生量超过40亿吨。在这些固体废弃物中,蕴含着包含金属在内的丰富可回收资源;而且,与自然矿山相比,这些"城市矿山"是高品位城市富矿。根据清华大学学者的相关研究,中国金矿品位一般3~6克/吨,经选矿得到的金精矿约70克/吨,而废弃电脑主板金属含量达250克/吨[109]。对城市矿产进行开发利用,是中国金属矿产高效绿色开发战略的重要途径。一方面,对城市矿产进行开发利用,可有效提高中国金属矿产资源的自我供给能力,对于保障中国的金属资源安全有着不可忽略的重要意义。根据清华大学的研究预测,如果中国再生铜、铁对原生资源替代比例能够新增25%以上,则中国铜、铁资源的对外依存度可下降约30%,其从而有可能在2050年替代进口资源而成为我国主要供应渠道,并最终将铜和钢铁的对外依存度降低到10%以下[109]。另一方面，对于城市矿产进行开发利用，与开发原生矿相比，具有显著的节能减排作用。中南大学金属资源战略研究院的相关研究表明，如果能够对混合动力汽车废旧镍氢电池中的稀贵金属镍、氧化钴和稀土进行回收，相比于原生矿开采，一个电池包的回收利用可以节能 5 881 千焦，减排温室气体 443 072 克、酸性气体 18 618 克、PM2.5 141 克[110]。同样是根据清华大学的相关研究，2020 年，仅铜、铁、铝和铅的再生就可以实现源头节能 1.35 亿吨标煤，减少二氧化硫排放 185 万吨。

正是由于城市矿产的开发利用具有显著的经济、环境及社会价值，近年来发达国家以城市矿产为主的再生资源循环利用行业发展迅猛。发达国家城市矿产产业规模在 20 世纪 90 年代约为 100 亿美元，到 2010 年已达到 1.8 万亿美元，年均复合增长率高达 30%。发达国家城市矿产回收利用水平较高，以再生金属资源产量为例，其总量已达到金属总产量的 40%～50%。在有色金属行业，2001 年欧盟国家有色金属平均回收率为 34.7%，2006 年为 45%，其中，铝、铜、铅、镍、不锈钢的回收率均在 35% 以上[111]。作为对城市矿产进行有效开发利用的大国，德国对铝的回收利用率为 100%，对锡等的回收利用率也高达 99%。优美科公司坐落于比利时，是全世界规模最大、技术最先进的贵金属回收工厂之一，在全球矿产与金属行业 500 强中位于第 28 名。优美科公司的主营业务是对电子废弃物进行回收、分选拆解及深加工，最终提炼稀贵金属并生产金属材料，产业链完善，技术先进，产品附加值高。

城市矿产产业业已成为美国的支柱产业。2010 年，美国总的回收率达到 34.1%，金属的再生利用率约为 35%，当年共回收利用了钢、铝、混合金属等 800 万吨[112]；城市矿产产业的年产值约为 2 360 亿美元，与美国汽车业相当。以钢材的循环利用为例，美国汽车、建筑工业及家电领域的钢材循环利用率分别达到了 100%、95% 和 77%，钢材生产原料中废钢材已占到 58%。除此之外，铝、铜、铅、锌等基本金属在美国也得到了很好的重复利用[111]。

日本最先提出了"城市矿山"概念，而且早在 20 世纪 80 年代就开始制订城市矿产开发利用计划。据日本学者的相关测算，蕴含在国内城市矿产中的黄金约 6 800 吨，白银约 6 万吨，钽约 4 400 吨，相当于全球黄金储量的 16%、白银储量的 22%、钽储量的 10%，成为世界上部分金属的储量大国[113]。

我国的城市矿产开发利用工作从 21 世纪开始，2005 年，我国开始进行循环经济试点；2006 年和 2009 年，商务部先后分别确定了 53 个再生资源回收体系建设试点城市和 11 个再生资源集散市场；2010 年和 2011 年，国家发改委先后分两批确定了 22 家城市矿产示范基地，并在未来计划建成 50 个示范基地。目前，全国具有电子废弃物回收拆解资质的企业共有 106 家，年处理能力达到 500 万吨。

近年来，在城市矿产的开发利用领域，我国也涌现出了一批有代表性的企业。格林美是城市矿产行业中第一家上市公司，也是目前国内最大的电子废弃物拆解、处理公司。其成立于 2001 年，以钴、镍等金属再生项目起家，并以此成功上市，同时涉足电子废弃物和报废汽车的回收、拆解及深加工处理领域。在回收领域，为保障原材料的有效供给，格林美建立起包括海外废料进口、社区超市回收、园区及企事业单位定点回收以及网上回收在内的多层次、多领域回收渠道。在拆解、粗加工领域，格林美拥有国内先进的电子废弃物拆解、破碎、分选设备，以机械物理回收法为主对电子废弃物进行处理（详见图 10-1）。在金属资源深加工领域，格林美在镍、钴、稀土等稀贵稀散金属方面积累了先进的提取提炼技术，可以生产出高附加值再生产品。

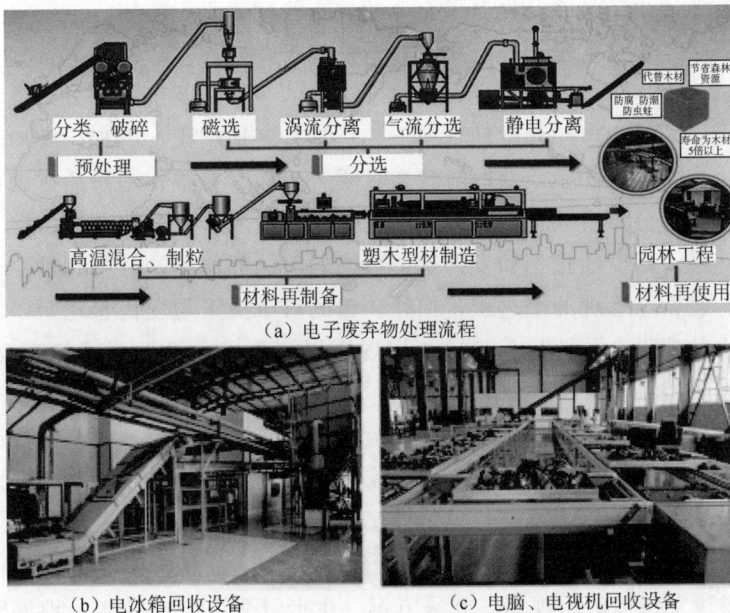

(a) 电子废弃物处理流程

(b) 电冰箱回收设备

(c) 电脑、电视机回收设备

图 10-1　格林美电子废弃物处置技术和设备示意图

2006 年成立的湖南万容科技股份有限公司，以"科技、环境、资源"为核心理念，致力于打造一条集环保装备研发制造，电子废弃物、产业废弃物、报废汽车等城市矿产回收加工，有色金属与稀贵金属深加工于一体的城市矿产资源开发绿色循环产业链。该公司未来将实现年处理电子废弃物 30 万吨的产能。其自主研发的废印制电路板环保处理设备、废旧冰箱无害化处理设备、报废汽车破碎及废钢加工设备，先后通过国家部级科技成果鉴定，获得"国家信息产业重大技术发明""国家环境保护科学技术奖""中国专利优秀奖""国家重点新产品"等荣誉[114]。

10.2　金属矿产资源开发利用的数字化、智能化与无人化

21 世纪是信息主导的世纪，"数字化、智能化生存"已成为知识经济的标志。随着空间信息技术、数字信息技术以及自动化、智能化技术的快速发展，利用先进技术对传统金属矿产资源产业进行改造也成为一大发展趋势。从国际发展趋势来看，近年来，矿业发达国家和地区以建设数字矿山（digital mine，DM）为突破点，在此基础上逐步推进金属矿产资源开发利用过程的智能化、遥控化，并向无人采矿的目标不断推进[115]。金属矿山的数字化智能化开采，一方面对传统的生产技术工艺和组织管理模式进行了颠覆式的创新，另一方面也大大提高了金属矿山企业的生产效率，提升了企业的安全管理水平。

所谓数字矿山，就是"在统一的时空框架下，对真实矿山整体及其相关现象的统一理解、表达与数字化再现，是数字矿区的一个重要组成部分。数字矿山的核心是在统一的时间参照与空间框架下，科学有序地组织、管理、维护和通过真三维可视化表达等不同手段获取海量、异质、异构、多维、动态的矿山信息，并建立矿山信息的分布式共享、协同与利用机制，形成多种灵活便捷的数字方法与模拟工具，最大限度地挖掘和发挥矿山数据的潜能和作用，并将其贯穿于矿山规划、生产、经营与管理的全过程，保障矿山的科学决策与现代管理"[115]。数字金属资源矿山的建设，总体目标就是要实现金属资源矿山开发利用的高效、安全、绿色生态与可持续。

从系统结构分析，数字矿山自下而上可分为基础数据层、模型层（或称表述层）、模拟与优化层、设计层、执行与控制层、管理层、决策支持层七个层次，其中数字开采系统是核心系统，也是效率和效益的主要创造者[116]。

数字矿山建设的主要内容有[117]：①建立矿区地表及矿床模型三维可视化信息系统；②建立包括矿山规划、开采方案、生产计划、生产监控、地测管理、经营管理等内容在内的高效生产经营管理信息系统；③建立视频和数据同网传输的网络体系；④实现矿山生产过程数据自动采集与处理；⑤实现矿山生产系统智能化集中控制。

智能化、遥控化采矿是矿山数字化的进一步发展，是智能化采矿设备与现代化采矿调度系统的集成。其目标就是实现资源与开采环境数字化，技术装备智能化、生产过程控制可视化、信息传输网络化、生产管理与决策科学化①。智能化、遥控化采矿主要包括以下具体内容①：①采用成熟的计算机软件系统，实现矿山开采设计方案的优化，生产计划与开采环境的数字化、模型化与可视化；运

---

① 数字化矿山，http://baike.so.com/doc/6131501.html，2012.7.28。

用多媒体、模拟、仿真、虚拟技术，再现真实矿山的整体与生产活动的全过程（包括生产调度、过程监控、环境监测与灾害预警等）。②通过整个生产过程实时动态响应的信息集成，实现主体采矿设备的集中控制或无人驾驶的程式化控制。③采用智能化采矿设备的自动定位与导航系统，使矿山生产过程从单个工序到整个矿山系统实现远程操作，最终实现矿山生产数字化、办公室化。

　　金属矿产资源开发利用的数字化、智能化与无人化已经在美国、瑞典、加拿大、芬兰、澳大利亚、智利、南非等十多个国家开展[117-119]。

　　首先来看瑞典基鲁纳（Kiruna）铁矿的实践。该矿是世界著名的井下开采矿山。早在 1970 年，井下主要运输水平的机车运输就实现了在控制室遥控装载与卸载，实现了机车运输无人驾驶自动运行。现在该矿山井下已采用了由控制中心遥控的 Simba46W 凿岩台车，以及由机载计算机与导航系统控制的、铲斗容积为 25 吨的 Toro2500Es 装载机。由于井下作业，凿岩、部分自动化铲运机、运输、提升系统等基本实现了遥控和无人驾驶，人员逐步向维护工作和地表作业发展。按照年产 2 750 万吨铁矿石，400 人计算，该矿人均劳动生产率为 6.875 万吨/年，居世界前列。

　　在金属矿业领域，加拿大国际镍公司（Inco）是发展远程遥控和自动化采矿技术的先驱。1982 年该公司在铜崖北矿进行自动化技术、计算机和激光技术的应用，并取得极大进展。该矿还创立了连续采矿系统（continuous mining system，CMS）。1994 年，Inco 和 Sadvik Tamrock、自动化采矿系统公司成立联合小组，在斯托比矿分三个阶段实施从地表控制的凿岩自动化试验计划。从 1996 年开始，Inco、Sadvik Tamrock、诺贝尔公司和加拿大矿物与能源技术中心组成联合体，实施为期 5 年的采矿自动化计划（mining automatic program，MAP），投资 2 700 万美元在铜崖北矿 175 矿体进行试验。其基本思路是：地面工作站的操作人员依靠无线电和遥控技术操纵地下深处的设备，使整个矿山进行生产。技术组成包括先进的地下移动计算机网络、采矿过程监控与遥控软件系统、适合远程遥控采矿的特殊采矿法、先进的智能化采矿设备、地下铲运机的自动定位和导航系统五项内容。该计划完成后，通过地下通信、地下定位与导航、信息快速处理及过程监控系统，实现了对地下开采装备乃至整个矿山开采系统的遥控操作。从生产效率的改进来看，其采矿劳动生产率从 2006 年的 3 350 吨/（人•年）提高到 2008 年的 6 350 吨/（人•年）。

　　澳大利亚奥林匹克坝铜铀矿（Olympic Dam Copper Uranium Mine）是世界上最大的充填法矿山。该矿山从 1997 年开始进行自动化铲运机（lank haul dump，LHD）项目研究。1999 年将 MINEGEM 系统装在卡特彼勒公司的 Elphinstone R2900 型铲运机上，控制中心设在地表，通信采用光纤和微波无线电网络；2003 年实现了由一名操作者从地表控制中心，同时遥控操纵两台铲运机和一台装在卸矿点的碎石机。

美国已成功地开发出一个大范围的采矿调度系统，采用最新计算机、无线数据通讯、调度优化及 GPS 技术，进行露天矿生产的计算机实时控制与管理。

我国矿山数字化建设与国外相比虽起步较晚，但一些大型矿山已经开展了相关工程，并取得了一定成效。

山东黄金的数字矿山起步于焦家金矿，之后逐步推进到新城金矿和三山岛金矿。目前山东黄金数字矿山建设所取得的成果包括平台搭建、自动控制系统建设及相应的管理软件开发等内容。系统平台的搭建包括网络平台搭建、数据中心建立、监控集成平台搭建、安全生产监控中心建设等主要内容。在网络平台搭建中，各个矿山分别进行了局域网、工业以太环网、井下和地面的无线通信网络等的建设。在数据中心的建设中，各个矿山分别根据数据的存储与加工需求，建立了数据中心，搭建了以工业数据库、关系数据和数据仓库为核心构成部分的集成化数据存储与服务平台，对具体的数据模型进行了规划设计，并对数据集成方式、接口标准、编码方案等进行了定义。通过生产过程监控集成平台，山东黄金实现了在调度中心对所有子系统进行数据采集、处理、存储，同时可以实现基于Web 的信息发布。平台具有"集中管理，分散控制；监控全面，使用方便"的特点，在安全生产监控环节发挥着重要的作用。

三道庄露天矿是我国典型的钼钨共生矿。围绕数字矿山的建设，该矿山应用系统工程理论以及计算机技术、GPS 定位技术、通用分组无线服务技术（general packet radio service，GPRS）、地理信息系统（geographic information system，GIS）技术、RFID 无线射频识别技术等一系列高新技术，建成了露天矿生产管理集成平台，实现了生产组织智能化、调度指令快捷化、配矿管理动态化、采矿运输信息化、矿岩计量自动化、现场管理可视化、信息传递网络化。通过数字矿山建设，三道庄露天矿的主要设备运转率同比提高了 13.8 百分点，居国内同类矿山最高水平。原矿品位和目标品位由 15.82% 降低到 4.35%，原矿贫化率和损失率分别降到 3% 和 2%，居国内同类矿山先进水平。

10.3　金属矿产资源高效绿色开发工程管理的集成化与模块化

在资源-经济-环境三者统一协调的开发理念指导下，金属矿产资源高效绿色开发工程的数量将不断增多，同时政府和社会各界对两型工程实施和运营质量的要求也必将越来越高。在此背景下，要保证金属矿产资源高效绿色开发工程的进度和质量，模块化、集成化的管理模式是一条必由之路。

所谓模块化，是指在规划、实施复杂工程过程中按照功能、性质等标准把工程对象划分为若干子系统的方法。随着金属矿产资源高效绿色开发工程数量的快速增加，模块化可以缩短工期、降低成本、支撑两型工程功能的日益增加。同时，金属矿产资源高效绿色开发工程所具有的实施环境差异、工程过程标准化程度有限的特征，也为金属矿产资源高效绿色开发工程的模块化带来了困难。这要求金属矿产资源高效绿色开发工程的管理单位要充分运用前沿的工程管理技术，对工程进行科学合理的剖析分项，从小模块到大模块，由局部模块化到整体模块化。

所谓集成化，是指在工程实施中互相独立的过程或工程对象中相互独立的子系统，因为功能互补、流程优化、提高性能等需求，而进行统一规划和实施的方法。模块化和集成化都是运筹学思想在工程管理中的应用，两者相辅相成。集成化可以有效提升金属矿产资源高效绿色开发工程所实现的性能，提高工程的智能化水平。对于金属矿产资源高效绿色开发工程中条块分割、各自为政的子系统，要进行充分整合，在基础层面实现平台、数据的共享，在高端应用层面则应实现功能模块化。

为此，针对项目的实际情况，必须进行费用分析对比和统筹规划。优先考虑大规模设备、设施、网络的模块化组装；满足设计、运输、信息等方面限制条件的设施、设备要实现模块化；对现场安装工作量大的设施、设备尽可能模块化。

在金属矿产资源高效绿色开发工程模块化、集成化计划实施过程中，需要从以下方面着手。

（1）成立专门机构，确定工作管理流程，落实各专业模块化组成人员，共同推进模块化实施，联合各方专家成立模块化管理委员会，涉及多方参建的要在各承建单位设置对应的工作机构，建立工程模块的信息通报和共享机制。

（2）组织调研，掌握第一手资料。模块化施工必须同各专业紧密结合，要充分考虑指导设计、设备采购、组装、物流运输、安全保护、现场安装与调试等环节的工作，确定各模块化方案的时间节点。

（3）模块化实施的具体步骤如下：进行方案策划，界定模块化项目；与各专家进行技术交流，讨论实施方案、交换意见，确定模块化实施的可能性；完善模块化方案，调整模块化项目；完成模块化项目设计方案、组装方案、物流方案、安装调试方案；完成关键设备、结构、功能组件的模块作业设计，对方案的可靠性进行论证，完善修订方案的细节；完成辅助设备、结构、功能组件的模块化作业设计；组织模块化方案的具体实施，其中涉及进度控制、场地利用、物流运输、质量保证、基础保障条件等多方面的实施协调。

参 考 文 献

[1] 马业禹，艾国栋. 关于有色金属矿产资源的开发利用及其与环境问题的思考 [J]. 广东有色金属学报，2005，4：4-8.

[2] 陈锐，牛文元. 循环经济：21世纪的理想经济模式 [J]. 中国发展，2002，2：16-21.

[3] 黄志伟. 无废开采评价理论的研究 [D]. 中南大学博士学位论文，2003.

[4] 石磊，钱易. 清洁生产的回顾与展望——世界及中国推行清洁生产的进程 [J]. 中国人口·资源与环境，2002，2：123-126.

[5] 李裕伟. 加强对矿产资源的集约开发和节约使用的政策调控 [J]. 国土资源情报，2007，9：47-48.

[6] 王安建. 矿产资源与国家经济发展 [M]. 北京：地震出版社，2002.

[7] 孙传尧. 中国金属矿产资源现状及综合利用概况 [C]. 中国工程院化工、冶金与材料工程学部第五届学术会议，2005.

[8] Nishiyama T. The roles of Asia and Chile in the world copper market [J]. Resources Policy，2005，(30)：131-139.

[9] 岳强，陆钟武. 中美两国经济发展与铜消费量对比研究 [J]. 中国人口·资源与环境，2006，(1)：96-100.

[10] 孙檬，李逆飞. 金属矿产资源现状与勘查战略 [J]. 黑龙江科技信息，2013，(17)：11.

[11] 孙传尧. 重视矿石物性研究，开发与矿物资源可选性相和谐的精细工艺技术 [R]，2009.

[12] 张溪，黄建明，钱抗生. 我国矿产资源形势与发展战略 [C]. 中国资源危机矿山对策研讨会，2003.

[13] 孙传尧. 中国金属矿产资源现状及综合利用概况 [C]. 中国冶金矿山产业高峰论坛，2006.

[14] 国务院发展研究中心课题组. 我国矿产资源消费前景展望与保障能力评价 [J]. 中国发展观察，2014，(6)：15-18.

[15] 李秋元，郑敏，王永生. 我国矿产资源开发对环境的影响 [J]. 中国矿业，2012，(12)：48-51.

[16] 郑敏，谭文兵. 我国矿产资源开发对环境的破坏及对策研究 [C]. 全国资源枯竭型城市经济转型与可持续发展研讨会，2004.

[17] 国家林业局. 中国森林面积达1.95亿公顷　森林覆盖率20.36% [EB/OL]. http://news.china.com.cn/2012-06/04/content_25556651.htm，2012-06-04.

[18] 中国科学院植物研究所. 中国草地面积有多大？[EB/OL]. http://www.kepu.net.cn/gb/earth/grass/info/inf102.html，2015-08-25.

[19] 卓弘春，余振国，王联军. 我国矿山地质环境保护与治理现状及其控制指标体系 [C]. 中国地质矿产经济学会2007年学术年会，2007.

[20] 余振国. 矿业权市场化配置中的环境权利保障制度研究 [C]. 中国环境科学学会2005

年学术年会，2005.

[21] 刘和国. 有色金属矿产资源开发利用的环境问题研究 [J]. 中国高新技术企业，2013，
     (16)：78-80.

[22] 毛晓茜，铁柏清，孙建，等. 湖南有色金属矿区建设对策 [J]. 环境与可持续发展，
     2006，(6)：62-64.

[23] 欧阳洪亮，张瑞丹. 湘江：中国重金属污染最严重的河流 [EB/OL]. http://
     discovery.163.com/09/0829/11/5HSOF8F4000125LI.html，2009-08-29.

[24] 李俊，范若虹，肖隆平，等. 财经国家周刊. 钢铁产能过剩真相 [EB/OL]. http://
     www.ennweekly.com/2015/0515/15631.html，2015-05-15.

[25] 魏彦武，刘红亮，杨晓立，等. 有色金属的发展评述及展望 [C]. 2012 河南省有色金属
     学术年会，2012.

[26] 工信部节能与综合利用司. 工业和信息化部关于有色金属工业节能减排的指导意见 [EB/
     OL]. http://www.miit.gov.cn/n11293472/n11293832/n12843926/n13917027/15198533.
     html，2013-02-09.

[27] 节能司. 大宗工业固体废物综合利用"十二五"规划 [EB/OL]. http://www.miit.gov.cn/
     n11293472/n11293832/n11293907/n11368223/14416612.html，2012-01-04.

[28] 何继善. 论工程管理理论核心 [J]. 中国工程科学，2013，11：4-11，18.

[29] 王缉慈. 增长极概念、理论及战略探究 [J]. 经济科学，1989，(3)：53-58.

[30] 何继善，陈晓红，洪开荣. 论工程管理 [J]. 中国工程科学，2005，10：5-10.

[31] Mavor J. The evolution of engineering management [C]. IEEE，1997.

[32] Lannes W J. What is engineering management? [J]. IEEE Transactions on Engineering
     Management，2001，48 (1)：107-115.

[33] 郑俊巍，王孟钧，朱卫华. 工程管理的哲学思辨 [J]. 科技管理研究，2014，20：
     242-245.

[34] 王青娥，王孟钧. 关于中国工程管理理论体系框架的思考 [J]. 科技进步与对策，2012，
     8：6-8.

[35] 黄英娜，张天柱，颜辉武. 循环经济产生和发展的经济学基础 [J]. 环境保护，2005，
     (8)：33-35.

[36] 朱铁臻. 循环经济的理论基础是生态经济 [J]. 江苏企业管理，2005，(7)：5-6.

[37] 范跃进. 循环经济理论基础简论 [J]. 山东理工大学学报（社会科学版），2005，21 (2)：
     10-17.

[38] 王南林，朱坦. 可持续发展环境伦理观：一种新型的环境伦理理论 [J]. 南开学报（哲
     学社会科学版），2001，(4)：69-76.

[39] 潘家华，周宏春. 可持续发展理论与中国 21 世纪议程 [M]. 北京：气象出版社，2001.

[40] 王军. 可持续发展 [M]. 北京：中国发展出版社，1997.

[41] 钱易，唐孝炎. 环境保护与可持续发展 [M]. 北京：高等教育出版社，2000.

[42] 张帆，李东. 环境与自然资源经济学 [M]. 上海：上海人民出版社，2007.

[43] Nunes P A L D, van den Bergh J C J M. Economic valuation of biodiversity: sense or
     nonsense? [J]. Ecological Economics，2001，39 (2)：203-222.

[44] Simon T P. The use of biological criteria as a tool for water resource management [J] . Environmental Science & Policy, 2000, 3: 43-49.

[45] 汪安佑, 雷涯邻, 沙景华. 资源经济环境学 [M] . 北京: 地质出版社, 2005.

[46] Arrow K J. Social Choice and Individual Values [M] . Yale: Yale University Press, 2012.

[47] Hwang C L, Lin M J. Group decision making under multiple criteria [J] . Lecture Notes in Economics & Mathematical Systems, 1987, 28 (1): 164-186

[48] Daunou D C F. Mémoire Sur Les Elections au Scrutin [M] . Whitefish: Whitefish Kessinger Publishing, 2010.

[49] 冯·诺伊曼, 摩根斯顿 O. 博弈论与经济行为 [M] . 王文玉, 王宇译. 北京: 生活·读书·新知三联书店, 2004.

[50] 阿罗 K J. 社会选择与个人价值 [M] . 丁建锋译. 上海: 上海人民出版社, 2010.

[51] Hwang C L, Lin M J. Group Decision Making Under Multiple Criteria [M] . New York: Springer, 1987.

[52] 陈王廷. 决策分析 [M] . 北京: 科学出版社, 1987.

[53] 姜圣阶. 决策学基础 [M] . 北京: 中国社会科学出版社, 1986.

[54] 杨乃定, Mirus R. 企业集成风险管理研究 [J] . 工业工程与管理, 2002, 7 (5): 1-5.

[55] 罗莉霞. 大型金属矿产资源基地可持续发展水平评价方法研究 [D] . 中南大学硕士学位论文. 2010.

[56] 赵鹏大, 陈建平, 张寿庭. "三联式"成矿预测新进展 [J] . 地学前缘, 2003, (2): 455-463.

[57] 叶天竺, 肖克炎, 严光生. 矿床模型综合地质信息预测技术研究 [J] . 地学前缘, 2007, (5): 11-19.

[58] 张展英. 基于多变量 GARCH 模型的国际金属期货市场投资风险评价模型研究 [D] . 中南大学硕士学位论文, 2010.

[59] 刘凤. 国外矿产资源开发选区风险评价研究 [D] . 中南大学硕士学位论文, 2009.

[60] 胡军华, 许琦. 基于前景理论的区间数多准则决策方法 [J] . 统计与信息论坛, 2011, 9: 23-27.

[61] Kahneman D, Tversky A. Prospect theory: an analysis of decision under risk [J] . Econometric, 1979, (2): 263-291.

[62] Tversky A, Kahneman D. Advances in prospect theory: cumulative representation of uncertainty [J] . Journal of Risk and Uncertainty, 1992, (4): 297-323.

[63] 张全, 樊治平, 潘德惠. 区间数多属性决策中一种带有可能度的排序方法 [J] . 控制与决策, 1999, (6): 703-706, 711.

[64] 孙伟, 王久胜, 扈文秀. 行为决策下的证券市场异象研究 [J] . 统计与决策, 2008, (10): 130-132.

[65] 胡军华, 杨柳, 刘咏梅. 基于累积前景理论的动态随机多准则决策方法 [J] . 软科学, 2012, (2): 132-135.

[66] 郑忠国. 随机加权法 [J] . 应用数学学报, 1987, (2): 247-253.

[67] 赵克勤. 集对分析及初步应用 [M] . 杭州: 浙江科学技术出版社, 2000.

［68］胡军华，林增钰．基于四参数区间数的多准则决策方法［J］．运筹与管理，2013，（6）：84-91.

［69］徐泽水，达庆利．基于模糊语言评估的多属性决策方法［J］．东南大学学报（自然科学版），2002，32（4）：656-658.

［70］张砚．基于区间二型模糊数的多准则决策方法研究［D］．中南大学硕士学位论文，2012.

［71］Chen S M，Lee L W，Fuzzy multiple attributes group decision-making based on the ranking values and the arithmetic operations of interval type-2 fuzzy sets［J］．Expert Systems with Applications，2010，37：824-833.

［72］林则夫．项目管理软件应用［M］．北京：机械工业出版社，2015.

［73］Gorry G A，Scott M M．A framework for management information systems［J］．Sloan Management Review，1971，13（1）：55-70.

［74］胡东滨．决策问题管理系统开发研究［M］．广州：暨南大学出版社，2009.

［75］Alter S．A work system view of DSS in its fourth decade［J］．Decision Support System，2004，38（3）：319-327.

［76］Bonczek R H．Foundations of Decision Support Systems［M］．New York：Academic Press，1981.

［77］杨海洋．基于铝土矿资源供给的发展战略决策研究［J］．矿冶工程，2008，（2）：104-108.

［78］金甲．矿产资源开发利用对环境的影响与对策［J］．科学时代，2012，（7）：12-13.

［79］吴丽琴．矿产资源的开发与环境保护研究［J］．老区建设，2010，（10）：18-20.

［80］徐丽华．基于文本分类的海外矿业投资项目动态风险评价方法研究［D］．中南大学硕士学位论文，2012.

［81］思创数码科技股份有限公司．思创宏观经济分析与决策支持系统可行性研究报告［EB/OL］．http://www.docin.com/p-228711724.html，2011-07-05.

［82］姜荣强．基于数据仓库技术的劳动保障决策支持系统研究．［D］．中国海洋大学硕士学位论文，2007.

［83］许刚，朱志良．基于数据仓库的投资项目决策支持系统研究［J］．控制工程，2004，（3）：274-276.

［84］张海波．决策支持系统的发展前景及其在矿山企业中的应用［J］．有色金属（矿山部分），2003，（6）：38-42.

［85］吴德华，陈松岭，陈冰．动静脉矿业一体化发展空间决策支持系统设计［J］．测绘科学，2007，（7）：158-162.

［86］杨沐昀，李志升，于洁．机器翻译系统［M］．哈尔滨：哈尔滨工业大学出版社，2000.

［87］李宝安，孟庆昌．中文信息处理技术——原理与应用［M］．北京：清华大学出版社，2005.

［88］赵川，杜玲，岳鹏，等．基于中文的自然语言理解初探［J］．现代电子技术，2007，（6）：82-85.

［89］黄昌宁，赵海．中文分词十年回顾［J］．中文信息学报，2007，21（3）：8-19.

［90］黄昌宁，张小凤．自然语言处理技术的三个里程碑［J］．外语教学与研究，2002，34

　　　　　(3)：180-187.

[91] Levow G. The third international Chinese language processing bakeoff：word segmentation and named entity recognition ［A］. Proceedings of the Fifth SIGHAN Workshop on Chinese Language Processing ［C］. Sydney, July 2006：108-117.

[92] 瞿锋，陈纪元. 汉语自动分词算法综述 ［J］. 福建电脑，2006，(4)：23-25.

[93] 张春霞，郝天永. 汉语自动分词的研究现状与困难 ［J］. 系统仿真学报，2005，17 (1)：138-143，147.

[94] 刘晓英. 汉语自动分词研究的发展趋势 ［J］. 高校图书馆工作，2005，25 (108)：25-28.

[95] 文庭孝. 汉语自动分词研究进展 ［J］. 图书与情报，2005，(5)：54-63.

[96] 陈晓红. 决策支持系统理论与应用 ［M］. 北京：清华大学出版社，2000.

[97] 范永峰. 基于群体协调的大群体决策支持系统研究 ［D］. 中南大学硕士学位论文，2009.

[98] 胡东波，陈晓红，胡东滨，等. 中国金属矿产资源保障程度与开发利用决策支持系统研究 ［J］. 有色金属 (矿山部分)，2004，(3)：2-4，9.

[99] 国家发展改革委. 中国资源综合利用年度报告 (2012)［EB/OL］. http://www. gov. cn/gzdt/2013-04/08/content_2372577. html，2013-04-08.

[100] 陈晓红，胡东滨，关健. 中国固体矿产业技术创新体系动态评价体系研究 ［J］. 科研管理，2008，(3)：121-130.

[101] 规划司. "十二五" 产业技术创新规划 ［EB/OL］. http://www. miit. gov. cn/n11293472/n11293832/n11293907/n11368223/14319098. html，2011-11-14

[102] 原材料司. 关于印发《有色金属工业 "十二五" 发展规划》的通知 ［EB/OL］. http://www. miit. gov. cn/n11293472/n11293832/n11293907/n11368223/14447635. html，2012-01-30.

[103] Tversky A，Kahneman D. Advances in prospect theory：cumulative representation of uncertainty ［J］. Journal of Risk and Uncertainty，1992，5 (4)：297-323.

[104] Prelec D. Compound invariant weighting functions in prospect theory. In：Kahneman D，Tversky A. Choices，Values，and Frames ［M］. Cambridge：Cambridge University Press，2000：67-92.

[105] Lahdelma R，Salminen P. Stochastic multicriteria acceptability analysis using the data envelopment model ［J］. European Journal of Operational Research，2006，170：241-252.

[106] 曾建敏. 实验检验累积前景理论 ［J］. 暨南大学学报 (自然科学版)，2007，(1)：44-47.

[107] 国家发展改革委财政部. 关于开展城市矿产示范基地建设的通知 ［EB/OL］. http://www. sdpc. gov. cn/zcfb/zcfbtz/201005/t20100527_349482. html，2010-05-27.

[108] 周永生，章昌平. 国内外 "城市矿产" 研究与实践综述 ［J］. 学术论坛，2012，(4)：118-124.

[109] 温宗国. 再生资源产业发展的战略思考与对策建议 ［J］. 再生资源与循环经济，2014，(11)：15-20.

[110] 王昶. 废旧镍氢汽车动力电池中稀贵金属回收的环境价值分析 ［R］，2015.

[111] 杨娟荣．再生资源循环利用报告［EB/OL］．http://www. docin. com/p-430513349. html，2012-06-26.

[112] 周永生．"城市矿产"概论［M］．广州：世界图书出版广东有限公司，2013.

[113] 徐波，纪树东．城市矿产：发展绿色经济的新路径［EB/OL］．http://scholar. google. com/schhp? hl=zh-CN&-as _ sdt=0d，2012-06-18.

[114] 明果英．湖南万容科技有限公司介绍［EB/OL］．http://baike. sogou. com/v65112126. html，2008-02-04.

[115] 古德生．金属矿业的前沿领域［R］，2010.

[116] 吴立新，朱喜旺，张瑞新．数字矿山与我国矿山未来发展［J］．科技导报，2014，（7）：29-31.

[117] 胡乃联．金属矿山数字化技术及运用［R］，2010.

[118] 陈玉民，李国清，何吉平，等．山东黄金数字矿山建设实践［J］．中国矿业，2011，（3）：10-14.

[119] 何亚清，张东方，梁灵芝．三道庄露天矿数字建设实践［C］．第三届全国数字矿山高新技术成果交流会论文集，2014.